Alle Tradition ist wie eine Laterne.
Die Dummen halten sich daran fest,
den Klugen weist sie ihren Weg.

G. B. Shaw

Inhalt

Vorwort

Jan Hus, am 6. Juli 1415 auf dem Konzil in Konstanz verbrannt, hatte mit seiner Vorahnung recht: Seine Standhaftigkeit im Glauben, sein Beharren auf die Wahrheit, sein Festhalten an der Bibel als Messlatte für das Leben – dieser Einsatz würde nicht umsonst sein. Aus dem Hus (Tschechisch: Gans) würde ein Schwan, ein Phoenix werden. Denn 100 Jahre nach seinem Tod beschäftigte sich Martin Luther bereits während seines Noviziats in der Vorbereitung auf die Ordensgelübde mit Jan Hus. Hus faszinierte ihn wegen seiner Klarheit und Kompromisslosigkeit. Schon bei seiner ersten Disputation bekannte sich Luther zu dem böhmischen Ketzer, der zu Unrecht verbrannt worden sei. Das Konstanzer Konzil und der Papst hätten sich geirrt. Was für eine Provokation!

Martin Luther greift die Gedanken von Vorreformatoren wie Jan Hus auf und denkt sie weiter. Er erkennt, dass die katholische Kirche aus dem, was Jesus für das Leben wollte, eine Lehre, eine Doktrin gemacht hat. Aus dem, was der Person, jedem Einzelnen gelten sollte, entstand ein institutionalisiertes Beamtentum. Dies deformierte den Glauben zu einem Sammelsurium von Dogmen, die aus Angst um das Seelenheil nachzusprechen sind.

Der Paderborner Theologe und Psychotherapeut Eugen Drewermann bringt es auf den Punkt: Seelsorge im Namen Jesu richtet Menschen auf, anstatt sie niederzudrücken. Und Luther hat den Weg bereitet, dass die Menschen angstfrei mit dem Glauben an die Heilige Schrift und vor allem an den Mann von Nazareth positiv leben können, statt abgeschreckt oder in den Aberglauben getrieben zu werden. Luther reißt magisches Denken ein. Er führt die Menschen seiner Zeit in eine neue Mündigkeit, löst, ja erlöst sie von Abhängigkeiten und Trugbildern. Er wagt eigenständiges Denken und ermuntert zur selbstverantworteten Reflexion über den Glauben. Er rückt die Bibel, den Glauben und vor allem die Gnade Gottes ins Zentrum des Christseins. Für seine Zeit war das eine Ungeheuerlichkeit, für die Gegenwart ist es eine Selbstverständlichkeit. Die Trias von Bibel, Glaube und Gnade muss neu buchstabiert und weitergedacht werden. Zu lange sind Protestanten, und erst recht die Katholiken, stehen geblieben, ohne erkannt zu haben, dass die Lehre Martin Luthers vom Außen zum Innen, von der Äußerlichkeit zur Innerlichkeit, durch die Erkenntnisse des Psychologie, der Neurologie und Psychotherapie bereichert werden kann, ja muss. Wesentlich ist, was Gott mir in meinem Herzen sagt. Drewermann fordert Protestanten und Katholiken auf, ihre Vorbehalte vor der Psychotherapie abzulegen – um der Seelsorge willen. Denn ein Mensch, der sich selbst versteht, versteht auch andere Menschen besser. Erst dann öffnet sich die Seele.

Eugen Drewermann argumentiert und reflektiert mutig, manchmal bewusst provokativ, über die Konfessionen und ihre Differenzen, die er klar benennt, hinaus. Er ermuntert, Martin Luthers Gedanken und Thesen unorthodox und befreit auf Zukunft hin weiterzuentwickeln und Vertrauen gegen Angst zu setzen. Um der Einheit der Menschen willen brauchen wir ein Umdenken und Weiterdenken bei Protestanten und Katholiken. Die Erinnerung an den Thesenanschlag zu Wittenberg 1517 sollte dazu genutzt werden, weit über konfessionelle Grenzen hinaus ein Neues zu wagen.

Jürgen Hoeren

I. Was bedeutet Luther?

Herr Drewermann, vor allem von katholischen Theologen wird die Frage gestellt: Was feiern wir eigentlich am 31. Oktober 2017? Feiern wir 500 Jahre Reformation? War es überhaupt eine Reformation, die am 31. Oktober 1517 in Wittenberg losgetreten wurde?

Als Kind habe ich noch gelernt, dass der Jubeltag der Protestanten der größte Trauertag der Katholiken sei, die Kirchenspaltung. Sie wurde katholischerseits als Schuld Luthers gebrandmarkt. Das war noch vor 60 Jahren der Bewusstseinsstand unter den meisten katholischen Theologen, auch in der Katechese den Gläubigen gegenüber. In diesem Sinne hat es keine Reformation gegeben, nur eine Irrlehre, indem im Westen der Kirche der Glauben an den einen Gott unheilvoll in zwei Konfessionen zerteilt wurde. In Wirklichkeit aber wurde durch Luther etwas bewusst, das innerhalb der Glaubenstradition längst Gegenwart war: Statt die Botschaft der Einheit, die Jesus in die Welt bringen wollte – zwischen Gott und Mensch, zwischen Himmel und Erde, zwischen Heiligen und Sündern, zwischen Sakralem und Profanem –, kreativ aufzugreifen und weiterzuführen, haben 1500 Jahre Kirchengeschichte in katholischer Obhut die Spannungen zementiert. Luther hat, stellvertretend für eine ganze Zeit, in seiner Gegenwart und für die Jahrhunderte danach, diese Zerspaltenheit gefühlt, durchlitten und auf seine Weise zu artikulieren und zu überwinden unternommen.

1. Prophetisch existieren in Protest und Programmatik

Das bedeutet Luther für mich: Eine Persönlichkeit, die die Gegensätze so energisch aufgreift, dass man damit nicht länger leben kann und nach Lösungen suchen muss. Es wäre historisch unfair, der Person Luther vorzuhalten, dass er am Anfang des 16. Jahrhunderts nicht auf den Neuaufbruch seiner Zeit, auf das ungeheuer Widersätzliche in seiner Zeit, mit einer geschlossenen systematischen Betrachtung antworten konnte. Er hat es von Fall zu Fall an den Stellen getan, an denen er es evident als notwendig spürte. Darum ist er in meinen Augen in seiner ganzen Biografie nicht im Jahre 1517 am größten, sondern 1521 auf dem Reichstag in Worms. Da vollendet sich der gesamte reformatorische Ansatz und bringt einen neuen Gegensatz hervor, den er nicht mehr überwinden kann und auch gar nicht überwinden darf, weil er zu der Botschaft Jesu gehört: der Gegensatz von Person und Institution, von Individuellem und Allgemeinem, von Prophet und Priester.

Aber bleiben wir noch einmal im Jahre 1517 beim Thesenanschlag in Wittenberg. Wollte Luther eigentlich mit diesen Thesen so eine große Aufmerksamkeit erregen? Wollte er wirklich etwas Neues stiften, oder wollte er seiner katholischen Kirche zeigen: Da müsst ihr neu nachdenken?

Im Jahre 1517 schreibt Luther noch andere Sammlungen von Streitthesen mit den Theologen. Auch der sogenannte Thesenanschlag an der Schlosskirche zu Wittenberg wird zu verstehen sein als Teil einer breit gefächerten Auseinandersetzung. Der Zeitpunkt für das Thema ist richtig gewählt: Es geht um die Ablassfrage. Was Luther sich erhofft, ist typisch für ihn selber – der Glaube nämlich, dass es im theologischen Streit gelingen werde, die Wahrheit Christi zurückzugewinnen und einträchtig zu formulieren. Das ist eine akademisch so ehrliche, im Grunde aber auch so mönchisch naive Vorstellung, dass sie zu Luther sein ganzes Leben lang passen wird: Wenn man die Wahrheit sucht, wenn man sie vertritt, wenn man sie so kraftvoll formuliert, wie man kann, und einen Gegner hat, der geistig standhält, dann kann dabei nur etwas herauskommen, das allen Menschen gut tut und das die Sache Gottes vorantreibt. Das hat Luther Ende Oktober 1517 erwartet. Dass es dann völlig anders kam, basiert auf der groben Unterschätzung von Fragen, die er zwar selber angreift und aufgreift, die er aber nicht selber steuern kann: Geld und Macht nämlich. Der Ablass ist einer der Punkte, an denen es für Luther gilt, standzuhalten. Es hätte hundert andere Fragen gegeben – die hat er auch irgendwo alle einmal formuliert –, aber nun trifft er wirklich in das Zentrum. Die katholische Kirche hätte auf alles Mögliche an Themenstellungen sonst wahrscheinlich mit Aussitzen, mit Toleranz, mit Duldsamkeit, mit Verschweigen, mit Irrelevanz reagiert, solange es nur um Gnade oder um Freiheit oder um Gesetz oder um Bibelauslegung oder um Kirchenstruktur oder um die Frage, was ist und macht der Papst in Rom, gegangen wäre. Aber nun schreibt Luther in den Thesen: »Wenn schon der Papst in Rom den Dom zu St. Peter bauen will, warum, wo er selbst der reichste Crassus ist, nimmt er nicht zumindest sein eigen Geld statt das der armen Gläubigen?« Das klingt nach Aufruhr. Und das ist es auch, und das wird es auch bewirken. Und es ist auch so gemeint: Dem Papst soll Angst gemacht werden vor den eigenen Gläubigen in der Verantwortung Christus gegenüber.

Da sitzt in Mainz seit 1514 in der Person Albrechts von Brandenburg ein Bischof, der sich seine Pfründe mit dem geliehenen Geld der Fugger hat kaufen müssen. Diese seine Schulden muss er nachkreditieren. Dafür wird der Ablass eingesetzt. Das ist unglaublich! Man kauft sich geistliche Ämter – das nennt man Simonie; man schachert herum, man erpresst mit Seelenangst aus den Gläubigen das notwendige Geld dafür. Das ist keine Seelsorge mehr, das ist Verrat an den Menschen. Das ist Verleugnung der Botschaft Jesu. Das ist nicht zu dulden von einem Mann, der, sich stützend auf die Bibel, ernsthaft die Nachfolge Christi leben will.

Aber Herr Drewermann, das haben doch schon John Wyclif, Jan Hus 150 Jahre vor Luther getan. Sie haben den Ablass gegeißelt und sind, was Hus betrifft, auf dem Scheiterhaufen gelandet.

Richtig. Man sieht, dass das Thema »Reichtum« in der Wirklichkeit der Kirche mit der Armutsforderung Jesu im Ideal nicht zusammenkommen kann.

Bis heute.

Bis heute nicht. Aber damals, spätestens im Hochmittelalter, seit den Tagen Innozenz III., schließt sich die Kluft nicht einmal mehr durch den heiligen Franziskus. Der hat einen Armutsorden gegründet. Das haben Leute wie Waldes, Wyclif und Hus, die Sie erwähnen, nicht getan. Aber die Spannung besteht natürlich. Jan Hus hat miterlebt, wie 1410 päpstlicherseits – allerdings durch einen von drei Päpsten in seinen Tagen – ein Ablass ausgerufen wurde, um Krieg gegen Neapel zu führen. Und einen solchen Ablass soll er in Prag vertreten, und er tut es wieder nicht, weil er eine ehrliche Haut ist, die sich nicht einem Ochsen ähnlich strapazieren und zu Leder verarbeiten lässt. Auf solche Widersetzlichkeit aber steht die Todesstrafe. Das sind die wirklichen Vorwürfe, für die man Hus verbrennen wird: Er hat die Kirche bekämpft an einer Stelle, wo es ihm wirklich darauf ankam. Allein das war schon verräterisch. Nicht weit von Paderborn, in Bielefeld, hat der Systemtheoretiker Niklas Luhmann einmal gemeint: »Man kann Systeme nur verändern entlang ihren immanenten Messfühlern.«

Eugen Drewermann

»Luther wollte mehr«

Wenn die Kirche auf einen Mann wie Hus mit Interdikt, mit Ausgrenzung, mit Hinrichtung antwortet, bloß weil es ihr um Geld geht, so offenbart sie damit klarer als in jeder theoretischen Abhandlung, wo ihre wahren neuralgischen Punkte liegen: bei Geld und Macht.

Bei Äußerlichkeiten.

Ja, bei Äußerlichkeiten. Das gerade wird ein Dauerthema Luthers 100 Jahre später. Man muss das, was da äußerlich deklariert wird, innerlich nehmen, um Christus zu verstehen, sonst ist es nicht geistig, sonst ist es nicht paulinisch, sonst ist es überhaupt nicht christlich, sonst ist es – ich sag jetzt schon lutherisch vorweg – nur »alttestamentlich«. Das ist der entscheidende Auseinandersetzungspunkt: Wie kommt man vom Alten Testament zum Neuen Testament, außer man liest es geistig, man nimmt es innerlich?

2. Vaterangst und Gottesfurcht

Herr Drewermann, kommen wir einmal – Sie sind ja Psychotherapeut – zu dem Psychogramm von Martin Luther. Können Sie es entwerfen?

Das ist nicht einfach, doch versucht hat es zum Beispiel Erik Erikson – zum Ärger vieler Theologen, doch in sich recht stimmig. Grob gezeichnet das Ergebnis: Unzweifelhaft stand Luther sehr stark unter dem Eindruck seines Vaters, den er höchst ambivalent erlebt hat. Wir haben von Lucas Cranach gezeichnet die Elternbilder: die Mutter Margarethe, die treusorgend, abgehärmt in ihren Pflichten aufgegangen, dasteht, und nicht gerade ein Gefühl von Glück und emotionaler Innigkeit ausstrahlt; und daneben das Gesicht des Vaters Hans.

Wenn man sich, das sehend, psychologisch vorstellt: so hat Luther sein erstes Gottesbild in sich aufgenommen, dann begreift man eine Reihe seiner späteren Konflikte. Luthers Vater war kein einfacher Bergmann, sondern er hatte sich im Montangeschäft emporgearbeitet. Er hatte Kuxe gehalten, Aktien also im Bergwerksgewerbe, er war in Mansfeld zu Wohlstand gelangt – gerade jetzt werden archäologische Ausgrabungen am Ort durchgeführt, die zeigen, dass das Bild des Arme-Leute-Sohnes, des Bergarbeiterkindes Martin Luther, so nicht stimmt. Das Milieu seiner Eltern war mehr als gehobener Mittelstand. Und natürlich wollte der Vater, dass sein Sohn Martin in gewisser bürgerlicher Weise Karriere macht und reüssiert. Also ging Martin in Mansfeld auf die Lateinschule, die wie üblich sehr streng war. Später wird Luther sagen: »Man sollte zum Prügel einen Apfel legen.« Aber er hat diese Art von Pädagogik, die damals selbstverständlich war, durchlaufen müssen und sollte nach der Schulzeit in Eisenach entsprechend dem Willen seines Vaters durch ein Studium in Erfurt nach Ableistung der Artes Jurist werden. Genau damit hat er begonnen, als er 1505 bei Stotternheim einen Blitzeinschlag erlebt. Nur zwei Monate später tritt er in den Augustiner-Eremiten-Orden ein, nach einem heiligen Schwur, den er der Mutter Anna geleistet hat: »Ich will ein Mönch werden.«

Ich denke, Luther hat in diesem Moment den ganzen Schrecken seines Lebens kondensiert gefühlt: Gott kann strafen – wie der antike Zeus, der Blitzefreudige. Was erlebt ein Mensch, wenn er gerade einer tödlichen Gefahr, die auf ihn gezielt zu haben scheint, entkommt? Er kann kaum etwas anderes denken, als dass er nur noch einmal davongekommen ist, um etwas, das eigentlich gestraft gehört, abzubüßen. In einer solchen Vorstellung verdichtet sich das Vaterbild Luthers fast zur Naturmetaphysik, und es wird sein charakteristisches Thema bleiben: Wie gibt es eine Rechtfertigung für meine eigene oder für die menschliche Existenz insgesamt?

Das wird ein Ringen gegen den Blitze schleudernden Gott, ein Flehen um Gnade, und so liest er die Bibel an jeder Stelle, wo er sie aufschlägt, als Antwort auf diese Frage, oder er bekämpft die Stellen, an denen er eine Antwort nicht findet oder seine Angst gar verstärkt sieht. Nur folgerichtig wird er sich auch aus dem Mönchsgelübde herauslösen, weil er da wieder die Strenge des strafenden väterlichen Gottes findet in Gestalt endloser Schuldgefühle.

Es ist generell die Frage: Wie kann man die Mönchsgelübde ehrlicherweise ohne Selbstverrat, ohne Heuchelei leben? Luther wird die Orden auflösen, er wird 1525 mitten in dem Maximum des Durcheinanders, das er zum Teil selber provoziert hat – die Bauernkriege sind gerade auf ihrem Kulminationspunkt –, wie wenn es nichts Wichtigeres zu tun gäbe, heiraten. Die Polemik gegen ihn auf der Gegenseite überschlägt sich. Das alles ist vorherzusehen. Zwei Jahre später aber wird er an seinen Vater Hans Luther schreiben: »Das hast nicht Du gemacht, sondern Christus. Der Papst schafft Puppen«; doch will er sagen: Christus hat ihn gelehrt, sich selber treu zu sein als Mensch und damit die Liebe zu lernen und persönliche Freiheit zu gewinnen. Das ist ein Prozess, der eine Psychogenese und Reifung im Psychologischen verrät, die wirklich so, wie Luther immer wieder schreibt und gedacht hat, ganz und gar aus dem Glauben kommt. Eine solche Entwicklung ist nicht mehr bezogen auf seinen Vater, eigentlich auf gar keinen Menschen mehr, sicher auf keinen Ordensoberen und auf gar keinen Fall auf den Papst; vielmehr allein im absoluten Gegenüber Gottes findet Luther zu sich selber als einer Person, die sich annehmen darf in ihrer Begrenztheit, in ihrer Relativität, in ihrer Gebrochenheit. An dieser Stelle ist Luther groß und Beispiel gebend, und über die Jahrhunderte müsste sein Vorbild weiterentwickelt werden.

Aber, Herr Drewermann, Sie nochmals als Psychotherapeut gefragt:
War ein Grundgefühl von Martin Luther in seiner Anfangsphase
und gerade in seiner Berufungsgeschichte die Angst?

Unbedingt. Er schreibt selber, mit wie viel Angst er zum
Beispiel die erste heilige Messe gelesen hat. Die katholische
Messfeier, wohlgemerkt, ist der Ort, wo eigentlich das Opfer
Christi – nach Luthers eigenem Verständnis und auch in Übereinstimmung mit der Lehre der katholischen Kirche – von
aller Sündenschuld befreien soll. Er aber erlebte als Priester,
zu dem er geweiht worden war, die Frage seiner eigenen Wür-
digkeit am Altar. Kann er überhaupt die heilige Messe lesen?
Isst und trinkt er nicht sich selber das Gericht damit? Wenn er
das Heiligste mit unheiligen Händen und mit unheiligen Lippen berührt, ist er dann nicht ein schlimmerer Verräter noch
als Judas im Abendmahlssaal? Diese Gedanken quälen ihn zum
Äußersten und bringen ihn dahin, am Ende den ganzen Klerikerstand innerkirchlich noch einmal neu zu definieren, auch
um in gerade dieser Frage seine eigene Freiheit zu gewinnen:
Es ist nicht möglich, dass man in der Messe eine liturgische
Tragödie aufführt mit einer Maske vor dem Gesicht, statt selber als Person gegenwärtig zu sein. Auch diese ungeheure
Kluft muss Luther schließen, um leben zu können.

Darf man das skrupulös nennen oder sehr gewissensgeprägt?

Es ist ein Gewissen, das zweifellos eine solche Schärfe im
Über-Ich verrät, dass Skrupulantismus die notwendige Folge
davon ist. Aber dieses Gewissen hat, anders als Millionen Menschen vor, zur Zeit und nach Luther, ihn nicht nur gequält, er
hat versucht, eine Lösung für sein eigenes Problem vor Gott
und dadurch gültig für alle Menschen zu finden, und eben
darin ist er groß und Beispiel gebend.

3. Die Stunde der Entscheidung –
   Worms im Jahre 1521

Und ist es das, was Sie, Eugen Drewermann, an ihm bewundern oder wo Sie sich an ihm reiben?

Ich bewundere das Beispiel, das Luther darin gibt, wie man die Angst der eigenen Biografie, die Angst einer ganzen Zeit, die Angst einer gesamten Kirche im Abstand von 1500 Jahren zu der Botschaft Jesu in der eigenen Existenz durch das Vertrauen auf Gott zu überwinden vermag.

Insofern erscheint mir, noch einmal gesagt, Luthers größter innerer Augenblick die Stunde seiner stärksten äußeren Gefährdung zu sein. Das ist 1521 der Reichstag in Worms. Man hat ihn gewarnt: »Mönchlein, du gehst einen schweren Gang!« Doch seine Antwort darauf soll gewesen sein: »Selbst wenn in Worms der Teufel so viele wären wie Schindeln auf den Dächern, da muss ich hin!« Allein das verrät eine seltene Größe. Ein Mensch sieht die äußere tödliche Gefahr, er macht sich durchaus keine Illusionen, er geht aber nicht zurück, sondern er geht nach vorn. Die Angst vor Gott wird so zum Mut in Gott. Das hat jesuanisches Format. Das macht man nicht aus sich selber.

Er dachte, er würde auf dem Scheiterhaufen landen?

Es geht um die Treue Gottes. Es wäre möglich, als Ketzer hingerichtet zu werden. Aber: Was immer dabei herauskommt, Gott muss wissen, was daraus wird. Man selber aber hat die Aufgabe, die Verantwortung, dem nicht auszuweichen, was Gott im eigenen Leben allen anderen zu sagen hat. Dafür steht Luther gerade, und deswegen tritt er vor die kirchlichen Theologen, vor die Landesfürsten, vor den Kaiser, der über Leben und Tod zu entscheiden hat, indem er entweder die

Acht über den Wittenberger Mönch ausspricht oder eben das nicht tut. Vom Worte Kaiser Karls V. wird abhängen, ob Luther Worms überlebt oder nicht. Wenn er in die Acht kommt, kann jeder ihn totschlagen wie einen tollen Hund, und er begeht dabei keinen Mord, sondern er verrichtet ein Gott wohlgefällig Werk. Das kann sein und das steht sogar zu erwarten. Dennoch ist Luther der Meinung, dass er es sich selber, dass er es Gott schuldig ist, die Wahrheit auszusprechen, so, wie er sie erkennt. Und das Ergebnis ist eine ungeheure Kluft zwischen dem katholischen Begriff des Glaubensgehorsams und dieser Christustreue im persönlichen Gewissen. Die Legende sagt, Luther habe die Gespräche mit dem Bemerken abgeschlossen: »Hier stehe ich, ich kann nicht anders, Gott helfe mir.« Das ist eine – wenn es erfunden ist – wunderbar erfundene Legende. Denn so war es innerlich gewiss. Historisch verbürgt aber, schwarz auf weiß, haben wir das Schlussbemerken von Karl V., einem damals noch ganz jungen, neu gewählten Kaiser, mit einer Riesenaufgabe, die für ihn in Europa (die Türken!) und Lateinamerika (die Eroberung eines ganzen Kontinents) kaum lösbar ist. Karl V. fasst alles, was er in Übersetzung mitbekommen hat, ohne die theologischen Äußerungen, um die es geht, auch nur entfernt würdigen zu können, auf den unter der Perspektive eines Regierenden wichtigsten Aspekt zusammen: »Es will mir nicht erscheinen, wie ein einzelner Mönch recht haben könnte gegen die ganze Christenheit.« Das ist wirklich ein zentrales Problem: Wie soll man eine Kirche zusammenhalten, wie soll man ein Reich festigen, wenn es Menschen gibt, die in dieser Form die Wahrheit zu haben beanspruchen, wie Luther es tut? Gibt es nicht so etwas wie einen Gruppenkonsens, gibt es nicht so etwas wie klare dogmatische Vorgaben? Gibt es nicht Instanzen, die kirchlich und staatlich befinden, wer überhaupt zu sagen hat, was wahr ist und was nicht wahr ist? Wie kann ein Einzelner, ein Individuum, sich hinstellen und erklären: »Ihr habt unrecht, alle habt ihr unrecht, weil ihr die Bibel nicht richtig lest. Ihr versteht Christus nicht richtig, ihr seid 1500 Jahre schon als Verräter an der Botschaft Jesu eine gefrorene Lüge.« So etwas ist ungeheuer. Das kann nicht sein, das ist unvorstellbar für die Herrscher auf den Thronen. Aber genau das ist die Haltung, mit der bereits die Propheten in der Bibel auftreten: gegen die Könige, gegen die Tempelverwalter, gegen das Volk und gegen den Pöbel. Alle diese Gotteskünder haben nichts weiter als ihre einzelne Person, die sie zum Sprachrohr Gottes machen.

4. Das Vorbild: Jan Hus

So war doch auch Jan Hus, der am 6. Juli 1415 in Konstanz verbrannt wurde, 100 Jahre zuvor.

Natürlich. So war Hus.

War Hus ein Vorbild für Luther?

So hat Luther sich stets begriffen. Hus selber bereits hat von sich schon ein Stück weit vorweggenommen, was kommen würde. Sein Name bedeutet im Deutschen »die Gans«, und so dachte Hus tatsächlich: »Sie werden eine Gans verbrennen und einen Phönix fliegen sehen.« Luther selber hat den Vorwurf formal gegen sich erleben müssen, schon 1519 in der Diskussion mit Johann Eck in Leipzig, er lehre wie Jan Hus. Seine Antwort darauf war, man habe Hus zu Unrecht verbrannt.

Nebenbei: Die ganze Vorgehensweise in dem Gespräch mit Eck war natürlich hoch politisch, sehr anders also im Grunde, als Luther selber dachte. Man wollte, dass er sich zu Jan Hus bekennt, mit der Gewissheit, dass, wenn das passiert, kein deutscher Fürst von ihm noch irgendetwas annehmen wird. Hus, die Hussitenkriege – alles das war ein Zeichen des politischen Aufruhrs im Namen Christi gewesen. Kein Fürst, der ruhig auf seinem Thron in deutschen Landen sitzen bleiben wollte, konnte neue hussitische Zustände wünschen. Wenn also Luther in die Situation gebracht wird, sich zum Anliegen und zur Person von Jan Hus positiv zu äußern, ist er selber geliefert und wird das gleiche Schicksal wie der tschechische Rebell in Prag erleben. Dahin wollte man ihn manövrieren. Und tatsächlich hat Luther diese Identifikation angenommen. »Es war ein Unrecht, Hus zu verbrennen!«

Da kam natürlich sofort die nächste Frage: Kann denn ein Konzil, das doch die Wahrheit Gottes vertritt, einen solchen Justizmord begehen, kann es irren bis zur absolut verbrecherischen, kriminellen Insinuation? Genau das bestätigt Luther: »Auch Konzilien können irren – das Konzil in Konstanz hat geirrt, Jan Hus verbrannt zu haben.«

So war Luther immer. Er wich keiner Falle aus, sondern er ging in die vermeintliche Aporie hinein und sprengte sie auf, oder er blieb darin stecken.

5. Der Reformer wird zum Protestanten gegen Rom

Hat Luther sich denn je selbst als Reformator bezeichnet? Reformation ist doch ein viel späterer Begriff.

Luther sah eine Kirche vor sich, die dringend sich selber ändern musste, und er hat erwartet, dass sie das selber tut. Dafür konnte er verbindlich die Themen vorgeben, die Perspektiven, die Stichworte, die Begründungen, die Interessenlage. Aber gemeint hat er, zunächst ganz katholisch, dass die Änderung nur durch den Papst selber kommen kann bzw., im Verein mit ihm, durch die Kardinäle. Die entscheidende Änderung musste in Rom erfolgen. Das war seine feste Meinung, und drum war die Diskussionseinladung mit dem Thesenanschlag 1517 eigentlich ein Sendschreiben nach Rom. Da erwartete er die Änderung. Der Fisch bekanntlich stinkt vom Kopf her. Der Gedanke, dass er die entscheidende Änderung an Haupt und Gliedern vollbringen könnte, war ihm völlig fremd. Deshalb hat er auch späterhin immer wieder den Versöhnungsgedanken seines Freundes und wichtigsten Mitarbeiters Philipp Melanchthon aufgegriffen, 1530 beim Augsburger Reichstag in Gestalt der Confessio Augustana zum Beispiel. Da darf er zuvor an den Verhandlungen selber schon gar nicht teilnehmen, aber er lässt Philipp Melanchthon freie Hand, immer noch in der Hoffnung, dass man doch in Rom verstehen wird, wie unausweichlich es ist, die Kirche so zu gestalten, dass sie wirklich Christus trägt, vermittelt und sichtbar macht und nicht das Widerspiel von alldem wird und bleibt. Erst als klar wird, dass der Papst es ablehnt, »Papst« zu sein, wird er in Luthers Augen zum »Antichristen« und Rom zur »Hure Babylon«, wie bereits für Hus und die Prager Refomatoren um 1400. Eine der letzten Schriften Luthers, 1545, heißt denn auch »Vom Papsttum als Werk des Teufels«. Das ist endgültig, da ist keinerlei Hoffnung mehr. Also kann es auch keine Reformation einer solchen (Un-)Kirche mehr geben. Man kann diese Kirche so, wie sie ist, wie sie ganz offensichtlich bleiben will, wie sie sich im Recht befindlich sieht, nicht nur nicht verändern, man kann sie nur zur Hölle wünschen und der Hölle übergeben. Da ist nichts mehr zu ändern. Man muss ohne sie weitermachen. Da hilft keine Reformation mehr, da ist ein Neuanfang nötig.

Ist Luther denn absichtsvoll oder eher absichtslos zum Reformator geworden? Wie sehen Sie die Entwicklungslinie theologisch und psychologisch?

Was Luther 1517 begonnen hat, klopft immer noch an die Türen von St. Peter und bittet um Einlass. Dass das bis heute nicht geschehen ist, macht aus der Reformation, die ein Angebot, ein dringliches Gesuchen hätte sein müssen, eine Vergeblichkeit im Tragischen, eine Abspaltung, die so nie hätte erfolgen sollen. Aber was bleibt jetzt im Abstand von 500 Jahren den Protestanten anderes übrig, als sich in dem, was sie für richtig gefunden haben, auch im Erbe Luthers, selber festzumachen und das so intensiv zu tun und weiterzuentwickeln, dass es in unseren Tagen verständlich wird, auch und gerade im Anspruch an Rom in all den kreativen Alternativmöglichkeiten, die in den Kirchen der Reformation entfaltet worden sind? Es ist, wie wenn ein Baum im Sturm seine Samen im Herbst weit verstreut hätte, weit außerhalb der Grenzen des Gartens, in den man ihn gepflanzt hat, und nun im darauffolgenden Jahr entdeckt man, dass er Früchte bringt weit außerhalb des Zaunes, reicher und nahrhafter als am Ursprungsort – so könnten die Protestanten heute, 500 Jahre später, mit einigem Stolz sagen: »Wir haben uns nicht entfernt von dem Baum, den Gott gepflanzt hat, aber wir wurden durch einen Sturm, den wir nicht gerufen hatten, davongerissen. Jetzt wurzeln wir in neuer Erde. Und was wir hervorbringen, lässt sich bei Gott und den Menschen sehen.«

Es wäre näher betrachtet vor allem dieser Punkt: Der Protestantismus fußt in der Evidenz, dass es keinen Glauben, christlich gesehen, geben kann ohne die Passage durch das Subjekt in all seiner Angefochtenheit, Geängstetheit, Schuldbefangenheit, Zerbrochenheit. Genau dieses Brüchige im Menschen ist das, was Gott sich erwählt, um seine Gnade zu schenken. Das ist der Kern des ganzen Protestantismus. Wenn diese Kernerfahrung der Rückgewinnung der Botschaft Jesu verweigert wird zugunsten eines Gruppendenkens, eines Zwangsgehorsams, zu dem Vorteil der institutionalisierten Sicherheit einer Sakramentenpraxis, die vorgibt, Gott buchstäblich in der Hand zu haben, dann können Protestanten mit dieser Scheinberuhigung des Unpersönlichen sich niemals anfreunden wollen oder dürfen. Die Stütze aber für die Persönlichkeit, die im Gegenüber zu Gott und im Vertrauen auf ihn sich in ihr eigenes Leben wagt, ist keine menschliche Autorität, weder in der Politik noch in der Kirche, sondern allein das Wort Gottes, so wie es in der Bibel steht. Der Glaube (das Vertrauen) und die Bibel – beides gehört zum Kern des Protestantischen, aber auch in gewissem Sinne zu dem Problem der protestantischen Tradition.

6. Protestantismus und Katholizismus

Aber, Herr Drewermann, sehen Sie nicht, dass in der katholischen Kirche sich in den letzten Jahrzehnten auch etwas protestantisch Wertvolles eingenistet hat und das katholische Denken beeinflusst? Sind sich da nicht doch beide in wesentlichen Punkten auch sehr, sehr nah? Eigentlich kann man doch heute gar nicht mehr die Trennung der beiden großen Konfessionen vermitteln.

Im Volk wird diese Trennung schon seit langem nicht mehr verstanden. Gewiss, es hat in der sogenannten ökumenischen Theologie an Versuchen in den letzten 50 Jahren – seit dem 2. Vatikanischen Konzil – nicht gefehlt, die Gemeinsamkeiten zwischen den Konfessionen auszuformulieren, doch das geschah an den Menschen und ihren Erfahrungen weit vorbei. So hat man zur Erinnerung an die Confessio Augustana von 1530 einen Hauptpunkt der scheinbaren Unterschiedlichkeit zwischen Katholiken und Protestanten durch gemeinsame, überbrückende Formeln zueinanderbringen wollen: die Rechtfertigungslehre. Paradoxerweise ist das theologische Zentralproblem der jahrhundertelangen kontroverstheologischen Streitigkeit die Gnadenlehre. Gerade da also wollte man sich so austauschen, dass zumindest dieser Kernpunkt nicht mehr in die Debatte als strittig oder trennend eingebaut werden könnte. Eine solche Zielsetzung stellt rein akademisch kein Problem dar. Man kann natürlich, wie wir noch sehen werden, auch grundverschiedene Ausrichtungen in identischen Begriffen vereinigen. Aber: Das Problem nennen Sie ganz richtig; die Leute haben davon nichts. Sie verstehen die ganze Problemstellung inzwischen schon nicht mehr. Denn bereits das Wort *Gnade* ist obsolet. Und *Rechtfertigung* – wer spricht davon? *Freiheit* ist ein bürgerlicher Begriff, aber er entfernt sich sehr von dem, was Luther vor Augen hatte, wenn er von der Freiheit eines Christenmenschen sprach. »Wie finde ich einen gnädigen Gott?« Wo auf der Straße finden Sie jemanden, der diese Frage als zentrales Problem seiner Existenz zu beantworten sucht? Bezeichnend daher im Grunde das Unvermögen beider Kirchen, von ihren eigenen Anliegen so zu reden, dass es in der Öffentlichkeit jenseits der innerkirchlichen theologischen Sprachspiele wirklich noch verstanden wird.

Ein mir befreundeter protestantischer Pastor pflegte vor Jahren zu sagen, die katholische Kirche sei gar nicht so schlecht, wenn sie nur wollte lutherisch werden. Doch davon ist wenig zu spüren. Johannes Paul II. noch hat die Gefahr der Reprotestantisierung, die er drohen sah, mit aller Macht bekämpft. Ein Papst, wie er ihn sah, war unfehlbar, er hatte wirklich in Glaubens- und Sittenfragen für alle Kirchenmitglieder verbindlich zu entscheiden. Auch die Sakramente waren, wie sie sind. Insbesondere das Priestertum war, wie es ist. Und natürlich, die katholische Dogmatik gilt unzweideutig. Die Mariologie etwa ist, egal was die Protestanten und die Bibel darüber schreiben, in katholischer Tradition, also in Wahrheit, so und nicht anders zu lehren. Unter der Hand blieben unter dem Pontifikat des polnischen Papstes all die Erwartungen des 2. Vatikanischen Konzils in den Anfängen stecken. An der Oberfläche der öffentlichen Aufmerksamkeit lagern zum Beispiel die üblichen sexualmoralischen Fragen: Dürfen Priester heiraten? Dürfen Verheiratete zu Priestern geweiht werden? Dürfen geschiedene Wiederverheiratete zur Kommunion gehen?

Es zeigt sich gerade in solchen Fragen Luthers Größe darin, dass er meinte, Menschen dürften nicht dahin gebracht werden, dass sie die Entscheidung für ihr persönliches Leben abhängig machten von der Zuständigkeit irgendeiner fernen und fremden Instanz jenseits der Alpen. Entweder man lebt jetzt richtig oder man wird nie dahin kommen, frei in Christus zu werden. Das war Luthers Meinung. So wie wir eben aus seinem Brief an seinen Vater zitierten: »Der Papst macht Puppen.« Aber dies hier, seine Heirat mit Katharina Bora, das ist ein Werk Gottes – so Luther. Nun nehmen wir mal an, es möchte sein, die katholische Kirche käme wirklich zu einer Einstellung, wie der jetzige Papst Franziskus sich ausgedrückt hat, es sei die »Laetitia amoris«, die Freude (das Glück) der Liebe, als ein erlaubtes und zu erlaubendes Erlebnis für die Menschen als ein weiterer Beweis der Gnade Gottes offen zu halten; dann hätten wir den ganzen Priesterstand enttabuisiert, wir hätten ihn vermenschlicht, wir sähen ihn nicht mehr wie eine Wolke über den Gläubigen liegen, ganz wie am Berge Sinai das Heilige im Wolkennebel verhüllt bleiben musste; wir hätten normale Menschen in der Seelsorge. All das könnte der Kirche in bestimmter Weise nur gut tun; es zerbräche aber die Zweigeteiltheit von Profanem und Sakralem, und es ginge folglich sofort weiter in die Richtung, die Luther angestoßen hat.

Denn: Die Frage nach dem Papstgehorsam wäre gleich die nächste. Es ist für mündige Menschen, die ihren eigenen Gefühlen, die der Lyrik ihrer Seele Folge leisten, nicht mehr möglich, die Obödienz formaler, nachsprechbarer Formeltreue zu vereinbaren mit der Ehrlichkeit der persönlichen Überzeugung, die sich bei der Lektüre der Bibel oder beim

Hineinhören in das Schicksal anderer Menschen dialogisch ergibt oder, situativ bedingt, einstellt. All die Änderungen Luthers gingen augenblicklich weiter. Will die katholische Kirche in der Moderne ankommen, hat sie 500 Jahre ihres selbstverordneten Stillstands im Eiltempo nachzuholen, entlang all den Fußpuren, in denen Luther schon gegangen ist.

Hat das 1. Vatikanum 1870 mit dem Dogma der Unfehlbarkeit des Papstes ein Stück weit die Spaltung zwischen den Konfessionen vertieft?

Absolut. Eine solche (weitere) Spaltung wurde damals sogar noch einmal in Gestalt der *Altkatholiken* hervorgerufen. Es erscheint fast als paradox, dass eine Gruppe von Münchener Gelehrten sich unter dem Titel Altkatholizismus als Reaktion auf das Unfehlbarkeitsdogma der Kirche Roms abspaltet. Man will schon mit dem Namen »Altkatholiken« sagen: »Was jetzt passiert – 1870 –, ist der Beginn einer neuen Kirche. So hatten wir das noch nie. Wir hatten Päpste, aber doch nie solche, die unfehlbar sich dünkten. Das schafft einen religionspsychologisch vollkommen anderen Kirchentyp. Wir bleiben jetzt bei dem, was von altersher war.« – Der Titel »Altkatholiken« ist wenig attraktiv, weil er restaurativ klingt, aber man wollte tatsächlich die Perversion oder die Transformation des Papsttums in eine reine Machtbeanspruchung – in Reaktion auf die politische Entmachtung des Vatikanstaats unter dem italienischen Freiheitskämpfer Garibaldi – nicht akzeptieren. Und hatten die Altkatholiken nicht recht? Mit diesem Dogma wurde wirklich die beste Tradition sogar der eigenen Lehre im Katholizismus überschritten, aber man hatte, wie stets, in breiter Front eine theologische Gelehrtenschaft, die mit ihrem Gehorsam bereit war, mitzumarschieren. Das ist bis heute so. Die kleine Gruppe der so genannten Altkatholiken indessen war ehrlich, sie riskierte ihren Beruf, ihr schönes Gehalt, und konnte doch nur erklären: »Dies, was da verkündet wird, ist nicht mehr unser Glaube.« Dann kam 1871 noch hinzu, dass man im nächsten Schritt in die Mariologie ging und die Unbefleckte Empfängnis Mariens (ihre Freiheit von der Erbsünde) verkündete, ergänzt später dann, 1950 unter Pius XII., durch das Dogma von der leiblichen Aufnahme Mariens in den Himmel, wie sie in der Ostkirche schon lange geglaubt wurde. Durch diese neuen Glaubenssätze wurden die Protestanten noch weiter beiseitegeschoben. Und warum? Von beiden Dogmen steht in der Bibel nicht ein einziges Wort!

Und dann kam noch das Wort von Joseph Kardinal Ratzinger in dem Lehrschreiben aus dem Jahre 2000: Dominus Jesus – so etwas wie eine Provokation für die Protestanten.

Die Glaubenskongregation bescheinigte damit den Protestanten, dass sie eigentlich nur Christen sind, weil sie, ohne es zu wissen oder wissen zu wollen, Katholiken sind, denn andere Christen als Katholiken kann es gar nicht geben, recht verstanden. Jeder Christ ist im Grunde demnach ein Mitglied der katholischen, und zwar der römisch-katholischen Kirche. Aber da die Protestanten sich zur katholischen Kirche formal nach wie vor nicht bekennen und viele der katholischen Wahrheiten weggebrochen haben, sind sie Christen in einem »defizitären Modus«. So Ratzingers Worte. Auch solch eine Doktrin trägt natürlich wenig zur Versöhnung der Konfessionen bei, wie sich jeder denken kann. Von den Protestanten hätte ich damals erwartet, dass man deutlicher gesagt hätte: »Wir sind nicht defizitär, wir setzen allerdings andere Akzente. Und die setzen wir ganz bewusst, in der Erwartung, dass sie bei euch genauso energisch wahrgenommen werden. Das ist kein Defizit. Wir haben nichts gegen Maria – übrigens war Luther ein glühender Verehrer der Maria, aber nicht in dieser dogmatisierten oder mystifizierten Form. Was Jesus uns gelehrt hat, ist eine

Gottunmittelbarkeit zwischen der Person, die der Mensch ist, und der Person, die Gott ist. Wir brauchen nicht erst zu Maria uns zu wenden, damit sie einen stets verärgerten und angstmachenden Vater zu unseren Gunsten versöhnt. All die Umwege können sich nicht zu recht auf Jesus berufen. Diese Glaubenshaltung ist nicht defizitär, sie ist unsere Stärke.« Eine solche Antwort habe ich sehr vermisst. Man hat sich protestantischerseits damals beleidigt gegeben, aber man hat nicht wirklich argumentiert. Eben drum ist unser Gespräch hier über Martin Luther in meinen Augen auch ein Beitrag zur Ermutigung der Protestanten zu sich selber.

Nun sind die Protestanten ja auch keine geschlossene Einheit. Papst Franziskus wird zum 31. Oktober 2017 die lutherische Kirche besuchen. Da scheint es offenbar weniger Berührungsängste zu geben, sondern eher den Willen, einen deutlichen, öffentlichen Akt der größtmöglichen Gemeinsamkeit zu setzen.

Das ist zweifellos sein Bemühen, und ich nehme auch an, es wird so verstanden werden, jedenfalls möchte ich das hoffen. Andererseits wäre es schade, wenn die wirkliche religiös-theologische Spannung darunter eingeebnet würde. Die nämlich lautet, dass auch diese Papstgeste im Grund zweideutig sein kann. Sie bedeutet womöglich: Wir, die katholische Kirche, reden wie ein Mann, mit geschlossener Stimme, denn wir haben das Lehramt, wir haben das Papsttum, wir haben die Normierung des Dogmatischen, wir vertreten das Objektive. Nun aber reden wir mit euch Protestanten leider ungefähr so, wie wenn der amerikanische Präsident mit Indianern spräche, wo jeder Stamm einen eigenen Häuptling hat: Er kann eigentlich nur Verträge schließen mit den Sioux oder mit den Cheyenne oder mit anderen, aber nie mit »den Indianern«. So ähnlich kommt der katholischen Kirche der Protestantismus vom Verwaltungsstandpunkt aus vor. Wieder müsste deshalb jetzt umgekehrt die Antwort lauten: »Der Glaube ist christlich kein Verwaltungsgegenstand. Es ist überhaupt nicht möglich, den Glauben Christi plakativ flächig zu streichen und eine Formel daraus zu machen, die man nur nachsprechen muss, um die Wahrheit zu besitzen. Das eben ist das typisch Protestantische: Die Wahrheit muss gelebt werden in der einzelnen Person. Sie ist nicht in allgemeiner Form wie eine Drucksache abzustanzen. Ihr müsst mit jedem Einzelnen reden, das ist Seelsorge, das ist Mitteilung des Glaubens.« Der dänische Religionsphilosoph Søren Kierkegaard wird sagen: »Der Glaube ist keine Lehre, sondern eine Existenzmitteilung.« Das geht nur zwischen Ich und Du.

Wenn wir eben schon sprachen von Angst und ihrer Überwindung, so ist klar: Derlei gelingt nicht mit dem Weihwasserwedel, das gelingt nur durch das Gespräch mit jedem Einzelnen in seiner Angst. So wie Jesus zu jedem einzelnen Kranken im Neuen Testament redet, so müsste man persönlich, mit jedem Einzelnen, reden, wenn denn von Glauben überhaupt die Rede sein soll. Alles andere ist ein Verrat im Prinzip.

Also müssten die Protestanten wieder sagen: »Wir sollten gemeinsam eine Sprache finden, die die Einzelnen einlädt. Das dann ist unsere Gemeinsamkeit. Im übrigen: Was wollt ihr? Die Bibel selber ist voller Widersprüche, wie jeder sehen kann. Auch da gibt es nicht diese doktrinäre Einheit, sondern da herrschen riesige Spannungen, nicht nur zwischen Paulus und Petrus oder Jakobus und Johannes. Wo haben wir denn die Bibel als ein Lehrbuch, das wir nur aufschlagen müssten, um für jede Frage des Lebens die passende Antwort zu finden? Vom Alten Testament mal ganz zu schweigen. Das trägt in sich eine Geschichte von mehr als tausend Jahren Überlieferung mit unglaublich vielen unterschiedlichen Situationen, auf die man antworten musste, im Namen Gottes, wie man dachte. Also kann es doch nur richtig sein, dass wir suchen, gemeinsam, situativ, personal, dialogisch, und nicht dogmatisch, institutionell und kollektiv, Glauben zu leben und weiterzugeben.«

Sie haben gerade, Herr Drewermann, von der Sprache Luthers gesprochen, die sich an die Menschen richtet und die das Verhältnis von Gott und dem Einzelnen betont. Liegt der Unterschied zwischen dem katholischen Denken und Reden in dem Faktum, dass die katholische Kirche sehr juristisch, formaljuristisch denkt? Das zeigt sich ja zum Beispiel an dem Begriff »sacramentum« (Tertulian). Das ist ja eigentlich ein militärischer Begriff, der so viel heißt wie »einen Eid ablegen«. Und im Gegensatz dazu spricht Martin Luther von dem »Signum«, also von dem »Zeichen«. Da liegt ja ein gravierender Unterschied schon in der Sprache, in der Bewertung, in der Interpretation.

Die römische Kirche ist tatsächlich römisch. Hans Küng hat einmal gesagt: »Die katholische Kirche kann nur katholisch werden, wenn sie aufhört römisch zu sein.« Das ist ein Bonmot, aber eines, das da ganz gut hinpasst.

Da sind jetzt mehrere Dinge, die hüben und drüben der Alpen sehr unterschiedlich sein können. Ich mache es einmal daran fest, dass das *Rechtsverständnis* Roms einen Weg gegangen ist, der in der Neuzeit kaum noch verständlich ist, aber in der Kirche Roms im Grunde bis heute beibehalten wird. Die römische Kirche hat in ihrer Tradition angeknüpft, anknüpfen müssen, an die Pandekten Justinians im 6. Jahrhundert. So ist sie ins Mittelalter hinein gegangen und hat ihre eigene Struktur gefunden. G. W. F. Hegel hat einmal sehr richtig beschrieben, dass das römische Rechtsverständnis größten Wert auf die Ordnung des Äußeren legt. Das Individuum ist hier von der objektiven Gesetzgebung losgelöst. Man fordert ein korrektes Verhalten, aber nicht eine innere Übereinstimmung mit dem Inhalt der Gesetze.

Es kommt noch zu anderen Merkwürdigkeiten im römischen Rechtsverständnis. Man entwickelte bereits in der Antike in Rom, schon um die Vielfalt der Provinzen verwalten zu können, so etwas wie ein allgemeines Menschenrecht; bis zu diesem Punkt denken sich die Stoiker in der Tat vor. Gleichzeitig aber versklavt das Imperium unglaubliche Massen von Menschen, rekrutiert sie fürs Militär, lässt sie in den Gladiatorenkämpfen zum Schauspiel des Mobs gegeneinander antreten. Daher bricht sich die abstrakte Humanität, die im römischen Recht gebündelt wird, notwendig an der konkreten Willkür, die in der Praxis sich austobt. Beides, das Abstrakte des Rechts und das Konkrete des Verhaltens, wird nicht vermittelt. Hegel glaubte im übrigen, dass die Person Jesu gerade deshalb kam, um diesen Widerspruch zu heilen. Der Glaube an den Sohn Gottes sei notwendig gewesen, um den römischen Widerspruch zwischen innen und außen, zwischen Humanität im Recht und Inhumanität in der gelebten Wirklichkeit zu überbrücken. Dass das Göttliche Person sei, das betrachtete Hegel als in der Gestalt Jesu repräsentiert, philosophiegeschichtlich gedeutet. Darum habe, »als die Zeit erfüllt war«, der Christus kommen müssen.

Wir sind speziell in Deutschland, wesentlich auch im Erbe Martin Luthers und der Protestanten, zu einer davon sehr unterschiedlichen Auffassung gelangt, die sich am besten bündelt in der Aufklärung, im Deutschen Idealismus. Für Immanuel Kant ist es vollkommen unmöglich, dass man Recht formuliert, ohne dass es Recht sei in der inneren Überzeugung. Nach ihm kann keine Staatsordnung bestehen, die nicht vom Gewissen ausgeht, von der autonomen Freiheit jedes Einzelnen. Dieser Ansatz ist genau umgekehrt zu der römischen Auffassung. Das römische Denken beginnt mit der Institution des Staates und bricht sich herunter auf den Einzelnen, den es äußerlich einordnen möchte. Der Ansatz der Aufklärung umgekehrt beginnt, fast lutherisch zu sagen, beim Einzelnen, dessen Leben sich in die Allgemeinheit hinein ordnen muss.

Kontroverser können die beiden Standpunkte sich eigentlich nicht aufeinander zubewegen. Und zwischen ihnen ergibt sich eine Fülle von Problemen, die schwer lösbar sind – was ist beispielsweise mit dem Sakrament der Ehe? Für einen Katholiken ist die sakramental geschlossene Ehe unauflösbar, wenn sie vor dem Pfarrer und zwei Zeugen formal gültig geschlossen wurde. Für einen Protestanten gibt es diese Art von Sakramentalität der Liebe zwischen zwei Menschen nicht. Das, was Menschen sich schenken können, wenn sie sich lieben, ist die Gnade Gottes. Und dass sie zusammenleben und miteinander auskommen, ist das Zeichen dafür, dass Gott am Werke ist. Aber das kann kein Pastor machen. Der Pfarrer mag die Liebenden und ihre Beziehung (ein)segnen, doch ihre Ehe ist protestantisch kein Sakrament. Sie muss auch nicht formal in der Kirche angesiedelt sein. Luther würde andererseits der Anschauung sehr zugestimmt haben, dass man nur lieben kann und frei zu sein vermag für die persönliche Begegnung, wenn man jenseits der Angst sich in Gott geborgen fühlt. Doch um dahin zu finden, bräuchte man eine Art Erlösung zur Liebe, basierend auf religiösen, dogmatischen Voraussetzungen, wie sie in der katholischen Kirche in ihrer psychologischen Bedeutung nie mitbedacht wurden. Luther indessen ging schon in seinen Tagen bis da hin, dass er dem Landgrafen Philipp von Hessen, nicht ohne politische Gründe, eine Wiederverheiratung erlaubte und damit Hessen auf der Seite des Protestantismus hielt. Aber es entsprach jenseits der Politik ein solcher Schritt auch seiner religiös-menschlichen Überzeugung: Es ist möglich, in der Ehe zu scheitern. Es ist nicht gewiss, ob Gott uns beisteht, es steht nicht fest, was er mit unserem Leben will. Es muss sich im Konkreten unserer Existenz selber und in der Ehrlichkeit der persönlichen Entwicklung entscheiden.

Kann man es noch einmal auf den Punkt bringen, Herr Drewer-
mann, dass man sagt: Der Protestantismus Martin Luthers nahm
den Einzelnen viel ernster und viel stärker in die Pflicht als das
katholische Regelwerk?

Unbedingt. Protestantismus, um es noch einmal zu betonen,
beginnt wesentlich mit der Szene beim Reichstag in Worms:
Ein Einzelner gegenüber den Kardinälen, den Theologen,
dem anwesenden Kaiser, dessen Meinung sachlich zur Frage,
was Glauben sei, nichts beiträgt –, all denen gegenüber ein
Einzelner, der für das geradesteht, was er aus der Bibel als Gotteswort erkannt hat und in seelsorglicher Verantwortung im
Namen Gottes und Jesu Christi für die Menschen als Kirche
erhalten sehen möchte – dahinter gibt es kein Zurück. Wenn
Menschen *das* wagen, hat man die Kirche, die man mit Jesus
verbinden kann und die Martin Luther auf seine Weise in seiner Zeit wieder zu erreichen suchte. Das freilich taten sie alle,
die Vorläufer Luthers, ob Jan Hus oder Wyclif oder Waldes:
Sie standen für sich selber gerade. Und unterhalb dieser prophetischen Verdichtung der Existenz in der Person des Einzelnen ist das, was Christentum heißt, überhaupt nicht zu gewinnen.

7. Gottvertrauen und persönliche Identität

Für sich selber geradestehen – das heißt auch: Sie denken für sich sel-
ber, sie gewinnen ein neues Selbstbewusstsein.

Da sind wir bei vielen zeitgenössischen Voraussetzungen, die
den Protestantismus mittragen. Natürlich leben wir Anfang
des 16. Jahrhunderts im Zeitalter des Humanismus. Man will
nicht mehr einfach Lehrmeinungen übernehmen, bloß weil sie
einem vordoziert werden. Man weist zum Beispiel gerade um

1480 nach, dass die Konstantinischen Schenkungen an Papst Silvester I. im 4. Jahrhundert eine glatte Fälschung sind. Man muss Urkunden offenbar kritisch lesen, um zu sehen, was Fälschung und was Wahrheit ist. Und genauso jetzt: Wer garantiert uns die Echtheit eines Bibeltextes? Die in Rom gültige Bibel ist die Übersetzung von Hieronymus und vor ihm die Fassung der Itala; aber was steht griechisch wirklich da? 1516 legt Erasmus zum ersten Mal eine kritische Ausgabe des griechischen Neuen Testamentes vor, vier Jahre später eine Zweitauflage, noch mal revidiert, noch gründlicher. Diese Bibeledition ist für Luther das Arbeitsmaterial für seine eigene Übersetzung. Das ist der Geist des Humanismus: selber forschen, selber die Ursprünge kritisch betrachten. Theologisch bedeutet das: 1500 Jahre Kirchengeschichte sind keine Garantie für die Wahrheit Gottes. Die Geschichte auch der Kirche kann eine einzige Geschichte des Abfalls sein. Tradition selbst also beweist überhaupt gar nichts. Was in der wirklichen Existenz jetzt gelebt wird, in der Gegenwart, das entscheidet: Da und nirgendwo sonst findet sich die Wahrheit. Und diese Wahrheit ist individuell, personell, reflexiv mit einem ungeheuren Mut, sie ist nur als Wahrhaftigkeit. Die Gründe, die man anführt, um diese Wahrheit plausibel zu machen, sind niemals vorzutragen im Status der Selbstsicherheit, sondern immer nur der Dankbarkeit. Das spricht sich am Anfang noch massiv in Luthers Vorstellungen seines Verhältnisses zu Gott aus. Freilich, das ändert sich später, da will auch er recht haben. Aber das ist dem Widerspruch der Rechthaber geschuldet, mit denen er es zu tun hat.

8. Die Bibelauslegung – Schuld und Vergebung

Speist sich Luthers reformatorischer Gedanke aus seiner Beschäftigung mit der Exegese?

Absolut. Die Frage, die ihn nach der Bekehrung 1505 umtreibt, ist wirklich die: Wie finde ich einen gnädigen Gott? Und kaum, dass er Dozent ist an der neugegründeten Universität zu Wittenberg – erst 1510 wurde sie gegründet, und sein Orden schickte mit ihm den besten Mann dorthin –, beginnt er mit der Interpretation der Psalmen; 1513 beginnt das: Er liest die Bibel und liest sie auf die persönlichste Weise: das Gebetbuch Israels, die Psalmen, als seine und seiner Hörer Gebetslehre.

Er sollte ja vor allen Dingen in Wittenberg zunächst das Alte Testament lehren.

Das eben tut er; er legt die Psalmen aus. Es ist in gewissem Sinne erschütternd zu sehen, wie das Gebetbuch der Juden und der Christen, aller Konfessionen bis heute, von Luther zum Gegenstand von theologischen Vorlesungen genommen wird. Es ist das Allerpersönlichste, ein Gebetbuch, das er auf seine Weise so auslegt, dass man es vertieft wiederbeten kann und sich darin zu finden vermag. Unter den Texten sind natürlich für ihn bestimmte Schlüsselpsalmen von größtem Gewicht. Psalm 51 zum Beispiel. Die entscheidende Zeile legt er, so weit ich erinnere, in seiner Vorlesung nicht wirklich aus: »In Sünden gebar mich meine Mutter«, heißt es da, und es hätte, recht verstanden, die gesamte lutherische Rechtfertigungslehre vorweg begründen können. Aber das Wort, das David zugeschrieben wird: »Vor Dir allein hab ich gesündigt«, das treibt Luther um; da fühlt er sich persönlich absolut angesprochen. Der ganze Psalm wohlgemerkt ringt um Vergebung. Er wird tatsächlich in der alttestamentlichen Einleitung König David zugeordnet, als er mit der Frau seines eigenen Generals, mit Bethsabe, zusammen war und dann ihren Gemahl Uria ermorden ließ, um dessen Frau zu heiraten und den Ehebruch zu vertuschen, weil bereits ein Kind unterwegs war, das dann bei der Geburt auch noch starb ... Man hat in diesem Kontext in der Tat alle Süffisanz der Machterhaltung beieinander: Geilheit, Heuchelei, Ehrenbestattung des Mannes, den man selbst ermordet hat bei Rabbat-Ammon, staatliches Begräbnis, spätere Heirat mit Bethsabe zur Kaschierung von Ehebruch und Mord ... In dieser Situation, erzählt die Bibel, habe David diesen Psalm gesprochen. Dann würde die Wendung »In Sünden gebar mich meine Mutter« nicht besagen, was Luther darin vermutet, so etwas wie Erbsündenlehre, als seien unsere Vorfahren schon rein generativ mit einer Vorbelastung von Schuld ausgestattet gewesen, die sich wie eine schwere Hypothek auf das ganze persönliche Leben legt; was die Bibel wirklich meint, ist in den Worten Davids in etwa dies: »Wenn ich mein Leben anschaue, ist das, was da passiert ist mit Bethsabe, nicht ein singuläres Vergehen; es ist die Zusammenfassung von allem, was ich war und bin. Es ist die Offenbarung meines Wesens, die Apokalypse meiner Person. So wie es sich da zeigt, muss ich erkennen, war das immer. Es war nie anders. Es ist mein ganzes Dasein als das Leben eines Monstrums aus Machtgier, Geilheit und Verlogenheit.« Doch nun: Wie kann Gott daraus retten? Wie kann man überhaupt damit weiterleben? Das eigene Kind ist gerade gestorben – zur Strafe musste nicht David selber sterben, wie er es nach eigenem Urteil eigentlich verdient hätte. Luther interpretiert diese Stelle nicht so streng, wie ich es hier tue, aber er ahnt all diese Themen. Und das Gegenüber des Bekenntnisses: »Vor Dir allein hab ich gesündigt«, das wird zum Kern seiner Auslegung dieses Psalms ganz und gar in dem Vertrauen, dass Gott, nur er, uns retten könnte.

9. Paulus und Augustinus

Bezeichnenderweise geht Luther dann 1515 und 1516 über zur Interpretation des Römerbriefes und 1516/1517 des Galaterbriefes. Diese Briefe enthalten die Auseinandersetzungen Pauli mit dem Judentum in der Frage von Gesetz und Evangelium. Die Ausführungen Pauli hier bilden bereits ohne Zweifel die Basis für die Art, wie Luther sich theologisch vorbereitet für die Frage, was er von der Kirche später erwartet, welche dringend erforderlichen Änderungen er von ihr einklagt. Sein ganzes Reformversprechen kann er mit Paulus und seiner Gnadenlehre begründen, und er wird den Völkerapostel denn auch immer wieder als die entscheidende Brücke zum Verständnis der Botschaft Jesu nehmen.

Und am Ende noch die Vorlesung über den Hebräerbrief, 1517/1518. Das ist ein Text, der sich wesentlich beschäftigt mit der Opferfrage. Womöglich ein Sendschreiben an die qumranische Sekte, betont dieser nicht von Paulus stammende Brief, dass Jesus im priesterlichen Sinne gewirkt und ein vollendetes Opfer dargebracht hat, um alle Opfer zu überwinden und die gesamte Opferpraxis ein für allemal aus der Religionsgeschichte überflüssig zu machen.

So hätten wir jetzt den ganzen Luther in vier biblischen Texten: von den Psalmen kommend, den Römerbrief, den Galaterbrief und den Hebräerbrief. Diese Texte konnte er offensichtlich frei wählen, da gab es wohl keinen Kanon, nach dem er seine Vorlesungen hätte halten müssen, und sie entsprechen ganz und gar seinem Inneren, seinem Suchen, seiner Sehnsucht, seiner langsam sich begründenden, neu gefundenen theologischen Konsistenz.

Paulus war sein Vorbild.

Unbedingt. Und wir dürfen nicht vergessen: daneben Augustinus.

Warum eigentlich Augustinus? Augustinus wird in dieser Zeit – er war ja auch bei Hus und bei Wyclif immer wieder zitiert worden – warum hat Augustinus plötzlich so eine Renaissance, auch bei Martin Luther?

Das hat mehrere Gründe. Da ist zunächst die Absetzbewegung von der aristotelisch-thomasischen Formulierung des christlichen Glaubens in der katholischen Kirche. Der Doctor angelicus wohlgemerkt bleibt bis weit ins 20. Jahrhundert unverändert für alle theologischen Ausbildungsstätten des Katholizismus weltweit die Grundlage des dogmatischen Lehrgebäudes. Aber die Reformbewegungen schon im Mittelalter – Duns Scotus etwa, die Franziskaner – versuchen, sich von diesem dominikanischen Rationalismus abzusetzen und greifen lieber zurück auf Platon. Eine gleiche Haltung findet sich bei Augustinus bereits stark ausgesprochen, um 400 n. Chr. Augustinus leidet beinahe an Aristoteles. Er hält es für falsch, über menschliches Leben, über Gott, über die Wirklichkeit in rein rationaler, quasi objektiver Weise nachzudenken. Aber Platon! Platon ist für Augustinus ein Christ ohne Christus. Wohl, er verurteilt den Neuplatonismus später, er hält ihn letztlich nicht für gültig, aber ein Reich der Ideen, das in sich selber besteht, das die Sehnsucht nach Wahrheit, die Gott in das menschliche Herz gesenkt hat, unverfälscht wiedergibt, – eine solche Vorstellung wird Augustinus nie verlassen; dieser Ansatz durchzieht seine gesamte Theologie. Wir können demnach hintereinander stellen: Augustinus, Martin Luther, katholischerseits Blaise Pascal, den Jansenisten im 17. Jahrhundert, und protestantischerseits Søren Kierkegaard im 19. Jahrhundert. Da haben wir innerhalb der Kirchengeschichte eine innere Achse, die man *existenzialistisch* nennen kann. Immer wieder ist es die Person, die in den Mittelpunkt gerückt wird und die in einem Raum von geistigen Vorbildern sich bewegt. Hinzu kommt das unglaubliche Suchen, die Gebrochenheit des Augustinus – die Selbstanklage, das Bewusstsein, ein Sünder zu sein, bis in die Träume hinein, eine verwirrte Jugend erlebt zu haben, auch dann die Strenge der Selbstverurteilung und der entschiedene Kampf gegen den Pelagianismus. – Zur Verdeutlichung: Der irische Mönch Pelagius hatte erklärt, dass ein Mensch – schon gar, wenn er sich erlöst nennt – die Wahrheit Christi tun kann. Er ist von Natur aus frei, sittlich so zu handeln, wie er handeln soll. Eben dieser Auffassung widerspricht Augustinus zentral, denn sie ist völlig gegenteilig zu seiner eigenen Erfahrung: Wenn ein Mensch etwas Gutes tut, dann nur, weil er Gott in einer Weise erfahren hat, die ihn rettet, die ihn umfängt, die ihn herauszieht aus den Ambivalenzen des Lebens – die seine Tragödien nicht einfach wegleugnet, aber durchlebbar macht. Von all dem hat ein geordneter, sittenstrenger Mensch wie Pelagius scheinbar keine Ahnung. Diese Auseinandersetzung ist aufregend: Zwei völlig verschiedene Erlebniswelten prallen da aufeinander. Aber in dieser Spannung steht Augustinus, und eben diese wird später Martin Luther zu seinem Kernthema machen. Alles, was Luther später gegen Erasmus schreiben wird, klingt ganz so, wie Augustinus gegen Pelagius schrieb.

10. Der Bruch mit dem humanistischen Menschenbild

Zur Information: 1524 schreibt Erasmus in »De libero arbitrio«, über den freien Willen. Und schon ein Jahr später wird Martin Luther seinen Traktat »De servo arbitrio« schreiben, über die Knechtschaft des freien Willens. Diese Schrift ist wiederum politisch ein höchst riskantes, um nicht zu sagen: abenteuerliches Unterfangen. Der Humanist Erasmus von Rotterdam galt immerhin als Kronzeuge des humanitären Reformanspruchs an die katholische Kirche. Er hat Traktate geschrieben, die hätten Sebastian Brants »Narrenschiff« entsprechen können. »Lob der Torheit« heißt denn auch ein Traktat; er ist virtuos, ironisch, herrlich in der Frische der Darstellung vorgetragen, alle Untugenden bis hoch zum Papst und in der Kirche werden da vorgeführt. Luther hätte nur seine Freude daran haben können. Oder: »Die Klage des Friedens«, die nirgends Gehör findet! Die Kriege werden von den Mächtigen vom Zaun gebrochen, und die Stimme des Friedens erklingt aus den Mündern all der Leidenden, doch wer vernimmt sie? Das sind wunderbare Traktate. Aber jetzt: Ausgerechnet mit dieser Verkörperung der humanistischen Bewegung seiner Zeit, mit dem Mann, der ihm die griechische Ausgabe des Neuen Testamentes in die Hand gegeben hat, muss Luther sich anlegen in der Frage der Freiheit des Willens. Doch er muss es tun, entsprechend dem, was er im Römerbrief gefunden hat: Ein Mensch kann nicht frei sein im Gesetz, er kann es nur werden durch die Gnade Gottes. Diese Einsicht beweist er jetzt aus all den entsprechenden Stellen der Paulusbriefe.

Wir können uns an dem Punkt schon vormerken: Luther argumentiert an keiner Stelle psychologisch, er argumentiert niemals biografisch, sondern er argumentiert rein theologisch mit Berufung auf Bibelstellen, wie sie sein Mitstreiter Philipp Melanchthon in den »Loci communes« von 1521 schon zusammengestellt hatte. Darin mag seine Größe liegen, auch seine Zeitbedingtheit, aber darin liegt vor allem ein Auftrag an die Gegenwartstheologie zur Weiterentwicklung. Um Luther zu verstehen, müsste man, ähnlich wie Augustinus das in den »Bekenntnissen« versucht hat, all die Erlebnisse und Erfahrungen verdichten, die zeigen, wie absolut notwendig angesichts der menschlichen Not die unbedingte Zuwendung Gottes ist.

Aber kommt nicht indirekt immer seine Biografie zur Sprache?

Die müssen und können wir uns in etwa hinzudenken. Luther aber schreibt eben keine Confessiones, sondern er argumentiert rein aus der Bibel. Daran gemessen verrät Erasmus die Botschaft Christi! Das gilt für Luther absolut. Da gibt es für ihn auch keine Kompromisse. Und so ist wieder Luther: Jetzt kann kirchenpolitisch aus seinem polemischen Traktat folgen, was will – dann geht es in den Reformanliegen eben ohne Humanisten weiter, und es sei: nur umso christlicher. Es gibt für Luther, wenn um das, was er für Wahrheit nimmt, gestritten werden soll, keinerlei Bereitschaft, auch nur den Deut nachzugeben.

Aber für Luther ist doch die Bibel die Klarheit. In der Bibel gibt es keine dunklen Ecken sozusagen. Die Bibel sagt zu allem das klare Wort.

Nein, das tut sie sogar und gerade nach Luther leider überhaupt nicht. Da gibt es zum Beispiel die Apokalypse. Das ist das Dokument eines Zeitgefühls, das ihn ängstigt, und er schreibt: »Es will meine Seele sich in die Apokalypse nicht fügen, weil sie nicht Christum treibt.« Luther kann auch den Jakobusbrief eine Stroh-Epistel nennen. Die steht im Neuen Testament; aber dort wird gerechtfertigt ein Mensch durch das gute Tun, und ein solches Denken kommt nicht, wie bei Paulus, aus dem Glauben im Sinne Christi, sondern ganz offensichtlich aus dem jüdischen Gesetz. Mithin: eine Stroh-Epistel! Also: Luther kann und muss die Bibel so zurechtkämmen und frisieren, dass sie am Ende Christi Gesicht annimmt. Und das ist keineswegs ohne weiteres gewährleistet, das muss der Glaubende schon machen durch seine Auslegung.

11. Die Bibel als Grundlage

Also als Exeget. Kann man denn sagen: Martin Luther ist ein Vor-
läufer der modernen Exegese?

Das kann man in gewissem Sinne sagen, wenn man den Unterschied vor allem in der Entwicklung seit dem 19. Jahrhundert
nicht unterschlägt. Der Glaube, dass in der Bibel Gottes Wort
steht, ist dem Christentum eigen bis heute. So glaubten natürlich auch die Vorgänger Martin Luthers. John Wyclif etwa
hat platonisch-idealistisch, das heißt absolut unhistorisch, die
Bibel so genommen, wie sie ist: Sie war für ihn gültiges Gottes
Wort. Also: Es steht in der Bibel: »Nimm alles, was du hast,
und gib es den Armen (Mk 10,21)« – die Kirche tut das nicht:
Also kann sie nicht in der Wahrheit sein. Die Lage ist eindeutig: Hier ist die Bibel – das klare Fundament, und da ist die
abweichende Praxis der Kirche.

Für den Protestantismus in lutherischer Prägung ist daraus
die schöne Formel erwachsen, die Bibel sei die »norma normans non normanda« – das heißt: Die Bibel ist das Maß, das
misst, und das selber nicht gemessen werden kann. Die Bibel
ist absolut. Was in der Bibel steht, ist deshalb als Maßstab vor
allem an die Kirche selber anzulegen. Es ist nicht möglich zu
sagen: Wir, die Kirche, haben dies und das immer schon so gemacht. Gerade das Tradierte ist verräterisch, wenn es mit der
Bibel nicht übereinstimmt, denn dann war es ja all die Zeit
schon falsch. Auch das konnten manche Kirchenväter bereits
sagen, die Luther gerne gelesen hat – Cyprian zum Beispiel; er
sagte: »Eine falsche Tradition ist nur ein langer Irrtum.« Das
wende man nun an auf 1500 Jahre Kirchengeschichte! Sie kann
sein, wie sie will; was steht in der Bibel? Das ist der Bezugs-
punkt.

Was Luther zweifellos im 16. Jahrhundert wirklich noch
nicht sehen kann, ist die Tatsache, dass die Bibel wesentlich

erst einmal Menschenwort ist, ehe Gott sich darin ausspricht. Das gehört mit zu den historisch bedingten hermeneutischen Brüchen. Wir sagten eingangs: Luther wollte die Spannungen, die Gegensätze vereinen zwischen Sakralem und Profanem, zwischen Gott und Mensch. Doch in der Bibel sieht er überhaupt keine Spannung. Da sieht er Gott am Werke, da hört er ihn selber sprechen.

Gottes Wort. Die Bibel ist Gottes Wort.

Gottes Wort. So wie Hieronymus mal gesagt hat: »Wenn du die Bibel liest, spricht Gott mit dir.« Oder so wie Augustinus selber es schildert im 8. Buch der Confessiones. Er ist verwirrt; wohl, er ist auf dem Weg zum Christentum. Er schwört dem Manichäismus und dem Neuplatonismus ab. Er steht in Kontakt mit Bischof Ambrosius in Mailand. Seine Mutter Monica ist glücklich, dass er sich deutlich auf den Weg macht hin zum Christentum. Sogar den Lehrstuhl der Rhetorik hat er bereits aufgegeben; er wird immer innerlicher. Aber entscheidend wird für ihn, dass er – er weiß nicht – die Stimme eines Kindes, eines Mädchens, eines Jungen, im Nachbargarten hört: »Tolle, lege« – »Nimm und lies«. Und er liest. Völlig willkürlich schlägt er die Bibel auf, und er findet Worte, die zu ihm sprechen: »Nicht in Schmausereien und Trinkgelagen, nicht in Schlafkammern und Unzucht, nicht in Zank und Neid, vielmehr ziehet an den Herrn Jesus Christus.« Und: »Des Schwachen im Glauben nehmet euch an.« (Röm 13,13 f.; 14,1) Das ist das Schlüsselerlebnis für Augustinus, persönlich angeredet zu sein in der Bibel. So betrachtet, kommt es nicht literaturkritisch oder textkritisch auf die Intaktheit des gesamten Corpus der Bibel an; wesentlich ist, dass man sie auf sich selbst hin so liest, dass es Gott berührt oder, besser, sich von Gott anrühren lässt.

Man hat Luther immer wieder vorgeworfen, dass er willkürlich mit der Bibel umgehe, dass er eine objektive Wahrheit gar nicht zu kennen scheine, dass er die deuterokanonischen Bücher der Bibel streiche, wie es die Juden auch tun, weil sie nicht in Hebräisch geschrieben sind, dass er sich über den klaren Wortlaut mancher Stellen einfach hinwegsetze. Rein philologisch oder rein exegetisch formal kann man diese Einwände in gewissem Umfang vielleicht sogar begründet finden. Sie sind vom Ansatz Luthers und von der Art her, wie er die Bibel liest, gleichwohl ungeeignet, ihn zu verstehen oder vom ihm zu lernen. Wie liest man persönlich verbindlich die Bibel, dass Gott in ihr spricht? Das ist die Frage. Man schlägt die Bibel auf, und man liest sie als etwas, das die ganze Existenz verändern kann. Bonhoeffer wird später einmal sagen: »Man kann von Gott nie anders reden, ohne dass in der Existenz des Menschen sich darunter etwas ändert.« Wenn man so die Bibel liest, kommt es nicht auf das ganze Corpus an. Es kommt darauf an, dass man die Stelle, die man gerade vor Augen hat, »richtig« versteht. Und was heißt das? Luther, obwohl er es nie so geschrieben hat, würde als Empfehlung für die Bibellektüre mit auf den Weg gegeben haben: »Wann immer dich eine Bibelstelle ängstigt, verwirrt, niederdrückt, verstehst du sie entweder falsch oder sie ist jetzt noch nicht für dich die richtige Stelle. Lies, was dich tröstet, was dich bestärkt, was Vergebung, was Gnade fühlbar, glaubhaft macht. Das ist das Wort Gottes. Die schwierigeren Stellen stehen dir vielleicht noch bevor, aber sie sind jetzt noch nicht für dich dran.« So zu lesen bedeutet keine Auswahl, die von außen her die Bibel neu einteilen möchte, es bedeutet allerdings eine existenzielle Reifung entlang der Bibellektüre selber.

12. Der Mensch im Gegenüber Gottes

Was haben Sie von Martin Luther, wenn ich das so fragen darf, ge-
lernt? Wo hat er Sie berührt?

Auf Luther selbst bin ich relativ spät gestoßen. Wesentlich für
mich war einer seiner besten Schüler, im gewissen Sinne auch
einer seiner schärfsten Kritiker, der Däne Søren Kierkegaard.
Der war mir, spätestens seit dem 17. Lebensjahr, wirklich wesentlich mit diesen zentralen Themen: Wie wird man ein Einzelner vor Gott? Wie antwortet man auf die Angst, die dazu
gehört, ein Individuum, ein Mensch zu sein in eigenem Bewusstsein? Und wie lebt man mit Schuld? Das alles sind die
Kernfragen Luthers, die sich im Protestantismus entwickelt
haben, und sie artikulieren im 19. Jahrhundert die gleichen
Probleme. Was macht der Staat mit der Kirche? Wie ist es
möglich, dass wir eine (dänische) Staatskirche haben? Was machen die Pastöre als Staatsangestellte? Was soll ein Christentum, das überhaupt nichts kostet, sondern die Lächerlichkeit
mit sich bringt, dass man bei der Kindtaufe so tut, wie wenn
man durch einen Ritualakt Christ würde, und im übrigen es
dabei bewenden lässt, die Steuern an den König zu bezahlen?
All das ist erkennbar ein Possenstück. All diese Fragen aber hat
bereits Luther vorformuliert. Und es macht einen der Brüche
seines ganzen Anliegens aus, dass er dabei ausgerechnet bei
den Fürsten, bei Friedrich dem Weisen etwa oder, nach 1525,
bei Kurfürst Johann von Sachsen, oder, ab 1532, bei Johann
Friedrich, Schutz suchen musste.

Aber ich wollte wissen, was Sie persönlich berührt hat.

Dieses: Bei Luther kann man lernen, was es bedeutet, für sich
geradezustehen, möglichst eindeutig, und die Wahrheit so
auszusprechen, dass sie in der Sprache des Volkes verstanden

wird – das war für mich auch persönlich ein eigentümlicher Punkt: Ich habe meine Ausbildung am altsprachlichen Gymnasium in Hamm als eine Art von Privileg erlebt, das mich in die Pflicht nimmt. Ich wollte mich nicht entfernen von meinen Freunden in meinem Heimatort Bergkamen und dachte: Was ich da lerne, sollte ich denen irgendwie vermitteln. Bei den Pfadfindern also habe ich meine Livius-Übersetzung mitgenommen, um meinen Kameraden die Geschichte Roms beizubringen. Im Rückblick erscheint mir das selber als gesponnen, aber so war das, und es ist so geblieben bis heute. Ich denke, man muss vor allem, wenn man die Bibel liest, so reden, dass man aus der Sprache Kanaans herauskommt zu der Sprache, die jetzt geredet und verstanden wird.

Und das bekanntlich war Luthers Anliegen 1521 auf der Wartburg: wie man dem Volk aufs Maul schaut und sich nicht als Theologe präsentiert in einer eigenen Kunstsprache, die nur unter ihresgleichen verständlich ist. Man muss so übersetzen, wie Jesus heute reden würde: in das Herz der Menschen hinein – das ist für mich ein sehr, sehr wichtiges Anliegen gewesen und geblieben, dass die Wahrheit des Christlichen nur in der Person, im wirklichen Leben, in der Existenz liegt und nur im Dialog miteinander gefunden werden kann. Auch das habe ich aufs engste mit Luther in Verbindung gebracht.

13. Erweiterungen: Historische Kritik und Psychoanalyse

Was ich mir später zusätzlich zur Theologie habe erwerben müssen, hätte mich eigentlich mit Luther verbinden können, wenn man im Protestantismus Luther weiterentwickelt hätte: Das war der Weg zur Psychoanalyse. Wenn Luther von der Unfähigkeit des freien Willens redet, seine Freiheit durchzusetzen in Angst und Gebrochenheit, liegt es für mich eigentlich auf der Hand, dass wir das Wissen der Anthropologie des 20. Jahrhunderts benötigen, um diese Brüche zu verstehen. Das aber muss von Sigmund Freud wieder rückwärts zu Luther führen, während dessen Sündenlehre eigentlich in Form einer mittelalterlichen Dämonologie direkt zur Neurosenlehre Freuds hinführt. Ich glaube heute, dass wir mit vielem, was Menschen gut tut in ihren Ängsten, in ihren Zwängen, in ihren Außenlenkungen, in ihren verinnerlichten Formen von Entfremdung, dringend die Fähigkeit brauchen, das Neue Testament so zu lesen, wie Luther es wollte: Wie heilt man einen Kranken, wie hilft man einem Verzweifelten, wie geht man den Verlorenen nach? Das eigentlich sind die Themen Luthers. Leider hat er sich dann sehr stark mit rein theologischen Mitteln daran gemacht, diese Stoffe zu vermitteln. Daraus entstand keine neue Sprache der Seelsorge, sondern eine Sprache der theologischen Behauptung, der Entgegensetzung, der Rechtfertigung der eigenen Position, nicht der menschlichen Existenz in Gott – ein Dialog als Streitgespräch. Das war wohl unvermeidlich in jenen Tagen – ich kann es Luther nicht vorwerfen. Aber man hätte ihn gerade an diesen Zentralstellen weiterentwickeln müssen.

14. Vier Aporien

Wäre das die Aufgabe der protestantischen Theologen heute?

Unbedingt. Ich leide sehr darunter, dass, nach meiner Schätzung, der Protestantismus in vier Aporien sich hinein manövriert hat.

Die historische Bedingtheit auch der Bibel

Die *erste* haben wir gerade angesprochen: die Bibel als Grundlage. Diese Überzeugung gerät spätestens im 19. Jahrhundert merkwürdigerweise durch die Archäologie des Zweistromlandes ins Zweifelhafte: Die Theologie gerät in den Bibel-Babel-Streit. Nachdem man durch Georg Grotefend um 1802 angefangen hat, Keilschrift lesen zu können, findet 1872 George Smith im Gilgamesch-Epos, dass es dort eine Geschichte über die Sintflut gibt aus einer Zeit, dass Abraham in Ur in Chaldäa um 1800 v. Chr. sie hätte in der Zeitung lesen können. Sie ist über tausend Jahre älter. Die Bibel ist historisch also nicht ursprünglich, wie man geglaubt hat. Sie hat selber eine Geschichte. Und das geht freilich über Luther weit hinaus. Luther in der Renaissancezeit weiß wohl um Geschichte, aber in jenen Tagen denkt man nicht schon geschichtlich. Erst im 19. Jahrhundert fängt man an, wirklich zu begreifen, dass alle Formationen der Wirklichkeit in der Zeit gewordene sind, nie fest von Ewigkeit her eingesetzte. Ein solches Konzept war weder mit Aristoteles noch mit Platon zu begreifen; da stößt man auf eine innere Dynamik, die in der Wirklichkeit liegt und die ein historisches Denken erzwingt, auch und gerade bei der Lektüre der Bibel. Im 19. Jahrhundert war das ein Schock. Auf diese Erschütterung haben die protestantischen Gelehrten – alle protestantische Theologie ist professoral, wie in den Tagen Luthers in Wittenberg – mit Ehrlichkeit zu antworten versucht. Sie wollten sich an den Problemstellungen der historischen Kritik nicht vorbeimogeln, denn man kam sehr bald auch dahinter, dass in der Bibel eine Vielzahl von Erzählformen vorliegt mit ganz unterschiedlichen Aussageformen; es handelt sich um Volksliteratur, bei der die geschichtlichen Informationen gegen Null streben, und zwar gerade an den Stellen, die religiös besonders wichtig sind. Vieles kommt da aus dem Mythos, stammt aus der Religionsgeschichte, ist überhaupt nicht originär. Und wie geht man jetzt mit einer solchen Entdeckung um? Ist Jesus, wenn das gilt, noch der Gottessohn? Dass es bei den Ägyptern diesen Titel (Sohn der Sonne) gab, wusste man. Dass dieser Titel im Alten Testament mit Bezug zu den jüdischen Königen vorkommt, wusste man natürlich auch. Aber dass dieser Titel geschichtlich ein Bild der ägyptischen Mythologie ist – darauf war man nicht vorbereitet.

Die historische Ehrlichkeit an den Lehrstühlen der Theologie hat ganze Generationen des Protestantismus in den Atheismus getrieben. Der Grund: Es gibt keine Vermittlung zwischen dem Befund, dass die Bibel nicht historisch korrekte Informationen übermittelt, und einem Wahrheitsbegriff, nach dem nur wahr sein kann, was historisch wirklich ist. Wie kann man etwas glauben, das historisch nicht glaubhaft ist? Aus dieser Zwickmühle ist man nur ganz mühsam, wenn überhaupt, herausgekommen. Man schaue sich nur Albert Schweitzers Leben-Jesu-Forschung an – mit welcher Mühe hat der Mann versucht, am Ende wenigstens ethisch Jesus noch für sich zu retten. Am Ende seines Buches, im Schlusswort noch, macht er deutlich: All die Formeln, mit denen Christus bekannt wird, können ihn nicht erreichen. Doch noch immer steht er am Ufer des Sees Genezareth, und er ruft, er lädt ein, und er erwartet, dass man tut, was er sagt. – Solche Aussagen sind erschütternd protestantisch. Aber hindurchgegangen wird dabei durch einen Zweifel, den Luther nicht entfernt auch nur hat ahnen können.

Die Herausforderung der Religionspsychologie

Ein *zweites* ist: Es entwickelt sich die Philosophie weiter und im Rahmen der Philosophie auch die Psychologie und schließlich die Soziologie. Friedrich Schleiermacher um 1840 sieht das kommen und muss sich auseinandersetzen mit Ludwig

Feuerbachs kritischer Religionspsychologie. Wenn schon die Bibel aus historischem Erbe entstanden ist, wenn sie also Menschenwerk ist, kann dann nicht die ganze Gottesvorstellung genauso bloßes Menschenwerk sein? Wer garantiert uns irgendeine Wahrheit im Raum der Religion?

Feuerbach ist der erste, der eine Menge Gründe, in glänzender Sprache übrigens formuliert, dem lesenden Publikum vorlegt, weswegen Gott nichts weiter sein kann als eine Projektion der Idee der Menschheit; in ihrem entfremdeten und entfremdenden Zustand sei Religion rückzuinterpretieren in die Psyche der Menschen, so dass sie den Menschen wieder meint. Gott ist mithin nur die Ersatzfigur eines Bildes davon, wie der Mensch sein sollte. Auf Gedanken dieser Art *müssen* Christen antworten. Schleiermacher versucht das, indem er, typisch protestantisch, die Abhängigkeit von Gott in den Kern der Existenz rückt. Das ist wirklich ein Stück lutherisch: Menschen können ohne Gott überhaupt nicht leben. »Religion ist das Gefühl der absoluten Abhängigkeit – Geschmack fürs Unendliche«, kann Schleiermacher auch sagen. Aber das ist scheinbar nur eine psychologische Begründung, weswegen Menschen glauben. Bei Feuerbach würde an dieser Stelle stehen: Die Religion ist nur die Konsequenz von Angst und Unwissenheit; inmitten einer unbekannten, gefahrvollen Natur muss man sich irgendeinen Schutz ausdenken und irgendeine Magie, um sich das Leben erträglich zu gestalten. Bei Schleiermacher verhält es sich umgekehrt: Es ist nicht die zeitbedingte Unwissenheit, es gehört zum Menschen die Entdeckung, dass er ohne Gott nicht sein kann. Doch zugegeben, das ist ein psychologisches bzw. existenzielles Argument.

Und was meinen Sie?

Der Protestantismus antwortet quer durchs 20. Jahrhundert leider damit, dass man Schleiermacher um Himmels willen der

Theologie ersparen müsse, denn seine Philosophie – das wäre ja die Betrachtung des Menschen im Innenraum seiner selbst. Dann wäre ja auch Gott anzusiedeln im Innenraum des Menschen, dann wäre er nicht mehr außerhalb als die absolute Bezugsgröße.

Alles scheint da ganz einfach: Hier ist die Bibel; die sind nicht wir, sondern die redet zu uns, und hinter der Bibel ist Gott, das sind ebenfalls nicht wir, sondern Gott, der wir nicht sind, spricht zu uns. Das *extra nos*, das Außerhalb-uns-Seiende, ist Gott. Karl Barth wird sagen: das vollkommen Andere, das ist Gott. Diese Auffassung richtet sich diametral gegen den Vermittlungsversuch, den Schleiermacher unternommen hat. In gewissem Sinne setzt aber der Protestantismus sich damit selber in die Falle. Er redet vom Subjekt, ohne das Subjekt begreifbar machen zu können. Die ganze Basis des Protestantismus ist der Glaube im Subjekt. Aber nun, angesichts der psychologischen Religionsphilosophie, kommt er in die Position, dass man vom Subjekt gar nicht mehr sprechen darf – aus Angst und Scheu, man könnte Gott darüber verlieren. – Ich selber behaupte: Das Gegenteil wäre richtig. Gleichwohl ist es im ganzen 20. Jahrhundert die Taburegel, dass man den Glauben protestantischerseits nicht, um gar keinen Preis, verpsychologisieren darf.

Heute noch?

Praktisch sieht das, Gott sei Dank, in vielem auch schon anders aus. Aber an den Universitäten, in den zentralen Lehrfächern Dogmatik, Exegese, Moral, gilt die Psychologiephobie unbedingt noch. In der Praxis gibt es durchaus mittlerweile die Hinwendung zum Subjekt mit den Mitteln der Psychologie, etwa in zusätzlichen freiwilligen Pastoralkursen für die Pastoren. Da kann, wer will, als Krankenhausseelsorger, als Gemeindepfarrer sich seelsorglich weiterbilden. Das natürlich ist sehr nützlich; nur: es verändert nicht die Theologie selbst. – Ich habe zum Beispiel vor 50 Jahren in Bethel vor den Toren Paderborns noch miterlebt, wie aus den Vereinigten Staaten Pastoraltheologen zurückkamen, die das Clinical Pastoral Training aufbauten. Das war religiös eigentlich der Versuch, lutherische Gnadenlehre therapeutisch zu interpretieren. Und ich glaube, dass ein solcher Versuch absolut richtig ist. Wenn Luther davon spricht, dass nur Gott uns zu leben hilft, dass Gott allein uns über den Graben der Angst hinweg rettet, so sind das lauter psychotherapeutische Themen. Ebenso wenn es um die Heilung von Kranken geht wie im Neuen Testament. Wie soll man die Heilungsgeschichten Jesu im 20., 21. Jahrhundert anders auffassen, als dass man es in dem besten, was Menschen im Umgang miteinander außerhalb der Liebe zuteil werden kann, in der Psychotherapie eben, sich formulieren lässt? Jene Pastoraltheologen in Bethel wollten also, dass eine Seelsorge entstehe, die dem dogmatischen Anspruch der Gnadenlehre in menschlicher Erfahrung gerecht werden könnte. Es waren damals aber bedeutende Exegeten und Dogmatiker in Bethel auf den Lehrstühlen, die dieses Anliegen in Verruf brachten. Therapiekurse konnte man machen, freiwillig, nach der Ausbildung, aber sie hatten kein Teil der theologischen Ausbildung selber zu sein. So etwas galt als Verrat im Grunde am Extra nos Gottes; es war keine dogmatisch integrierbare Lehre. Mochte ein therapeutischer Umgang mit Menschen schön und gut sein, auch humanistisch vielleicht, sogar edel, aber es war eben christlich nicht Glauben.

Dieser Standpunkt ist bis heute in Geltung, und er betrifft beide Konfessionen. Es ist bei den Katholiken nicht viel besser als bei den Protestanten, mit dem Unterschied freilich, dass die Protestanten an diesem Thema spürbar leiden. Für sie ist das Subjekt das, was gerettet werden muss; also brauchten sie eigentlich Instrumente, um diesem Anspruch zu entsprechen. Im Katholizismus spielt das Subjekt ohnedies kaum eine Rolle.

Man hat da die Wahrheit im Kollektiv. Also braucht man eine subjektive Aneignung nicht wirklich. Wer sich um Psychologie kümmern will, kann das tun, aber wesentlich ist es nicht. Sonst wäre ja das ganze System des Katholizismus angefochten – wie im Jahre 1517! Da sei Gott vor, immer noch.

Beide Konfessionen brauchen mithin Psychologie nicht wesentlich. Aber so kann es nicht stimmen. Es gab unter den Schülern Sigmund Freuds in Zürich, also bei den Calvinisten, einen Pfarrer, der begriffen hat, wie nützlich ihnen die Psychoanalyse sein konnte: Oskar Pfister um 1925 schon. Er hat ein schönes Buch geschrieben über »Die Angst und das Christentum« und darinnen beide Konfessionen in ihren Einseitigkeiten und in ihren Trennungen vorgestellt. Genau das wäre zu tun. Pfister hat auch Hinweise dafür gegeben, wie man die Bibel kritisch lesen könnte.

Die Herausforderung der Naturwissenschaften

Der *dritte* Punkt, der nicht geklärt wird, ist die Auseinandersetzung mit den Naturwissenschaften. Auch das betrifft im Grunde beide Konfessionen, aber den Protestantismus wieder weit stärker als den römischen Dogmatismus. Wir müssen, um das zu verstehen, voraussetzen, dass in den Tagen, da Luther seine Schrift »Gegen die Juden und ihre Lügen« schreibt, im Jahre 1543, Kopernikus gerade dabei ist, die Planetenbewegung neu zu beschreiben. Diese neue Himmelsmechanik wird einen weiteren Ketzer, Giordano Bruno, hervorbringen, der in Wittenberg Luther übrigens rühmen wird, weil dies ein Ort der Freiheit sei, anders als zum Beispiel Paris oder gar Neapel und Rom, wo die Inquisition ihm schon auf den Spuren war.

Das Problem mit dem neuen Weltbild ist dieses: Der Protestantismus hat im Grunde den Menschen, das Subjekt, so zentral in den Mittelpunkt gestellt, dass die Fragen nach dem

Kosmos wie überflüssig wirken. Bis ins 20. Jahrhundert hinein war eine solche Neutralisierung der Naturwissenschaften möglich. Man muss nur daran denken, dass noch 1915, als Albert Einstein die allgemeine Relativitätstheorie veröffentlichte, für ihn der Kosmos identisch mit unserer Milchstraße war. Mehr war damals noch nicht bekannt, mehr war überhaupt nicht vorstellbar. Zwar hatte schon Immanuel Kant geschrieben von den fernen Welteninseln und vermutet, es könnte sich dabei um Galaxien handeln wie die unsere, aber solche Gedanken waren nicht ein Teil dessen, was man empirisch nachprüfen konnte, also war es keine naturwissenschaftlich belegbare Theorie. Das änderte sich erst 1929 mit Edwin Hubble. Der amerikanische Astronom untersuchte den Andromeda-Nebel (die M 31), und er sah, dass dieses Sternengebilde außerhalb unserer Galaxie sich bewegen muss. Seitdem explodiert vor den Augen der Wissenschaftler das Weltall in Raum und Zeit, es wird ungeheuer in seinen Größen und der Mensch immer kleiner.

All diese Fragen der Naturphilosophie aber betreffen nicht den Protestantismus, sie bleiben ausgeklammert. Hinzu kommt, dass das im Grunde pessimistische Weltbild des Neuen Testamentes über die Natur nicht wirklich verständig weiterentwickelt wird. Luther glaubte zweifellos nicht, dass der Mensch einfach gut geschaffen sei. Wohl, es ist nicht die Schuld Gottes, dass es sich so verhält, aber vielleicht des Teufels; in jedem Fall erkennbar ist die menschliche Gebrochenheit. Also brauchen wir Gott, damit er uns aus dem Abgrund der Existenz herauszieht. Dieses theologische Bild lässt sich heute naturphilosophisch weiterentwickeln. So wissen wir von Charles Darwin, wie brüchig unsere eigene Herkunft ist, aber in dieser Sicht spielt Gott bzw. die Frage nach Gott eher negativ eine Rolle. Was zum Beispiel ist mit Arthur Schopenhauer, der hinwies auf die Grausamkeit, die in der Natur allerorten gegenwärtig ist und sogar als Motor der Evolution fungiert?

Eine solche Sicht ist schwer vereinbar mit dem tradierten Gottesbild.

Die Theodizeefrage und der Teufel

Mit anderen Worten: Die Theodizee-Frage, die auf Schritt und Tritt in den lutherischen Ansätzen enthalten ist, hat man theologischerseits wie einen Atomreaktor, der zu strahlen anfängt, in einen Bleimantel eingeschlossen, in der Hoffnung, dass die Problemstellung nie zum Vorschein kommt. Aber was wir in Tschernobyl eingelagert haben, wird noch hunderttausend Jahre strahlen. So ähnlich geht es mit den Fragen, die Luther geahnt hat und die wir uns bis heute geweigert haben, theologisch kreativ aufzugreifen.

Also dann wäre 500 Jahre nach Wittenberg eigentlich die Gelegenheit, den Tresor zu öffnen?

Absolut, mein Vorschlag.

Und mit welcher Konsequenz?

Dass wir im Falle Luther lernen müssen, auch er sei nicht ein Leuchtturm, der einfach am Ausgang des Hafens steht und sagt: »Nun fahrt mal schön.« Er selber ist ein Schiff, mit dem wir so weit fahren können, wie wir kommen, um wieder umzusteigen und in der Richtung fortzufahren, die er uns gewiesen hat, immer in der Hoffnung, dass, wenn wir nur lange genug fahren, jenseits des Horizonts ein Ufer ist.

War Luther ein Optimist, was den Menschen und seine Fähigkeiten angeht?

Nein, ganz und gar nicht. Er war absolut pessimistisch in seiner Sicht auf die menschliche Geschichte, auf das menschliche Treiben, auf das menschliche Dasein. All das hatte für ihn einen geradezu apokalyptischen Wert. Die zeitgleich entstandenen Bilder von Hieronymus Bosch wären in etwa die beste Interpretation für das Weltbild Luthers mit seinem Blick auf die menschliche Geschichte. Dass Gott uns daraus rettet, retten muss und retten wird, das war seine Hoffnung, nicht, dass wir Menschen schon die richtigen Kerle dazu sind, die Welt in Ordnung zu bringen. Die Unordnung der Welt sind wir selber. Reformation ist deshalb gerade kein sozialpolitisches Programm von der Art: Wir krempeln mal die Ärmel auf und zeigen, wie es zu machen ist. So war Luther nie. Reformation ist als erstes eine Umformung der Lebenseinstellung im Vertrauen auf Gott, so wie Jesus ihn uns zu bringen kam.

Gott hat dem Teufel zu viel Raum gegeben.

Das bleibt für die Theologie, auch für Luther, ein großes Rätsel: Warum – wenn Gott doch allmächtig ist – lässt er sich von diesem seinem Widerspruchsgeist auf der Nase herumtanzen bis zum Jüngsten Tage? Das ist ein Geheimnis, das Luther zur Kenntnis nimmt, aber nicht beantworten kann. Das muss in seinen Augen Gott selber lösen.

Aber er hat sich damit beschäftigt.

Ja natürlich. Warum kürzt Gott das Narrenspiel des Teufels auf Erden nicht ab?

Das ist eine Frage, die Martin Luther mit theologischen Mitteln nicht beantworten kann, weil er keinen Spielraum besitzt, darüber nachzusinnen, in welcher Art die Bibel von Dämonen, von Teufeln überhaupt spricht. Die Rede vom Teufel hat mit dem Werdegang der Bibel selber zu tun.

Im antiken Griechenland konnte beispielsweise die Epilepsie von dem Begründer der naturwissenschaftlichen Medizin, von Hippokrates, als Gehirnfunktionsstörung interpretiert werden. Der griechische Arzt hatte keine Ahnung, was sich im Gehirn ereignet, aber er hatte methodisch den richtigen Ansatz gewählt: Es muss in der Art, wie das Gehirn arbeitet, eine Störung vorliegen. Ganz anders dagegen lautete im Volke der Glaube, dass die Epilepsie eine Besessenheit sei, die Auswirkung also von Dämonen, die vom Menschen Besitz ergreifen. Entsprechend diesem Volksglauben aber redet das Neue Testament, und so erhält sich dieses Denken, weil es ja im Neuen Testament so steht, in der gesamten Theologiegeschichte. Es ist für Luther undenkbar, dass man die Vorstellung vom Teufel historisch oder psychologisch interpretieren könnte. Diese Vorstellung ist für ihn eine gültige Aussage der göttlichen Offenbarung. Also: Es gibt den Teufel, und er kann den Menschen in Besitz nehmen; Gott lässt das zu. Wie aber ist das alles zu verstehen? Eigentlich überhaupt nicht. Es ist ein Mysterium. Man kann nur Gott bitten, dass er den Menschen hilft.

Und dieser Ansatz hat weitreichende Folgen. Es sind Hexen möglich. Die werden verbrannt; auch dagegen hat Luther theologisch nichts vorzubringen. Er kann nur beten für die Menschen, die derart heimgesucht sind; aber das ist die einzige Form von Hilfe, die im 16. Jahrhundert den Theologen möglich scheint. Umso wichtiger wäre es für den Protestantismus, ja für die gesamte christliche Theologie, die Lehre vom Teufel heutigentags als das zu begreifen, was sie im Grunde ist: eine Dissoziation der menschlichen Persönlichkeit. In Gestalt des Teufels sind ganze Teile der menschlichen Psyche abgespalten, unterdrückt, durch moralische Zensur entfremdet; und diese Seelenteile kommen dann von außen in das Bewusstsein zurück als etwas, das zur Seele gehört, aber im Status des Unheimlichen auftritt, des Gefährlichen, des Zwanghaften, das man tun muss, ohne es zu wollen.

59

Plötzlich sehen wir all die Themen wieder vor uns, die Luther in eigener Erfahrung und auf dem Boden der Bibel vor allem bei Paulus im Römerbrief wiederfand und zum Hauptthema seiner Theologie gemacht hat. Nur: Er konnte diese Probleme mit den Mitteln der Theologie seiner Zeit nicht wirklich lösen, und so bestehen sie bis heute. Um das zu ändern müsste man den Teufel als eine Chiffre betrachten für den entfremdeten psychischen Zustand des Menschen mit all seinen Unheimlichkeiten; dann erhielte man Zugang zu den Abgründen der Abspaltungen, Verdrängungen, Gegenbesetzungen, Ersatzbildungen und Hilflosigkeiten der menschlichen Psyche gegenüber ihrem Unbewussten. – Geschieht das nicht, riskiert man, dass die Theologie die Menschen nicht nur nicht befreit von ihren Zwängen und Obsessionen, sondern geradezu in die Krankheit treibt. In der Psychiatrie begegnet man immer wieder Menschen, die sagen, dass sie des Teufels Kind sind, dass sie in der Hölle leben, dass sie grundböse sind, dass sie verdammt sind. Die lutherische Theologie konnte historisch nicht, die heutige Theologie aber will nicht auf diese Fragen wirklich eingehen. Und das ist eine ganz, ganz schwere geistesgeschichtliche Hypothek. Wenn Papst Benedikt XVI. vom Teufel so selbstverständlich spricht, wenn Johannes Paul II. die Exorzismusriten neu formulierte, wenn das Taufsakrament für ein neugeborenes Kind nicht auskommen darf ohne den Exorzismus, in dem der Teufel gebannt wird, so leben wir immer noch im tiefsten Mittelalter, so verweigern wir die Aufklärung, so tun wir den Menschen Unrecht, die längst wissen, dass sie ein Anderes brauchen würden, um ihre Angst zu beruhigen. Darum müssten wir die Probleme, die Luther formuliert und in den theologischen Kategorien seiner Zeit auszutragen versucht hat, weiterentwickeln in Richtung psychologischer Durcharbeitung und Lösbarkeit. Es darf nicht dabei bleiben, dass wir uns die Psychologie des Menschen als eine projektive Dämonologie verordnen lassen, die dann mit magischen Mitteln gebannt werden soll.

Das neue Menschenbild

Also Luther müsste in manchen Punkten neu gedacht, neu für die heutige Zeit, für den modernen Menschen fassbar gemacht werden.

Es müsste einmal die Erlaubnis geben, Luther am Steuerrad abzulösen, ihn in die Kajüte zu schicken und ihn erst wieder an Bord zu holen, wenn man durch den Sturm hindurch gefahren ist. Es wäre nur menschlich im Umgang mit ihm selber. Er hat genug durchgemacht, als dass wir ihn auf das Denken seiner Zeit festschreiben sollten. Die Reformation ist eine Anregung, ein Anstoß, ein Prozess, und sie sollte nicht zu einer Verfestigung alter, längst überholter Denkweisen werden.

Beschäftigen wir uns, wenn ich das jetzt so fragen darf, zu stark mit Luther und vernachlässigen dadurch eben den Aspekt, die protestantische Theologie Luthers weiterzuentwickeln?

Das ist so gewesen. Man hat Luther schon sehr früh in Wittenberg dogmatisiert. Luther ist kaum zwanzig Jahre tot, da haben wir bereits die herrlichsten Streitereien über die richtige Interpretation Luthers. Er wird jetzt, gut verstehbar natürlich, die Säule, die man braucht, um einen festen Standpunkt gegenüber der katholischen Kirche zu gewinnen. Der Schmalkaldische Krieg 1546–1547 bricht aus. Man militarisiert die Glaubensfragen. Man formuliert 1555 in Augsburg einen Friedensabschluss, doch nur um mitzuerleben, dass die Spannungen quer durch die deutschen Lande weiter gehen bis hinauf nach Skandinavien, bis in die Tiefe Frankreichs hinein, und fängt an zu ahnen, dass das Ganze explodieren wird. 1618, mit Beginn des Dreißigjährigen Krieges, wird das endgültig der Fall sein. Worauf wollen Protestanten in diesen Auseinandersetzungen sich beziehen, außer dass Luther es doch so und nicht anders gesagt hat? Man kann eine solche restaurative

Haltung in der damaligen Zeit durchaus verstehen. Wenn die religiösen Fragen ins Politische, ins Militärische abgleiten, in die wüsteste dogmatische Rechthaberei – der Papst hat gesagt …, die Konzilien haben gesagt …, der Kirchenvater hat gesagt –, dann müssen die Protestanten kommen und sagen: So steht es in der Bibel nicht, *so* steht es in der Bibel, und so hat Luther es gesagt. Verständlich ist, dass die Dinge so gelaufen sind. Aber wir müssten längst darüber hinweggekommen sein, wir dürften die Religion nicht mehr der staatlichen Aufsicht unterstellen und schon gar nicht der Missbrauchbarkeit des Ideologischen anheim geben.

Also noch einmal gefragt zum 500-jährigen Jubiläum: Luther ein bisschen stärker ruhen lassen, in den Hintergrund treten lassen, ohne ihn zu vergessen?

Eben. Wir könnten und sollten Luther zum Ausgangspunkt nehmen, wirklich als einen Wendepunkt in der Richtung, in die zu blicken er uns gelehrt hat. Aber den Weg haben wir selber abzuschreiten, den er gewiesen hat; das ist doch unsere Aufgabe. Luther war ein Kind des 16. Jahrhunderts, wir des 21. Jahrhunderts. Also wo sind wir denn? Kierkegaard hat einmal gesagt: Christlich existieren heiße, gleichzeitig werden zu Christus. Es ist auch möglich, in diesem Sinne zeitgleich zu werden zu Luther, aber dann muss man mit ihm die Probleme von heute lösen.

Mit welchen Konsequenzen für die Protestanten? Würde das nicht eine Vielzahl von neuen Denkbewegungen geben, möglicherweise neuen Denominationen?

Die Protestanten müssten und könnten tun, was im Grunde die ganze Zeit über von ihnen gewollt wurde: Sie müssten und könnten kreative Vorschläge mit Selbstbewusstsein vorbingen zur Christianisierung des Bewusstseins der säkularen Welt im Ausgang vom Subjekt, im Wissen um die Angst des Bewusstseins, in der Durcharbeitung der Unfreiheit und Tragik des Daseins. Dass die Protestanten kaum noch etwas anderes sein wollen als eine Konfession unter anderen, ist ihre wirkliche Not. Denn damit reduzieren sie sich selbst, sie bringen sich um sich selber. Sie sind als Protestanten Bekenner einer Wahrheit der Erlösung durch Gnade, als reformatorische Kirchen sind sie der Versuch, etwas in der Welt zu ändern, und das kann nicht in der Historie vertan werden, indem man sich im Grunde mit der Allmacht Roms abfindet oder sogar damit liebäugelt, wie man denn doch in irgendeiner Weise ein gewisses Ansehen dadurch gewinnt, dass der Papst tatsächlich auch uns einmal besuchen kommt. Umgekehrt wäre es: Die Protestanten könnten dem Papst einmal zeigen, wie Rom aussähe, wenn es begriffen hätte, was Christus wollte.

Die Protestanten machen sich klein, zu klein?

Absolut, absolut. Wieder: Man kann das verstehen, aber nicht gutheißen. – Sie gehen etwa durch die Straßen von Wittenberg, von der Schlosskirche die 400 Meter zur Marienkirche. Es ist ein winziger Ort in der Erstreckung, das Wittenberg um 1520, und dann gucken sie sich Rom an. Dann haben Sie eine Kirche vor sich, die schon in den Gemäuern vom antiken Rom, vom Cäsaren-Rom, geprägt ist; das sind nicht nur die Wasserleitungen, die Brunnen, die Wehranlagen, das ist die ganze Kultur, in welcher der Katholizismus fußt, plus der lateinischen Sprache, die unverändert in die Theologie hineingeht, die man reden muss, um überhaupt richtig von Gott sprechen zu können. Griechisch und Hebräisch sind da eine gute Sache, aber erst einmal kommt Latein. Auf Lateinisch formuliert man die Dogmen, mitunter im Widerspruch zu Griechisch und Hebräisch. Die Protestanten müssten das, was Luther wollte, mit einem Selbstbewusstsein vertreten, wie er selber es hatte, ohne ihn dogmatisch eng zu führen; denn das ist der *vierte* Punkt, auf den ich bei dem Dilemma, in das der Protestantismus sich hineinentwickelt hat, noch unbedingt zu sprechen kommen wollte: Man hat nicht wirklich gelernt zu merken, was ein Symbol ist.

Symbole statt Festschreibungen

Sie erwähnten vorhin den Unterschied von Sakramentum und Signum. Im Katholizismus ist Sakramentum ein objektives Zeichen, das verbunden mit dem deutenden Wort garantiertermaßen dem Glaubenden Gottes Gnade vermittelt. Protestantisch ist alles, was man tun kann, ein bloßes Zeichen, das, im Glauben aufgenommen, einen subjektiv verändernden Wert erhält. Aber es ist eben »nur« ein Zeichen. Alles ruft förmlich danach, dass man statt Zeichen *Symbol* sagt. Dann aber bräuchte man die Psychologie, um zu zeigen, wie Symbole entstehen, wie sie sich ausdrücken und wie sie zurückwirken auf den Glaubenden. Das alles konnte in den Tagen Martin Luthers nicht schon geschehen, aber in jenen Tagen wurden die Probleme artikuliert.

Wieder einmal kehren wir zurück in die Zeit von Jan Hus hundert Jahre vorher, und zwar in die Abendmahlslehre. Was passiert in den Wandlungsworten eines Priesters in der Messfeier am Altar? Die Antwort ist typisch zwiespältig. Für den Schweizer Reformator Huldreych Zwingli, der 1534 bei Cappeln erschlagen wird für seinen Glauben, ist, was im Abendmahl sich darbietet, in der Tat ein rein symbolisches Geschehen. Das Abendmahl bedeutet die Gegenwart Christi, aber nicht in äußerer Realität. Diese Auffassung ist genial richtig, nur der stets unterschätzte, in Wahrheit große Reformator der Schweiz starb zu früh, und er hat die Kirchengeschichte deshalb zu wenig beeinflusst in diesem mir völlig richtig erscheinenden Ansatz. Es war jener bereits erwähnte Landgraf Philipp von Hessen, der in Marburg 1529 zwischen Luther und Zwingli zum Gespräch lud, um das Auseinanderfallen der reformatorischen Bewegung in dieser Zentralfrage »Was ist ein Sakrament, das alle anerkennen, das Abendmahl, in seiner Wirklichkeit?« zu verhindern. Wie man weiß, hat Luther sich damals im Marburger Religionsgespräch auf Zwinglis »Das bedeutet den Leib Christi« überhaupt nicht eingelassen. »Das Wort (ist) soll bleiben staan«, sagte er und meinte damit, Jesus habe in Mk 14,22 gesagt: »Das *ist* mein Leib.« Darüber vergessen hat er, was er bei Melanchthon hätte lernen können: das »ist« kann Jesus auf Hebräisch oder Aramäisch gar nicht gesagt haben, das Wort ist reines Übersetzungs-Griechisch. Man beruft sich in dem ganzen Streit also auf ein Wort, das nicht von Jesus kommt.

Was also geschieht im Abendmahl? »Christus ist gegenwärtig«, das will Luther sagen, und das ist nicht nur bedeutsam in der Seele der einzelnen, es ist objektiv, weil Gott es so will. Doch wie ist jetzt Christus gegenwärtig? Da müsste die alte Diskussion wieder seit den Tagen von John Wyclif erneuert werden: Wie soll es denkbar sein, dass Wein und Brot geblieben sind, während sie doch das Blut und der Leib des Herrn sein sollen? Aristotelisch lässt sich das gar nicht denken, platonisch auch nicht. Luther wird die Debatte auf seine Art abkürzen und sagen: »Gott ist, wo er will. Wenn er sein will unter den Gestalten von Brot und Wein, dann ist er da. Und genau das sagt uns die Bibel. Und genau das gilt jetzt. So hat Gott es gewollt, und besser sollten wir es daher auch nicht wollen wissen!« Damit ist die Debatte für ihn zu Ende. Aber die Frage ist nicht gelöst.

Das eigentliche Problem lautet: Was ist und bewirkt ein Symbol in der Sprache der Religion oder auf dem Boden der Bibel; wie redet man so poetisch von Gott, dass es sich Gott sei

Dank nicht dogmatisieren lässt, aber eine Brücke bildet zwischen Gott und den Menschen? Diese Frage wird von Luther an der Stelle des Marburger Religionsgesprächs im Grunde abgebrochen zugunsten einer Sicherheit, die es so nicht geben kann. Aber das ist die typische Fluchtrichtung Luthers – hinein in den Willen Gottes. Und *den* findet er in der Bibel. Deshalb ist sie für ihn so wichtig. Wenn auch sie noch in Erschütterung käme, bräche die Welt für ihn zusammen. Die Wahrheit aber ist: Nichts müsste in Erschütterung geraten, wenn man dem Subjekt, das Gott doch geschaffen hat, nur zutrauen würde, dass, ganz augustinisch, »die Sehnsucht nach Gott« in ihm in vorgegebenen Bildern archetypisch (psychisch »objektiv« also) eingeschrieben ist. Dass die großen Symbole in der Denkweise und in der Liturgie in der Religionsgeschichte eine eigene innere Wirklichkeit bilden zur Bewährung und Bewahrheitung des menschlichen Lebens, ist freilich in die Denkgeschichte weder des Protestantismus noch schon gar des Katholizismus je integriert worden. Das ist jene vierte große Aporie, die sich der Protestantismus geschaffen hat, weil er bis heute sich weigert, die Probleme, die Luther zumindest artikuliert hat, kreativ, hier: mit den Mitteln der Religionspsychologie, weiterzuentwickeln.

15. Politische Wirkungen und Wirksamkeiten

Herr Drewermann: War Luthers Theologie so etwas wie eine politische Theologie? Wollte er politisch wirken? Sollte sein Wort, sein Denkansatz, politische Konsequenzen zeitigen?

Ursprünglich, glaube ich, überhaupt gar nicht. Er hat 1520 rein theologisch von der »Freiheit eines Christenmenschen« geredet und zwar mit unglaublich dichten, schönen Worten. Aber verstanden hat man seine Ausführungen sozialpolitisch.

1524 kommt es zum Bauernaufstand, 1512 schon hatte sich im Breisgau der Bundschuh formiert. Das »Bauernlegen« der Adeligen und der Reichen, der Feudalherren, würgte den Menschen da drunten das Leben ab. Und sie verstehen die »Freiheit eines Christenmenschen« als etwas, das sich auch im Sozialkörper von Staat und Gesellschaft artikulieren muss. Nicht weil Luther das so will, sondern weil es, wenn von Erlösung denn die Rede gehen soll, eigentlich zur Sache gehört, treibt man es dahin, den Reformator so zu verstehen, wie er es selber nicht gemeint hat.

Sein Wort muss eigentlich Konsequenzen zeigen.

Müsste. Luther weigert sich aber. Und damit entsteht ein Problem, das ihm in seinem Widerpart Thomas Müntzer entgegentritt. Müntzer will ab 1520 Revolution, er will die Freiheit eines Christenmenschen als sozialen Umbruch im Namen Gottes erzwingen.

Und das nennt Luther »Zusammenrottung«.

Das ist für Luther Aufruhr gegen Gott und gegen jede Ordnung. So etwas hat er überhaupt nicht gemeint, auch gar nicht kommen sehen, wenn man so will. Und wieder polarisieren sich die Gegensätze. Müntzer wird »wider das sanftlebende Fleisch« zu Wittenberg agitieren. Dabei ist Müntzer der erste, der Kirchengesänge in den Gottesdienst einbaut, der ursprünglich begeistert ist von Luther, der eigentlich sein bester Schüler sein könnte, aber er trägt die Auslegung des Evangeliums ins Politische hinein.

Mir scheint, dass Luther auch an dieser Stelle für das Anliegen Müntzers hätte gewonnen werden können, wenn nicht sofort die gewalttätige militärische Komponente damit verbunden worden wäre, die Revolution. Was Müntzer nach langen vergeblichen Predigten wollte, war ein gewalttätiger, mörderischer Umsturz, und damit konnte Luther wirklich nicht einverstanden sein. Dass das Christentum, die Botschaft Jesu, Konsequenzen für die Gesellschaft hat, hätte auch er zugegeben. Aber die Zustimmung dazu wurde ihm durch Müntzer mehr verstellt als ermöglicht. Müntzer wollte das Eisen der Revolution schmieden, so lange es im Zorn entrechteter Bauern heiß war. Pinkepank! Und heiß war es jetzt, also zu den Waffen, im Namen Gottes! Dieser Aufruf war für Luther eine teuflische Versuchung, eine reine Narretei.

Dann kamen 1534/35, als wäre Müntzer nicht schon genug, in Münster die Wiedertäufer hinzu. In gewissem Sinne ging es politisch Martin Luther wie Goethes »Zauberlehrling«: Er hatte Geister gerufen, deren er mit Bibel und Vernunft nicht mehr Herr wurde. Schwärmer, falsche Propheten waren diese Leute in seinen Augen. »Wider die räuberischen und mörderischen Rotten der Bauern« hatte er 1525 geschrieben, und der Titel zeigt schon, was er gegen sie einzuwenden hat: Sie rauben, morden, plündern, und das kann niemals Recht sein, selbst wenn es geschieht in Reaktion auf dramatisches Unrecht.

Über solche Fragen hätte man mit Luther sicher reden können. Aber nicht indem man zum Aufstand ruft. Allerdings musste er dann bald schon erleben, wie die Fürsten auf die Erhebung des »Bundschuh« reagieren. 1525 wird in Frankenhausen eine Gruppe von ein paar tausend Bauern erbarmungslos zusammenkartätscht, Müntzer selber tagelang gefoltert. Endlich haben sie ihn! Luther ist eigentlich nicht gerade traurig darüber. Aber als er dann miterlebt, wie die Fürsten Rache üben an den Bauern weithin im Lande, richtet er ein Mahnwort an die Fürsten, das sich genauso gewaschen hat. Was Luther vermeiden möchte, ist Gewalt, näherhin Gewalt von unten, mithin gesetzlich nicht legitimierte Gewalt. Der gegenüber hegt er eine außerordentliche Scheu. Denn auch seine

Vorstellung Gott gegenüber ist wesentlich geprägt durch das biblische Wort Gehorsam. Begriffe wie Unterwerfung, Hingabe – fast mystische Ideen – prägen an dieser Stelle den ehemaligen Mönch Luther, aber nicht Freiheit in Aufruhr. Freiheit, die ermöglicht wird durch die Gnade Gottes, ein Geschehen von innen nach außen, das ist lutherisch Erlösung, aber nicht dieses Tollwütige, von außen Aufgezwungene. Deshalb ist er im Gehorsam zu Gott ungehorsam zur Kirche, doch zugleich merkwürdig untertanenhörig zur Staatsmacht.

Wenn es aber schon so steht, wird Luther unweigerlich in politische Konflikte hinein gedrängt, die zeigen, dass sein eigenes Anliegen der Versöhnung der Gegensätze in der politisch-sozialen Wirklichkeit rein von innen heraus nicht gelingen kann. Wir sagten die ganze Zeit, Luther möchte Gott und die Welt, er möchte das Profane und das Sakrale miteinander verbinden, den Mönch mit dem gemeinen Mann auf der Straße; es soll nach ihm diese Unterschiede nicht mehr geben. Das Heilige ist das im Profanen Gelebte, das existenziell in der Wirklichkeit des Daseins Bewahrheitete. Genau das müsste sich jetzt natürlich auch philosophisch, theologisch geltend machen lassen in der Staatsauffassung – auch da müsste jetzt eine Einheit zwischen Kirche und Staat formuliert werden: Wie gehören beide zusammen? Das Problem wird von Luther absolut gar nicht gelöst, weil er in diesem Punkte seinem Lehrmeister Augustinus folgt. Auch das zählt in gewisser Weise zu den Tragödien der Kirchengeschichte.

De civitate Dei …

Genau. Augustinus hat um 410 die verstaatlichte Kirche vor sich, das konstantinische Zeitalter ist angebrochen, die Kirche ist seit 381 eine Staatskirche; aber: Rom ist schwach; die Vandalen unter Geiserich plündern Nordafrika, Alarich an der Spitze der Westgoten setzt Rom in Brand, und für Augustinus spaltet sich die Welt. Er selber wollte den Manichäismus hinter sich lassen mit dessen Anschauung, das Göttliche sei der Widerspruch zum Faktischen, die Seele der Widerspruch zum Körper, das Innere ein radikaler Widerspruch zum Äußeren. Doch jetzt drängt sich Augustinus in Betrachtung der menschlichen Geschichte genau dieser Widerspruch als unüberbrückbar auf: Es gibt Kain und Abel, und wer von den beiden überlebt, sind die Nachfolger Kains; die haben das Sagen, die sitzen auf den Thronen und die machen, was sie wollen. In der Nachfolge Abels gibt es Christus und die Idee eines kommenden Reiches Gottes. Die Zuordnung beider Gestalten ist eigentlich die zwischen Tyrann und Märtyrer, es ist keine wirkliche Synthese, eher ein unaufhebbarer Widerspruch. Gleichzeitig segnet diese Art von Geschichtstheologie die Machtverhältnisse ab.

Luther kann die Zwei-Reiche-Lehre von Augustinus eigentlich nur übernehmen. Er schreibt sie weiter in seiner Zeit, und das führt zu den merkwürdigsten Konsequenzen. Mittendrin in den Folgen der Bauernaufstände, 1526, stellt und beantwortet er die Frage, ob ein Soldat »im seligen Stand« sein könne. Und tatsächlich – das kann er: Wenn er mordet in Gottes Auftrag, mordet er nicht, sondern vollzieht das Gericht Gottes an den Schuldigen. Das muss so sein. Es wäre nach Luther vollkommen falsch, vom Staat zu erwarten, er könnte Gnade üben. Gnade ist eine Sache Gottes, der freilich auch gerecht ist, und eben dafür: für die Durchsetzung des Rechts, steht der weltliche Arm bereit. Beide, Gott und die Staatsgewalt, gehören deshalb zusammen.

Das in der Tat war Luthers Überzeugung politisch; in der Rezeptionsgeschichte der Reformation ist daraus eine Riesengefahr geworden, wie jeder sehen kann. Nicht nur die Anlehnung an die Fürsten, das protestantische Staatskirchentum folgt daraus, wie wir es schon im Augsburger Religionsfrieden 1555 und spätestens seit 1648 am Ende des 30-jährigen Krieges formuliert finden: Cujus regio ejus et religio, das ist die Formel von Augsburg, das ist der Friede von Münster und Osnabrück. Dieser Ansatz führt vor allem bis ins 20. Jahrhundert hinein dazu, dass man die Kirche in Einheit setzt zum Landesfürsten. Das gerät in deutschen Landen geradezu makaber, indem der preußische König oder Kaiser zum obersten Bischof für die Protestanten wird, genauso im übrigen wie die englische Königin Oberhaupt der anglikanischen Kirche ist: Sie ist nicht nur Königin als säkulare Machtgestalt, sondern sie ist gleichzeitig Lehrerin der Kirche in oberster Instanz. Von daher ist es möglich, dass nach 1870 der preußische Kaiser Wilhelm I. an den Papst ein Mahnschreiben richtet, um schon einmal zu erläutern, dass das neue Dogma von der Unfehlbarkeit des Papstes seinen, den preußischen Untertanen, Protestanten vorwiegend, nicht zuzumuten ist. Eben dazu hat er die Vollmacht als oberster Lehrer der Protestanten. Das ist mithin nicht nur seine Staatspflicht, sondern seine Glaubenspflicht. So weit also waren wir damals, in den Tagen Bismarcks, im Kulturkampf.

Es macht tatsächlich die große Verführbarkeit des Protestantismus aus, dass er lokal begrenzt auf zeitgeschichtliche Krisen zu antworten geneigt ist bis hin zu der im Rückblick furchtbaren Entwicklung im »Dritten Reich«, dass der Protestantismus sich in weitesten Kreisen widerstandslos dem Führerkult ergeben hat. Gewiss, es gab damals auch die bekennende Kirche, es gab Karl Barth, es gab später, ab 1937, Martin Niemöller. Das alles hat es gegeben. Vor allem gab es danach das Stuttgarter Schuldbekenntnis 1945: »Wir haben zu wenig geglaubt, zu wenig gehofft, zu wenig geliebt.« Zu solch einem Bekenntnis war der Katholizismus nie fähig. Aber sagen muss man: Er war im Vergleich weniger verführbar; und das hat damit zu tun, dass er organisatorisch eine eigene staatenähnliche Struktur aufweist. Er ist ein Kirchenstaat – ein Unikum in der ganzen Religionsgeschichte. Der Katholizismus ist als Religion selber in Gestalt des Vatikan ein Staat, und so paradox diese Konstruktion auch ist, sie schafft eine gewisse Freiheit gegenüber den lokal operierenden Mächten, sie ermöglicht eine Art von Universalismus weltweit, an dem die Protestanten ein Stück weit sich hätten orientieren müssen und können, bei allem ihrem mehr als berechtigten Protest an der Verfasstheit eines quasi Renaissance-Monarchen, der behauptet, Christus zu repräsentieren beziehungsweise der »Nachfolger Petri« zu sein. Was Christus zu sagen hat, geht alle Menschen an und darf nicht gebunden werden an irgendwelche politischen Nationalinteressen. Das hätte man gerade auch protestantischerseits unbedingt begreifen müssen unter Relativierung der Anbindung an die Landesregierungen.

Und haben die Protestanten daraus die richtigen Konsequenzen gezogen? Wie stellt sich diese politische Haltung heute dar? Was macht man mit dem Obrigkeitsdenken Martin Luthers?

Man hat augenscheinlich seine Probleme damit. Es gibt Bischöfe noch in unseren Tagen wie Bischof Hirschler in Hannover, die sagen: »Luther ist uns voraus«, und sie wollen damit sagen: »Wir haben die Spannung zwischen Staat und Kirche immer noch nicht wirklich begriffen. Sie ist größer, als wir denken, und sie wird jeden Tag größer.« Daran mag durchaus etwas wahr sein, und doch klingt es nach einer Art geistigen Appeasements. Denn natürlich sieht man, dass zum Beispiel die kapitalistische Wirtschaftsordnung, die wir haben, mit der Bergpredigt überhaupt nichts zu tun hat. Schon Friedrich Nietzsche konnte auf die Heuchelei des Kirchenchristentums hinweisen und sagen: »Ein anständiger Soldat etwa kann doch nicht behaupten, dass er ein Christ sei. Er ist stolz auf die Leute, die er im Kampf besiegt und getötet hat. Der Staat verleiht ihm womöglich einen Orden dafür. Das Christentum aber, vom Staat getragen und selbst staatstragend, nimmt das alles hin. Welch eine Lüge!« Natürlich konnte man sehen und hat auch gesehen, dass Nietzsche recht hatte: Nicht zuletzt deshalb hat man nach 1945 Protestantismus *umgekehrt* zu definieren versucht: Protestantismus ist auch jetzt nach wie vor das Kritische der römischen Kirche gegenüber, aber von nun an soll er auch sein das Kritische dem Staat gegenüber. Die Gründe, kritisch zu werden, finden sich zuhauf in der Bergpredigt – sie müssten nur weiterentwickelt werden.

Das ist die messianische Grundidee des Christentums: Jesus, der Messias. Nach 1945 versuchte der Protestantismus starke Anleihen beim Sozialismus zu machen, um die Gesellschaft herauszufordern. Entlang der Botschaft Jesu, konfrontiert mit der Not der Menschen in der Dritten Welt, in der Arbeiterschaft, im Zerbrechen der Gleichgewichte in der Gesellschaft, brachte man immer wieder biblische Zeugnisse ein, um eine Argumentationsbasis für die politische Kritik zu gewinnen.

Am meisten wäre eine solche Kritik bis heute nötig in der Frage, die Martin Luther eindeutig, aber, wie mir scheint, nicht richtig beantwortet hat: »Kann ein Soldat im seligen Stand sein?« Kann man so etwas ernsthaft sagen bei dem Krieg vor Verdun, 1916, oder angesichts der Materialschlachten an der Somme, wo 200.000 Menschen in ein paar Tagen starben – in seligem Stande? Für was eigentlich? – Also, in der Geschichte vollzieht sich eine solche Brechung althergebrachter Wertungen, dass das, was Luther vor 500 Jahren noch klar zu sein schien, absolut nicht mehr klar ist und in den Konsequenzen sich auch so nicht mehr ausziehen lässt.

Dazu müssen wir freilich all die Fragen noch einmal neu stellen: Könnte es nicht – gegen Müntzer – auf jeden Fall falsch sein, Gewalt zu gebrauchen? Könnte es dann aber nicht auch – gegen Martin Luther – prinzipiell falsch sein, Gewalt zu gebrauchen, auch vonseiten des Staates, und es wäre falsch, Kriege vorzubereiten und durchzuführen? Die Frage stellt sich bis heute. Sie ist in jedem Falle prinzipiell zu formulieren:

Lässt sich die Idee, das Schwert zu handhaben, mit dem Mann aus Nazareth verbinden? Ich glaube, da müssten wir von Tertullian lernen, das Wort Jesu in Mt 26,52: »Steck dein Schwert in die Scheide«, sei identisch damit, dass jedem Soldaten der Koppel abgeschnallt werde. So um 200 nach Christus dieser montanistische Theologe. Das war mal eine Kirche, die wusste, woran sie war mit dem Staat. Aber das ist lange her.

16. Was will die Bergpredigt?

Herr Drewermann, mir fiel bei der Beschäftigung mit Martin Luther auf – Sie nannten die Bergpredigt –, dass er sich mit der Bergpredigt sehr schwer tut. Er sagt an manchen Stellen: Man kann sie privat vielleicht realisieren, aber das ist kein Wort Jesu, das für den Staat, für das öffentliche Leben Anwendung finden kann.

Es ist nur zu berechtigt, dass Sie danach fragen, weil es den Kern des Luthertums berührt. Für Martin Luther ist es absolut evident, dass die Bergpredigt nur lebbar ist in Gnade. Er hat die Mönche aus den Klöstern zurückgeholt ins wirkliche Leben, damit sie das tun, was Jesus wollte, nicht in abgetrennten Mauern und Zirkeln, sondern in der offenen Wirklichkeit, so wie Jesus selber. Der Mann aus Nazareth ist kein essenischer Mönch geworden, er stand mitten im Leben. Diese Feststellung ist ohne Zweifel richtig. Dann aber wird für Luther daraus, dass man die Weisungen – nicht die Gebote, aber die Weisungen – der Bergpredigt nicht erfüllen kann, ohne die Gnade Gottes. Also kann im Grunde jeder sagen, er könne die Bergpredigt nicht leben, er habe eben die Gnade nicht; jeder hat da eine wunderbare Ausrede – es liegt an Gott, nicht an ihm selbst, wenn er die Bergpredigt nicht lebt. Und wenn sich darüberhinaus zeigt, dass in der Welt herzlich wenig Gnade existiert, welch einen Anspruch hat dann noch die Bergpredigt? Sie redet im Status der Gnade von der Gnade, aber wie ist sie zu realisieren im Feld der Gnadenlosigkeit?

Luther hat diese entscheidende Frage nicht wirklich durchgearbeitet, und sie bleibt in der gesamten Auslegungsgeschichte des Protestantismus denn auch ein offenes Problem. Albert Schweitzer hat – um ihn noch einmal zu erwähnen – die Vorstellung entwickelt, dass Jesus unter dem Eindruck des nahen Untergangs der Welt gestanden habe, so wie Paulus im ersten Thessalonicherbrief, also dass in der Kürze der Zeit, die noch bleibt für ihn, alle irdischen Güter ohnedies nicht mehr verdienten, aufgegriffen und verteidigt zu werden. Was soll da noch Eigentum? Was eine Hausgründung? Was die Bestätigung staatlicher Haushalte? Oder die Fragen nach Steuern und dem staatlichen Reglement – das fällt alles dahin. Wer so frei ist, dass er angesichts des Endes, das er, Gott sei Dank, bereits nahen fühlt, das Reich Gottes auf den Nägeln brennen spürt, der kann die Bergpredigt leben. Albert Schweitzer meinte, es sei, obwohl das Ende der Welt nicht eingetreten sei, wie jeder sehen kann, trotzdem nicht völlig falsch, dieser Interimsethik, dieser Verhaltensform im Übergang, zu folgen. Man lebt von dem baldigen Ende her mitten in dieser Zeit. Wohl ist der geistige Rahmen, den Jesus vorfand, nicht mehr historisch zu reaktivieren, aber die Inhalte der Bergpredigt sind immer noch als verbindlich zu nehmen.

Aus solchen Ansätzen heraus hat der Protestantismus unter den besten seiner Vertreter und Verteidiger zu einer neuen Gesetzlichkeit sich hinentwickelt. Man hat jetzt die Bergpredigt als Anspruch an die Gegenwart, man ist nicht mehr einfach umfangen vom Ende der Welt und der Aufnahme in eine endgültige göttliche Gnade, aber man muss die Lehren Jesu einhalten, man muss sie tun. Nur gerät man damit in die Situation, dass die Bergpredigt zu leben ungemein viel schwerer ist etwa als die Zehn Gebote zu halten. Abgeleitet aus der Gnade, hat man jetzt eine neue Gesetzlichkeit, die weit anspruchsvoller ist als das Gesetz des Moses – auch das ist im Protestantismus gerade bei den ehrlichen Charakteren immer wieder zu beobachten: dass alles nach innen gezogen wird, aber dann vor dem Forum des eigenen Gewissens eine Schärfe erlangt, die im Katholizismus in dieser Weise gar nicht möglich wäre. – Der Katholizismus beruhigt sich bis heute damit, dass die Bergpredigt etwa für die Ordensgemeinschaften eine gute Sache sei. Hinter den Klostermauern kann man sie leben. Im wirklichen Leben geht das vermeintlich indessen nicht ohne weiteres, das braucht es auch nicht, weil dieser eschatologische Vortrab hinter den Klostermauern schon ersatzweise, stellvertretend, das tut, was erlösend für alle wirksam ist, und so sammelt es sich im Thesaurus ecclesiae, im Schatzhaus Gottes, in der Buchführung des Allerhöchsten. Wir, die gewöhnlichen Laien, sind keine Mönche, wir brauchen deshalb auch nicht die Bergpredigt zu leben, denn da sind ja die Heiligen, die von Gott besonders Berufenen. Und also scheidet sich die Welt in zwei Teile, so wie Luther es nie gewollt hat. Was aber wird aus der Bergpredigt, wenn sie verbindlich ist und sein soll im wirklichen Leben? Denn keine Frage: so und nicht anders hat Jesus sie gemeint.

Ich weiß aus diesem Zwiespalt nicht zu kommen, außer wir müssten die Konflikte, die Luther formuliert, statt sie zu lösen, weiter entwickeln, indem wir sie psychologisch integrieren; zu diesem Zweck brauchten wir das Matthäus-Evangelium nur einmal aufmerksam zu lesen: Bevor Jesus vom Berge herab predigt im Kreise der Apostel – so wie Moses am Sinai umgeben war von den 72 Ältesten der Stämme Israels –, schildert Matthäus (4,24), wie zu Jesus Kranke gebracht werden: Mondsüchtige, Besessene, Gelähmte, und er heilt sie. Deutlicher kann eigentlich Matthäus in dem ihm überlieferten Korpus, das wir die Bergpredigt nennen, nicht sagen, wie er sich die Auslegung der Worte Jesu vorstellt. Die Regeln, die Jesus hier aufstellt, sind an Kranke gerichtet mit dem Ziel, dass die

Krankheiten der Seele, des Körpers, des menschlichen Daseins insgesamt heilend berührt werden. Wie lebt man so, dass es die Schwächsten, die Hilflosen, die Verwundeten ins Leben zurückführt? Wenn man *das* vor Augen hat, kann man beibehalten, was Luther meint: Alles ist gebunden an Gnade. Aber jetzt wird diese Gnade erfahrbar.

Auch da hat man meiner Meinung nach in der Interpretation einen schweren Fehler schon dadurch begangen, dass man in der Einleitung der Bergpredigt, in den so genannten Seligpreisungen, das griechische Futur so übernommen hat, dass es ein Futur bleibt. So verstanden sind die Seligpreisungen bloße Verheißungen. »Sie werden gesättigt werden«, soll Jesus gesagt haben, – »die Hungernden«. Aber so ist es im Hebräischen nicht gemeint. Man müsste an dieser Stelle die Sprachlogik des Hebräischen gegenüber dem Griechischen ein Stück weit erklären; hier genügt es, zu sagen, was mit Sicherheit gemeint ist: »Jetzt, wo ich mit den Hungernden rede, werden sie gesättigt; jetzt erfahren die Hungernden, die Armen ihren inneren Reichtum; jetzt geschieht das.« Es kommt nicht, es wird in der Gegenwart Wirklichkeit. Ähnlich ist das bei dem ersten Wort Jesu in Mk 1,15; auch da ist immer wieder hin und her überlegt worden: Was wollte Jesus sagen, als er sprach »das Himmelreich ist da«? Wie hat er es gemeint: Kommt es noch oder ist es wirklich? Natürlich wollte Jesus sagen: »Es ist da! Da, wo ich bin, ist es. Ihr müsst nur so leben, wie es an meiner Seite möglich wird.« Genau das ging von ihm aus. Wenn er mit den Menschen redete, verloren sie ihre Angst. Sie wurden geheilt, sie konnten sich aufrichten, sie verloren ihre Zerspaltenheit.

Wir redeten zum Beispiel eben von den Dämonen. Zu denken ist: Sie werden nicht magisch ausgetrieben; so erzählt das zwar die Bibel, aber in Wirklichkeit begegnet man in den Besessenen Personen, deren innere Zerspaltenheiten reintegriert werden müsste. – Lukas 8,1–3 etwa erzählt, dass sich in der

Nähe Jesu Menschen sammelten wie Maria von Magdala. Sieben »Dämonen« fuhren von ihr aus. Jetzt müsste man nur einmal sich vorstellen, eine solche Schwerstkranke, eine psychiatrisch Leidende, vernimmt die Bergpredigt und hört die Seligpreisungen: »Glücklich nenne ich in dieser Welt die Menschen, die noch weinen können.« So steht es da: die Trauernden, die Weinenden. Und weiter: »Glücklich nenne ich die Menschen, die es wagen, wehrlos zu sein inmitten der Welt; nur die schaffen den Frieden.« Ein solches Wort ist keine Verheißung, es vermittelt eine erfahrbare Wirklichkeit in der Nähe Jesu; und wer sie erfährt, der kann sie auch leben. Dann gibt es überhaupt kein Ausweichen mehr. Es ist die Rettung!

Die Bergpredigt ist ein Geschenk der Gnade, das stimmt. Aber diesen entscheidenden Gedanken darf man nicht schon wieder veräußerlichen, indem man die Menschen unterscheidet in solche, die die Gnade haben, und andere, die sie nicht haben. Man müsste die Sprache Jesu so vermitteln, dass sie wirklich als heilende, als alles verändernde, als Vertrauen stiftende ankommt. Das meinte Luther; aber er konnte es in seiner Zeit so nicht ausdrücken. Also wäre es erneut dringend an der Theologie, an den Konflikten, die Luther formuliert hat, seinen Ansatz weiterzuentwickeln, um gewissermaßen ihm selber zu helfen bei der Lösung der Probleme, unter denen er zum Teil selber furchtbar gelitten hat.

Ist es nicht ein Problem Luthers, dass er die Menschen sozusagen in zwei Kategorien teilt, in diejenigen, die Gnade haben, und die, die sie nicht haben? Er spricht ja von den Prädestinierten. Diese Prädestinierten stehen ja auch schon bei Jan Hus auf der Liste und bei John Wyclif…

… und bei Augustinus …

17. Die Lehre von der Prädestination

Genau. Wie kommt denn dieses Denken überhaupt zustande, und wer kann denn überhaupt entscheiden, wer prädestiniert ist und wer nicht? Wann entscheidet sich das? Doch letztlich …

… bei Gott in Ewigkeit, würden die Theologen sagen. Das steht wirklich im Römerbrief, Kapitel 9, Vers 22: Es gibt »Gefäße des Zorns, hergerichtet zum Verderben.« Da herrscht die Vorstellung, dass Gott tatsächlich Menschen schafft, nur um sie als Schuldige zu quälen. Das Erstaunliche ist: Diese Vorstellung entspricht durchaus dem biblischen Denken. Der Pharao zum Beispiel kann (Ex 9,12) von Gott angesichts der Predigt des Moses »verstockt« werden. Das ist an sich sinnlos, denn es bereitet dem Volk Israel nur Schwierigkeiten. Aber nein, es dient dem Zweck, das Rückgrat des Pharao so zu versteifen, dass Gott es richtig zerbrechen kann. So etwas nennt die Bibel »Verstockung«. Gott schafft sich selber seinen Widerstand, um desto vernichtender dreinzuschlagen. Nach diesem Schema findet in der Bibel allerhand statt. Man hat in der gesamten biblischen Theologie nicht die mindeste Scheu, Gott zuzutrauen, dass er auch das so genannte Böse geschaffen hat. Bei Amos (5,9) zum Beispiel heißt es: »Gibt es ein Böses in der Stadt und es käme nicht von Gott?«

Freilich, diese Zuordnung kann auch zur Ausrede geraten. Adam im Paradies, Genesis 3, wird zum Beispiel nach dem Sündenfall auf die Frage Gottes, was er getan hat, antworten: »Ich habe überhaupt nichts getan; du hast alles getan; denn du hast mir die Frau gegeben, und die hat mir von der Frucht des Baumes gegeben, und dann habe ich gegessen.« Gott wird in solchen Worten nicht direkt angeklagt, und doch erscheint der Mensch, gerade weil er ein Sünder ist, beinahe im Status der Unschuld beziehungsweise der Unverantwortlichkeit. Gerade das allerdings wird dann erneut zum Vorwurf an den Menschen. Adam betrügt sich selbst, indem er auf Eva hinweist, die ihrerseits auf die Schlange verweist: So ist es freilich typisch für schuldig Gewordene: Jeder redet sich aus der Affäre. Nur: So ist der Mensch erst recht ein Sünder. Gott indessen ist unschuldig, er ist absolut, er ist heilig, doch gerade deshalb ist er die Ursache von allem. Logisch gibt es da eigentlich keine Vermittlung. Gott ist in seiner uneingeschränkten Machtfülle der Urheber und der Handelnde in allem, also auch im Bösen.

Aus einer solchen Sicht stammt der Vorsehungsgedanke. Er ist nicht logisch zu verbinden mit dem, was wir im Abendland, im Erbe der griechischen Philosophie, mit dem Wort Freiheit verbinden. Ich glaube, man kann das Problem wieder nur lösen, indem man Luther oder Calvin oder Augustinus existenziell interpretiert. Was sie sagen möchten, ist dies: »Wir Menschen haben gar keine andere Chance, als uns in Gott zu bergen, egal was in der Welt stattfindet. Und das Vertrauen, dass Gott es gut mit uns meint, egal wie es kommt, ist das, was uns rettet, tröstet und trägt!« Es geht ihnen nicht um die theoretische Frage der Vereinbarkeit von Gottes Vorsehung mit der menschlichen Verfügungsgewalt über sich selbst; was sie vermitteln möchten, ist ein unbedingter Trost der Geborgenheit: Wir werden aus Gottes Händen nie herausfallen. Wenn das gilt, kann es noch so böse kommen, wie es will, es ist Gott zuzutrauen, wie Augustinus sagt, dass er auf krummen Zeilen gerade schreibt. Freilich, es ist ein Vertrauen durch die Dunkelwand hindurch, ein fast blindes Vertrauen, und nur als Bestätigung eines solchen Vertrauens trotz allem oder gegen alles ist diese merkwürdige Vorstellung der absoluten Prädestination, der Vorherbestimmung oder des Vorhersehens Gottes theologisch zu interpretieren. Es soll gerade nicht Angst machen. Es soll nicht den Menschen ins Unverantwortliche abdrängen, es soll vielmehr ein Vertrauen bilden, so stark, dass Menschen sich überhaupt wieder ins Leben wagen.

Hat Luther sich als Prädestinierter gefühlt?

Ich wüsste kein Zeugnis, wo er das so sagt. Ebenso hat er sich nie an die Stelle der Propheten gerückt, er hat nie sein eigenes Ich in diesem Sinne aufgeblasen, dass er behauptet hätte: »Ich bin der entscheidende Verkünder Gottes in unseren Tagen.« Er hat immer wieder versucht, die Bibel auszulegen, so gut er konnte; das allerdings mit dem ganzen Nachdruck, der ihm zur Verfügung stand. Er hat auch nie gesagt: »Ich bin der Heilige, ich bin der Spiegel, der Gott unverfälscht euch zeigt.« Er hat nur gesagt: »Es steht in der Bibel.« Das ist im Ansatz fast so vorsichtig, wie Kierkegaard unter Pseudonymen schreiben konnte, um zu sagen: »Ich kann euch nur zeigen, was es heißt, Christ zu sein. Ich habe nie behauptet, dass ich selber Christ wäre.« Derselbe Mann, der sagt, Glauben könne man nur als Existenzmitteilung äußern und weitergeben, hält sich am liebsten vollkommen in der Reserve, um jeden Anschein zu vermeiden, er könnte sich zum Vorbild für andere stilisieren.

Auch das gehört zu dieser Art lutherischen Glaubens: dass kein Mensch sich maßgebend am anderen orientieren darf. Das, was im Protestantismus mit dem Kult um Luther geschehen ist, sollte lutherisch betrachtet gerade nicht sein. Jeder muss sich selber finden im Gegenüber Gottes. Dafür steht der Reformator. Man kann nicht sagen: »Luther hat gesagt ...« Die Frage ist: Was sagt Gott dir? Das möchte Luther. Lies die Bibel; da sagt Gott dir, was es mit deinem Leben ist. Kein Außenstehender kann das wissen. Jeder kann nur wissen, was Gott ihm selber sagt.

Hat sich Luther nicht als Lehrmeister verstanden?

Freilich hat er sich als Lehrmeister verstanden, so wie alle guten Lehrer: als Begleiter zur Eigenständigkeit. Er hat zum Beispiel sehr früh schon, in den 1520er-Jahren bereits, die Fürsten gemahnt, sie müssten christliche Schulen einrichten. Er hat darüber hinaus eine eigene Ordnung für das christliche Bildungswesen formuliert. Sein persönlich engster Freund und Mitstreiter, Philipp Melanchthon, wurde zum Praeceptor Germaniae, zum Lehrmeister ganz Deutschlands, weil er das humanistische Gymnasium einrichtete. Dort lernte man noch bis vor 20 Jahren Lateinisch, Griechisch und im Idealfall Hebräisch, die biblischen heiligen Sprachen Gottes. So etwas will auch Luther, gar keine Frage. Und er preist den Nutzen, den es seiner Meinung nach hat, den Kindern möglichst früh all das beizubringen, was die christliche Glaubenslehre zu sagen hat. In diesem Punkt ist Luther weit von der Kritik Kierkegaards entfernt, das Christentum dürfe nicht doziert werden und es sei auch keine Angelegenheit für Kinder. Luther ist Dozent in Wittenberg, und das bleibt er auch. Am eigenen Dozententum hatte er keine Zweifel. – Daraus ergeben hat sich eine der Präponderabilien des Protestantismus, nämlich dass er sehr stark gebunden ist nicht nur an die Bibel, sondern auch an die akademische Auslegung der Bibel. Die Kritik, die den Protestantismus als eine Professorenkirche abkanzelt, ist nicht ganz unberechtigt. Wohl, man hat kein sakramentales Kirchenamt mehr zur Verfügung, dafür aber eine Gelehrtenschicht, die zwischen Gott und Mensch vermittelt, wie die jüdischen Rabbinen es tun.

Herr Drewermann, beginnt mit dem 31. Oktober 1517 sozusagen die Geburtsstunde des säkularen, modernen Staates, der säkularen Gesellschaft?

Eigentlich nicht. Es beginnt ein kritisches Bewusstsein über einen Zustand, der nicht mehr verdient, sich als christlich fortzusetzen; das gilt als erstes in der Kirche, es gilt aber mittelbar, obwohl im Thesenanschlag noch nicht angesprochen, auch für den Staat. Worauf Luther sich im Thesenanschlag bezieht, ist die Bußpredigt Jesu. »Als unser Herr und Heiland sagte: tuet Buße, da meinte er nicht eure Ablasswerke, sondern dass euer ganzes Leben eine Buße sei.« Das ist absolut wahr. Es ist ein erschütternder Aufruf zur Besinnung. Wieder ist die entscheidende Grundlage die Bibel; wenn es dort steht, was folgt dann für die Gegenwart im Leben? Wie sich das Erkannte organisiert, wie es sich weiterentwickelt, ist eigentlich unerheblich. Klar ist, dass der Ablass abgeschafft gehört, weil er alles verrät, was Gnade heißen könnte, weil er aus dem Evangelium Christi eine Werkegerechtigkeit macht, weil er aus der Seelennot der Menschen eine Einnahmequelle für den Papst und für die Bischöfe macht, weil er aus dem, was innerlich sein müsste, eine äußere quantitative Verrechenbarkeit von Leistung und Belohnung ableitet. Der Ablass ist deshalb eine Sünde, die der Papst überhaupt nicht wollen kann. Das zumindest glaubt Luther 1517 immer noch. Wenn der Papst auch nur erführe, was in seinem Namen sich in deutschen Landen begibt, dann würde er den Ablassprediger Tetzel endlich von der Bühne holen. Luther meint wirklich, er müsse den Skandal dem Papst nur einmal recht verdeutlichen, dann höre der Spuk alsbald auf. 1520 dann erfährt Luther, dass der Spuk vom Papst selber aufgeführt wird: Er bekommt die Bannbulle vom Papst ins Haus gestellt.

Jan Hus ging es doch ähnlich. Der hat doch auch gedacht, er könnte vor dem Konzil endlich Tacheles reden und könnte etwas bewegen.

Wie kann man Christ sein in einer unchristlichen Kirche? Das bleibt die Frage durch all die Jahrhunderte. Es beginnt um 1160 mit Petrus Waldes. Er liest die Bibel und findet: Die Kirche macht das Gegenteil von vielem, was geschrieben steht. Man muss kein Gelehrter sein, um das zu sehen, man muss nur lesen, was da steht: »Steck dein Schwert in die Scheide« (Mt 26,52) heißt nicht »Zücke es gegen die Feinde«. »Du sollst nicht schwören« (Mt 5,34) heißt nicht »Du schwörst auf die Bibel als Staatsdiener, damit man in Kirche und Staat dir Vertrauen entgegenbringt, der du sonst ein Lügner sein dürftest«. Wenn da steht »Gib alles, was du hast, den Armen« (Mk 10,21) heißt das wohl nicht »Kachele deine Villa mit Gold und Edelsteinen aus«. Es darf so nicht sein, wie man es faktisch in der Kirche vorfindet. Also muss man unmittelbar der Botschaft der Bibel folgen und in der Kirche sehen, was daraus wird.

II. Der Kern: das dreimalige »Allein«

1. Allein durch die Schrift *(sola scriptura)*

Vielleicht können wir jetzt, da Sie ja schon die Bibelauslegung von Waldes und die Bibelübersetzung von Wyclif angesprochen haben, zu dem großen Thema Martin Luthers kommen: der Bedeutung der Bibel, die er auch sprachlich in eine neue Form gegossen hat. Das war eine exzellente Leistung, die bis heute wirkt. Die Wirksamkeit der Sprache und die Wirksamkeit des Wortes, das war für Luther auch die eigentliche Waffe.

Ja, Luther ist ein Mann des Wortes – und der Schrift, natürlich. Denn er schreibt, wie er redet. Auch das ist eine Syntheseleistung, die ich nur bewundern kann. Ich glaube zu wissen, wovon ich dabei rede – wie schwer es ist, eine geschriebene Rede, so wie wir das jetzt machen, in Schriftdeutsch zu übersetzen. Schriftdeutsch so zu sprechen, dass man es auf dem Marktplatz hören könnte, um Menschen zu erreichen, oder von der Kanzel her so zu predigen, dass man es verschriftlichen kann, dass es eine dramatische Einheit ergibt, das ist Luther voll und ganz gelungen. Man hat ihn bewundert dafür, dass er in sechs Wochen das Neue Testament übersetzt hat. Doch diese Leistung ist weniger groß, glaube ich, als man denkt, denn Luther hat das griechische Neue Testament natürlich in- und auswendig gekannt.

Man gibt sich vielleicht zu wenig Rechenschaft darüber, wie wenige Bücher im 16.Jahrhundert den Menschen zur Verfügung standen. Der Buchdruck ist 1451 erst erfunden worden. Es ist eine vollkommen neue Form der Mediation und Kommunikation. Die Bibel wäre nicht »die« Bibel ohne den Buchdruck. Die Botschaft Luthers wäre nicht zu verbreiten gewesen ohne diese neue Technik. Jan Hus stand das noch nicht zur Verfügung. Die Schriften Wyclifs musste Hieronymus von Prag mühsam von Hand abschreiben und dann nach Prag bringen – als ein singuläres Exemplar. Wenn man einen solchen Text verbrannte, war die ganze Arbeit umsonst. Es war damals wirklich möglich, Ideen auszurotten, indem man Bücher verbrannte und notfalls Menschen gleich mit, damit sie keine neuen schrieben.

Das ist in den Tagen Luthers bereits deutlich anders. Es gibt von einer Idee so viele gedruckte Exemplare, dass man sie nicht mehr ohne weiteres ausrotten kann.

Die Wichtigkeit der Bibel als eines kritischen Maßstabs gegenüber der Kirche ist für Luther in einer langen Tradition gewachsen, Sie haben völlig recht: Das geht mit Waldes los im 12. Jahrhundert, mit dem Wissen, dass die Bibel zu schade dafür ist, dass man sie den Schriftgelehrten überlässt. Man muss sie selber lesen, man muss sie dem Volk bringen, damit es einen Maßstab gewinnt. Man wird misstrauisch der Kirche gegenüber gerade beim Lesen der Bibel. Man muss die Bibel als Wort Gottes in sich aufnehmen, um einen Maßstab für die Kirche zu finden. Ab sofort ist die Bibel nicht mehr die einfache Wahrheit, die in schönen Bildern an den Kirchenwänden als Biblia Pauperum erläutert, wie gut doch alles in den Händen von Papst, Bischöfen und Kardinälen aufgehoben ist. So kann es nicht sein. Fortan braucht man das Volk als Kronzeugen, um die neue Wirklichkeit, die man mit Christus verbindet, in Gültigkeit zu heben. Drum hat Wyclif die Bibel übersetzt ins Englische; bei den Lollarden in Südengland, einer revolutionären Armutsbewegung, spielt das die größte Rolle. Jan Hus muss eine eigentliche Übersetzung nicht versuchen, Mathias von Janov hat da in Prag schon vorgearbeitet. Luther aber übersetzt ins Deutsche, und das hat eine eigene Sprachgewalt, die bis heute nachwirkt.

Die Sprache der Übersetzung

Wenn wir Luthers Werke heute lesen, ist seine Sprache natürlich eingedeutscht in das Deutsch des 20./21. Jahrhundert. Es fällt uns schwer, die Luthersche Sprache im Original des 16. Jahrhunderts zu lesen. Aber sie hat, wie jeder mitempfinden kann, eine unglaubliche Treffsicherheit. Die Schwierigkeit beim Lesen besteht mehr oder minder in der Grammatik, die Syntax ist anders konstruiert, die Sätze bauen sich und generieren sich anders, als wir es heute tun. Manche Wörter sind natürlich auch ungebräuchlich geworden oder haben sich in ihrer Bedeutung geändert. Aber damit beginnt die eigentliche Übersetzungsleistung Luthers. Er weiß um die große Schwierigkeit, die die Biblizisten sich aufladen, indem sie alles wörtlich übersetzen, so wie es dasteht. Ein solches Vorgehen kann schon deshalb falsch werden, weil es nur wiedergibt, was Wort für Wort dasteht. Man muss den Sinn verstehen, man muss ihn adäquat ausdrücken, in einer oft ganz anderen Sprache als der ursprünglichen. Deutsch ist nun mal nicht Griechisch, und Griechisch ist nicht Hebräisch.

Über den letzteren Unterschied – zwischen Griechisch und Hebräisch – allerdings macht sich Luther viel zu wenig Gedanken; dieser Unterschied ist weit größer noch als der zwischen Griechisch und Deutsch. Luther ahnte an dieser Stelle wohl kaum erst die Probleme, die da für eine korrekte Übersetzung bestehen. Aber wie kann man »dem Volke aufs Maul schauen«, wie er sich ausdrückte im »Sendbrief zum Dolmetschen« im Jahre 1530? Zu der Zeit ist seine Bibelübersetzung neun Jahre lang schon in den Druckereien, und er gibt sich noch einmal Rechenschaft, weil er für seine Leistung auch angefeindet wird. Er hat anders übersetzt, als offiziös im Katholizismus die Bibel vorliegt. Die übersetzt wesentlich aus der Vulgata, aus der lateinischen Übersetzung des Hieronymus, und die Kirche baut auf dieser Übersetzung ihre Dogmen auf.

Ich gebe, um das zu beleuchten, mal einen Punkt wieder, von dem viel abhängt und der Luther auch voll bewusst ist. Es geht um Lukas 1,28. Da steht geschrieben – so reflektiert er viele Jahre später im »Sendbrief zum Dolmetschen« – : »Es wird gesandt der Engel Gabriel nach Nazareth in eine Stadt in Galiläa« – nun geht es schon los – »zu einer Jungfrau«?, »zu einem jungen Mädchen«? Griechisch steht da »Parthenos«, das ist Jungfrau; aber es ist übersetzt aus Jesaja 7, und da steht auf Hebräisch »alma«, das junge Mädchen. Wie also übersetzt man? Es hängt viel davon ab. Und dann: »Der Engel spricht zu ihm (dem Mädchen).« Wie spricht ein Engel? Im Lateinischen bis heute beim Angelus-Gebet der Katholiken dreimal am Tage ist der Wortlaut ganz eindeutig: »Gegrüßet seist du, Maria, du bist voll der Gnade.« Doch Luther weiß: So stimmt es nicht, so steht es im Griechischen nicht da. Außerdem geht eine Redewendung wie »voll der Gnade« im Deutschen überhaupt nicht. Bei »voll der Gnade« denken die Deutschen sofort an ein gefülltes Bierfass, meint Luther; eine solche Übersetzung schafft eine falsche Assoziation; so kann nie eine ordentliche Übersetzung lauten. Zudem: Griechisch steht da das Partizip Perfekt eines Verbs, das aus dem Hauptwort »Gnade« abgeleitet ist, »kecharistoméne«, von charis = Gnade. Ich gebe die möglichen Übersetzungsvarianten einmal frei wieder – so schreibt Luther nicht wörtlich, aber so sind seine Gedanken: Man könnte das Wort übersetzen als Perfekt Passiv von Gnade, mit: »du Begnadigte«; aber dann wäre Maria wie ein Galgenstrick gewesen und wäre im letzten Moment aus der Kerkerzelle befreit worden durch einen Machtspruch des Gouverneurs. So etwas kann der Engel nicht gemeint haben, und so begrüßt man auch kein junges Mädchen. Besser schon könnte man das Wort übersetzen mit: »du Begnadete«; doch dann wäre Maria so etwas wie ein Mozart oder Beethoven – ein noch unerkanntes Genie. Auch das wird der Engel nicht gemeint haben. Also kommt man mit dem Wort »Gnade« an dieser Stelle überhaupt nicht weiter. Wohlgemerkt, Gnade ist der Inbegriff der ganzen lutherischen Theologie. Es gibt kein Wort, das Luther kostbarer gewesen wäre, aber hier findet er, in Lukas 1,28, kann man es nicht verwenden. Also schreibt er: »Ich hätte schreiben sollen« – denn 1521 hat er geschrieben: »du Holdselige«, und das ist ein reines Kunstwort –, also: »Ich hätte schreiben sollen, der Engel sagt: ›Es grüßt dich Gott, du liebe Maria‹.« Das ist wunderbar. So kann Luther reden, wenn er sich Mühe gibt, etwas zu verdichten. »Es liebt dich Gott« heißt: »Gnade« ist identisch mit dem kostbarsten Wort, das im deutschen Mund geführt werden kann: Liebe. Und die ist von Gott her. Gnade ist, dass Gott dich liebt.

Das hat Luther in seiner Theologie nie so einfach ausgedrückt; aber das steht für ihn plötzlich in der Bibel bei richtiger Übersetzung. Es bedeutet vor allem, dass Gott gar keine andere Sprache redet als die der Menschen. Wenn ein Mensch einen anderen in die Arme schließt, redet er zu ihm, weil er ein Liebender ist, die Sprache eines Engels. Und wenn je ein Engel einem Menschen erscheint, redet er die Sprache der Liebe. Es gibt den Unterschied nicht mehr zwischen heilig und profan. Genau das, was Luther die ganze Zeit will: den Raum im Séparée des Sakrosankten, wo die Kleriker ihre eigene Melodei aufführen, zu öffnen für die Sprache des Volkes, das das alles nicht versteht, aber zum Gehorsam gezwungen wird – genau das geschieht hier. Mit einemmal entsteht in einem einzigen Wort die Erfahrungseinheit, wie Göttliches und Menschliches zusammengehört. So etwas geschieht mit Maria in Nazareth, als ihr der Engel erscheint, bei einer korrekten Übersetzung der Stelle. Dann wird Luther sogar noch ein Stückchen chauvinistisch und behauptet: »Dieses Wort haben nur wir Deutschen: du Liebe.« Dasselbe Wort haben die Franzosen: aimée, das haben die Russen: lyubowa, das haben alle Sprachen. Aber Luther besteht darauf: »Wir Deutschen haben es. Es grüßt dich Gott, du liebe Maria.«

Eine solche Übersetzung ist wunderbar, weil man auch mitempfindet, wie Luther plötzlich bei sich selbst zu Hause ist. Zur Muttersprache gehört das Gefühl der Geborgenheit. Muttersprache heißt, dass man Gott reden hört, so wie es in einem selber ist. Eine derartige Erfahrung ist pfingstlich zu nennen.

Ein einziges Wort der Bibelübersetzung hat eine solche Wirkung. Nun muss man nur noch schildern, was davon abhängt. Aus der Formulierung des Lateinischen »gratia plena« – »voll der Gnade« wird um 1871 das Dogma der unbefleckten Empfängnis, denn es steht ja da: Maria ist »voll der Gnade«. Was ist »voll«? Wir nehmen eine Kaffeetasse und füllen sie bis obenan; wenn sie dann voll ist, kann eine Beimischung anderer Flüssigkeit nicht statthaben. Also: Wenn Maria »voll ist der Gnade«, ist eine Beimischung von Sünde ausgeschlossen. Es folgt aus dem Wortlaut »voll der Gnade« mithin die Unsündlichkeit Mariens. Und wenn dies so ist, folgt gleichermaßen logisch, dass auch die Konsequenzen der Sündigkeit Maria nicht erreicht haben. 80 Jahre später, 1950, wird man daraus ableiten, dass Maria von der Folge der Erbsünde, von der Verweslichkeit des Körpers, nicht heimgesucht wurde, sondern davor bewahrt blieb durch die leibliche Aufnahme in den Himmel.

So hängen die Dinge zusammen, und sie hängen an einem einzigen Wort, das im Griechischen nicht dasteht und das im Grunde genommen eine Fehlübersetzung im Lateinischen ist. Luther hat, wie gesagt, nichts gegen die Verehrung der Maria. Sie stand ihm sehr nahe; aber gegen schlechte Übersetzungen und falsche Argumente war er allemal. Dass Maria erbsündenfrei sei, gegen ein solches Dogma hätte er theologisch absolut nichts einzuwenden gehabt: Wie soll eine Frau den Erlöser gebären, ohne dass sie selber etwas ganz Besonderes in der menschlichen Geschichte ist? Aber dass ein solches Dogma aus einer Stelle folgert wie Lk 1,28 und in dieser Weise eine falsche Übersetzung wählt, geht philologisch nicht durch, und so ist es auch mit Luther nicht zu haben.

Nehmen wir ein anderes Beispiel, auf das Luther besonders stolz war. In Mt 12,34 heißt es mal: »Aus dem Überfluss des Herzens redet der Mund«. So steht es wörtlich da. Aber wie übersetzt man es? Luther lässt sich einfallen, dass die Nominalphrase ersetzt werden sollte durch eine Verbalform. »Wes das Herz voll ist, der redet«, schreibt er; und jetzt hat das Wort »voll« natürlich eine wunderbare Bedeutung. Der Satz ist rein ins Verb gebracht; das freilich ist im Grunde keine Übersetzung mehr, das ist schon fast eine Paraphrase. Die Frage entsteht: Was kann man sich erlauben als Übersetzer? Auch das Griechische des Neuen Testaments könnte oft eleganter sein. Darf man Stellen glätten, die sprachlich schlechtes Griechisch sind? Ein Altphilologe wird das Neue Testament insgesamt nicht gerade als sprachlich besonders hochstehend einstufen. Vieles ist im Griechischen dort sogar falsch aus hebräisch-aramäischen Vorlagen übersetzt. Es basiert auf Missverständnissen, die oft folgenschwer sind. Wie soll man in solchen Fällen übersetzen?

Ein weiteres Beispiel, wie Luther – angeleitet auch von Melanchthon, der ihm im Hebräischen zur Seite gestanden hat – im Alten Testament übersetzt, bietet gleich zu Beginn der erste Satz, Gen 1,1: »Im Anfang schuf Gott …« Hebräisch steht da: et hasch-schâmajim we-'et hâ-'âräz – »den Himmel und die Erde«. Und so wird es auch in der ökumenischen Einheitsübersetzung wiedergegeben. Es ist aber keine gute Übersetzung, weil es den bestimmten Artikel im Hebräischen stehen lässt. Luther spürt, dass im Deutschen der bestimmte Artikel die intendierte Aussage verkleinert. »*Der* Himmel« wäre der Himmel als etwas Bekanntes, und »*die* Erde« wäre etwas Bekanntes als die Erde. Der Artikel muss weg. Und so übersetzt Luther: »Im Anfang schuf Gott Himmel und Erde«. Das ist total, da gehört kein definierter Artikel mehr hin. Das ist das All. So muss man übersetzen. – Was Luther an dieser Stelle nicht gemerkt hat, ist theologisch von größter Tragweite: Man muss auch »im

Anfang« anders übersetzen, denn »Anfang« bringt sofort die Vorstellung der Zeitreihe mit sich. Daraus entsteht das Problem der Deisten und der Theisten: Hat Gott sich, nachdem er am Anfang die Welt geschaffen hatte, späterhin zur Ruhe gesetzt? Gemeint ist: Gott schafft immer; aber dann müsste man sagen: *Ursprung* von allem ist Gott. Er hat nicht am Anfang die Welt geschaffen, er ist der Schöpfer von allem. »Ursprünglich« müsste man deshalb übersetzen, anstatt »im Anfang«; »wesentlich« könnte man sagen: Statt »in principio« müsste man sagen »a principio«; prinzipiell schafft Gott Himmel und Erde. Und aus dem hebräischen Perfekt bârâ' »hat geschaffen« müsste man im Präsens sagen: »schafft Gott«.

Wie übersetzt man? Das bleibt eine dauernde Frage. Es liegt eine ganze Theologiegeschichte schon im ersten Wort der Bibel; es liegt ein ganzer Katarakt von Dogmen in einem einzigen Satz. Und ich behaupte, dass Luther uns zumindest zeigen kann, was davon abhängt, wie man einen einzigen Bibelsatz, ein einziges Bibelwort nuanciert ins Deutsche überträgt. Dafür kann man ihm nur dankbar sein. Das verdankt er selbst den Humanisten mit ihrem Motto »ad fontes«, zu den Quellen, das in der gesamten Zeit der Renaissance in Geltung stand. Wir müssen Griechisch, Lateinisch, Hebräisch wiedergewinnen, um die Worte der Bibel korrekt zu übertragen. Luther hatte eine besondere Sensibilität dafür, was davon abhängt, wie man richtig redet, und was man anrichtet, wenn man falsch redet.

Ich glaube, dass das auch die protestantische Theologie heute noch ausmacht, der sprachliche Umgang mit der Bibel, mit dem Wort, während man in der katholischen Theologie ja weitgehend das Griechische, das Hebräische vernachlässigt, gar nicht mehr einfordert.

Ich fürchte, dass Sie mehr recht haben, als in Ihrer Stellungnahme jetzt liegt; denn ich bin mir sicher, dass nach dem Zusammenbruch des humanistischen Gymnasiums in den letzten 20 Jahren die Protestanten ihre eigene Grundlage verlieren allein durch diesen Wandel in den Bildungsvorgaben der Schulen. Sie haben keine Studentenschaft mehr, die noch ordentlich Latein lernt, ganz sicher nicht Griechisch und schon gar nicht Hebräisch. Die heutigen Theologiestudenten mit ihren eingekürzten Sprachkursen sind allenfalls imstande, dass sie einen Kommentar nachschlagen können oder auch in der Konkordanz blättern können, aber sie sind völlig außerstande, sich im neutestamentlichen Griechisch oder gar im Hebräisch der Bibel auszukennen.

Obwohl es ja ein Leitsatz Martin Luthers war: Sola scriptura, also das Herzstück allen theologischen Denkens, allen christlichen Lebens ist die Bibel. Das wäre dann auch etwas fundamental Neues. Die Bibel, die jeder auch persönlich erschließen kann.

Was allein die Bibel sagt

Die Bibel ist für Luther der wirklich fortlebende Christus; das ist nicht die Kirche Roms, das ist allein die Bibel, das heißt: das Neue Testament. Das ist so evident für ihn wie der Anfang des Johannes-Evangeliums. Auch da muss man übersetzen: »Im Anfang war das Wort«. Doch gemeint ist: »Wenn Gott redet, hat er dafür ein wesentliches Sprachrohr, eigentlich das einzige, in dem er unmissverständlich sich zu Worte bringt: Christus. Er ist *wesentlich*. Er ist nicht nur der Anfang, er ist der Kern von allem.« So meint das Johannes.

Und daraus ergibt sich eine Gegenüberstellung, die Luther selber auf den Nägeln brennt: Wer in der ganzen Welt redet denn, was Gott zu sagen hätte? Niemand. Es ist wirklich wie im Johannes-Evangelium: »Das Licht kommt in die Finsternis, und die Finsternis kann es nicht ergreifen.« Wir leben lieber in der Blindheit, als dass wir uns dem hellen Licht aussetzen, weil sonst die Augen schmerzen würden. Lieber leben wir wie in Platons Höhlengleichnis als Gefangene und Geknechtete, als dass wir es riskieren, in die Freiheit Christi entlassen zu werden. Der Kern von allem: Nirgends, weder in der Geschichte der Natur noch in der Geschichte der Menschen, wird dem Einzelnen gesagt, was in der Person Jesu fühlbar gegenwärtig wird: »Du bist in deiner Kleinheit und Zerbrochenheit ein von Gott Angeredeter.« Nirgendwo wird das gesagt. Aber in der Gegenwart Christi wird es zur erlebten Erfahrung. Und deswegen nennt das Johannes-Evangelium Jesus »das Wort«, und davon wird berichtet im Wort des Neuen Testamentes. Wer das liest, begegnet Christus. Im Hören auf Christus kann es nicht mehr falsch werden. Das ist die sichere Grundlage: Jesus.

Was dann daraus wird, kann weder bei der Welt noch bei der Kirche stehen – *die* hat genug gelogen; sie hatte 1500 Jahre Zeit zu zeigen, wie sie es mit Christus hält. Sie hat die Bergpredigt nicht genommen als einen Wallfahrtsort, auf den man mindestens sich hätte zubewegen sollen, sondern als einen Sprengsatz, um davonzustieben mit Siebenmeilenstiefeln; sie wusste es in allem besser. Also braucht man unbedingt die Bibel, damit man eine sichere Grundlage zur Existenz findet. Wer auf die Kirche hört, wer auf den Papst hört, was soll der lernen, außer dass alles ein ebenso hehres wie leeres Ideal ist, was Gott im Neuen Testament geschrieben hat? Die kirchlichen Ausleger wissen alles besser und behaupten am Ende noch, sie seien die wahren Nachfolger Jesu Christi. Also kann man doch nur sagen: Entweder ihr ändert euch, oder es fahre der Teufel drein.

Luther begann in Wittenberg mit dem Alten Testament. Das war seine erste Aufgabe. Er sollte die Exegese des Alten Testaments lehren. Aber im Laufe seiner Tätigkeit hat das Alte Testament ja ein

Stück weit an Bedeutung für ihn, glaube ich, verloren. Wie war denn seine Korrespondenz Altes Testament – Neues Testament? Wie hat er dieses Verhältnis gedeutet? War das Alte Testament eine Verheißung und das Neue Testament dann die Realisierung?

Das ist ein altes Deutungsschema, das Luther nicht erfunden hat, sondern das sich in der Väterexegese schon entwickelt hat und zum Teil auch im Neuen Testament bereits vorbereitet ist; mit Recht hat man das Neue Testament einen alttestamentlichen Midrasch genannt. »Die ganze heilige Schrift ist von Gott durchgeistet«, heißt es 2 Tim 3,16; also interpretiert man Jesus im Neuen Testament schon bei Paulus im Schema von Verheißung und Erfüllung.

Vor allem ein Problem soll auf diese Weise gelöst werden: wie Jesus der Messias sein konnte, wo er doch von den Juden und den Römern ans Kreuz geschlagen wurde. Die Lösung soll darin liegen, dass es im so genannten Alten Testament genügend Hinweise darauf gibt, dass es genau so mit Jesus kommen musste. Eine Schlüsselszene dafür ist Lukas 24, der Gang des Auferstandenen mit den Jüngern nach Emmaus. Die Jünger sind verzweifelt über das, was sich in Jerusalem ereignet hat. Und der Auferstandene erklärt ihnen, dass sich in seiner Passion der Wille Gottes vollzogen hat, wie er in den Schriften (des Alten Testamentes) schon dargestellt war. Sein Sterben ist nicht die Widerlegung Gottes, es ist die Erfüllung all dessen, was die Propheten bereits durchgemacht haben, was die leidenden Gerechten, der Gottesknecht bei Jesaja 51 zum Beispiel, durchgemacht haben. All das sind Hinweise darauf, dass Jesus gekreuzigt werden musste, um die Wahrheit Gottes unter die Menschen zu bringen. In diesem Schema von Verheißung und Erfüllung interpretiert man von Christus her jetzt die Spuren, die vom Alten Testament auf ihn hinführen. Das alles geschieht wohlgemerkt ohne Billigung der jüdischen Exegese, doch gerade so entwickeln sich die frühen Christen.

Sie könnten sich dabei berufen auf eine Hermeneutik, die bereits bei Philo von Alexandrien entwickelt worden ist: Philo versuchte, die Bibel mit dem Hellenismus zu verbinden. Und das konnte gar nicht anders erfolgen als dadurch, dass er viele Stellen symbolisch zu deuten begann; wie die antiken Mytheninterpreten seiner Zeit las er auch die Bibel nicht länger wörtlich, sondern er sah in ihr Bilder, die im Grunde etwas ganz anderes sagen, als sie dem Wortlaut nach sagen, die eben allegorisch sind und dadurch eine geistige Bedeutung gewinnen. Auf diese Weise versuchte Philo, die Bibel für gebildete Hellenisten als ein lesenswertes Buch erscheinen zu lassen. Für ihn ist Moses überhaupt der erste große Philosoph, und die griechischen Philosophen folgen nach seiner Darstellung dem jüdischen theologischen Ansatz in der Bibel.

Das alles lag Luther über eine lange Zeitersteckung hin geistig voraus. Das muss er nicht neu erfinden. Im Gegenteil, er wehrt sich zu recht gegen eine unsachgerechte Allegorisierung der Bibel, wie sie in der Väterexegese und dann bis in seine Tage hinein betrieben wurde. Luther ist das Reden von »grünen Ochsen« leid. Was er demgegenüber als Chance genutzt hat, leider ohne es konsequent durchzuführen, ist die Existenzialisierung der Bibellektüre. Die Psalmen zum Beispiel reden nicht auf jeden Einzelnen hin; sie haben, wenn sie »ich« sagen, zumeist das Volk Israel im Sinn oder den König oder andere kollektive Größen. Bei Luther aber personalisiert sich diese Aussageweise auf den Einzelnen; bei ihm sind die Psalmen Gebete, gesprochen im Herzen, verkündet vor allen.

Der fromme Luther?

Absolut ist das Gebet Teil der Frömmigkeitsgeschichte Martin Luthers. Unabhängig davon kann man ihn überhaupt nicht verstehen. Er ist ein Gläubiger, ein Glauben Suchender, der sich festmachen möchte an Gott, und das geschieht im Gebet

ebenso wie in der Auslegung der Bibel. Beides ist ein und dieselbe Form der Annäherung an das Göttliche. Was dabei hätte
geschehen können, geschieht allerdings leider nicht. Luther
hätte die Prophetie im Alten Testament nicht einfach als Vor-
hersage für die Gestalt Jesu nehmen müssen, die über sonderbare allegorische Brücken das Christusschicksal vorwegnimmt
und präludiert ...

Er stand da schon in einer Tradition. ...

Richtig, da ist er sehr abhängig von der ihm vorliegenden Tradition – man kann nicht erwarten, dass ein Mensch am Rand
des Mittelalters überall Neues findet, das in der Neuzeit sich
bestätigt. Aber Luther hätte sich selber weiter folgen können,
indem er den existenziellen Ansatz vor allem seiner Psalmen-
interpretation an das ganze Judentum, an die ganze Bibel, an
das Alte Testament herangeführt hätte; dann wären die Prophetengestalten unglaublich sprechend für ihn geworden. Jan
Hus hätte ihm das in gewisser Weise vormachen können. Dessen Liebling war der Prophet Ezechiel. Für Luther hätte unbedingt Jeremia der Prophet der Wahl sein müssen. In Matthäus 16 fragt Jesus die Jünger: »Für wen halten die Leute
mich eigentlich?« Und die antworten mit allem Möglichen,
unter anderem, nur bei Matthäus, mit: »Jeremia«. Jesus als
zweiter Jeremia! Da hätte Luther sein Kernthema finden können. Der Gedanke des neuen Bundes – da hätte er gestanden!
Jeremia 31 nebst allem, was er dazu zu sagen hat, ist ur-jüdisch.

Der Neue Bund: die Vision des Jeremia

Die Geschichte spielt im 6. Jahrhundert vor Christus. Die gesamte Strafetheologie des sogenannten deuteronomistischen
Geschichtsbuchs (vom 5. Buch Mose an die Bücher Josua,

Richter, 1 und 2 Samuel, 1 und 2 Könige) ist am Ende. Diese Theologie sagt: Gott straft, wenn das Volk wieder einmal »abhurt« – das heißt: Wenn Gott untreu wird, dann holt er Leute wie den babylonischen König Nebukadnezar und schwingt die Peitsche der Züchtigung, dann verbrennt ganz Jerusalem. Aber jetzt ist es genau so gekommen: Es gibt keinen Tempel mehr, in dem man beten könnte, es gibt keine Priesterschaft mehr, die zu Gott vermitteln könnte, es gibt keine Schriftauslegung mehr, die Gott erklären könnte. Alles, was tradierte Religion war, ist im Jahre 587 am Ende. Wenn es irgendeine Situation geistesgeschichtlich auf dem Boden der Bibel gibt, die der lutherischen aufs Haar gleicht, dann wäre es diese. Jeremia kommt dahin zu sagen: »Gott selber muss neu beginnen; nichts geht mehr, wie es war; alles, was wir bisher gehört haben, kann nur den Babyloniern Recht geben. Ihr Gott Marduk ist halt stärker als unser Jahwe. Gesiegt haben die Babylonier, nicht wir.« Doch die Fragen gehen weiter: »Wo wohnt jetzt Gott? Ganz sicher nicht auf dem Schlachtfeld, ganz sicher nicht in der Staatsmacht. Das alles haben wir geglaubt, und es ist erkennbar falsch. Wo ist Gott?« Jeremia beginnt zu glauben, dass Gott aufhört, entlang den Zehn Geboten und den über 600 Gesetzen des Moses die Menschen zu richten. Die Gesetze sind in Stein gemeißelt worden, und sie erreichen schon deshalb den Menschen nur von außen; von oben nach unten, vom Sinai herab in die Furcht der Menschen hinein wurden sie gepredigt, unter Wolkendräuen und Donnergrollen.

Absolute Äußerlichkeit. Da sind wir wieder bei Äußerlichkeit und Innerlichkeit.

Es herrscht in der tradierten Gesetzesfrömmigkeit die absolute Äußerlichkeit. Es handelt sich um die pure Außenlenkung, um einen Gehorsam, der erzwungen wird in Angst. All das kann nie von innen kommen, und so kann es die Menschen innerlich nur weiter zerspalten. Das sieht Jeremia. Der ganze Aufbau der bisher überlieferten Religion kann nicht zur Erlösung der Menschen beitragen, er löst nicht ihren Grundkonflikt von Angst, Misstrauen und Ambivalenzgefühlen aller Art. Wenn Gott jetzt neu anfängt, dann ganz im Inneren: also kein Tempel, keine Priesterschaft, keine Schrifterklärung. Im Herzen der Menschen, da schreibt Gott seine Wahrheit. Wie aber redet Gott? Jeremia erklärt es: Was Gott sagen wird, ist Vergebung. Das ist das neue Wort, nicht Gerechtigkeit, nicht Strafe, nicht wieder Dreinhauen – in dieser Logik kann es nicht weiter gehen, sondern: Vergebung. Und wie lernt man die? Von jedem Kind, das im Hof spielt, sagt Jeremia, von jeder Küchenmagd am Herd, einfach indem man Menschen sieht und auf ihre Not eingeht. Dann weiß man, was Gott zu sagen hat, und das schreibt sich ins Herz der Menschen. Da steht es dann für alle Zeiten. Über diesen Neuansatz lässt sich nicht diskutieren. Er ist absolut evident. So muss es sein. Es ist wie ein Licht in der Finsternis.

Wenn wir vom Neuen Testament sprechen, ist das nur die Übersetzung des Wortes von Jeremia 31 »der neue Bund«; und wenn wir sehen, wie Jesus angeredet wird als zweiter Jeremia, bietet diese Tatsache die Erklärung für alles. Insbesondere: Es gibt jetzt den Graben nicht mehr, den Luther später unüberbrückbar findet zwischen der Botschaft der Befreiung Jesu im Evangelium und dem Gesetzesglauben Israels. Dieser Konflikt wird ausgetragen und gelöst bereits im 6. Jahrhundert vor Christus in der Prophetengestalt des Jeremia.

Haben Sie eine Erklärung, warum Luther das nicht sieht?

Ich denke, er ist der Gefangene der Interpretationsweisen, die er hermeneutisch angetroffen hat. Er hat viel getan, vor allem um die allegorische Schriftinterpretation der Väterexegese beiseite zu tun und die besagten grünen Ochsen abzuschaffen. Diese Zeiten sind vorbei. Man muss die Bibel wörtlich nehmen, richtig. Doch damit wird die Chance, die Prophetentexte zu existenzialisieren und auf Christus hin zu lesen, leider zugunsten des Schemas von Prophetie und Erfülluung zu sehr vernachlässigt.

Wer hat das denn entdeckt?

Paulus hat diesen Typ von Schriftenauslegung durchlebt. Paulus ist für Luther derjenige, der Christus wesentlich verkündet und die Brücke zu Christus eröffnet, nicht so sehr die israelitischen Propheten. Die mahnen Israel, aber sie haben erstaunlich wenig Luther selber zu sagen, außer wenn er sie argumentativ benutzt mit einzelnen Aussprüchen. Da ist er natürlich sehr belesen und bewandert. Aber das, was im Kern gemeint ist, das Schicksal der Propheten als die Vorbereitung, um Christus zu verstehen, lässt sich nicht schematisch nach Weissagung und Erfüllung interpretieren, sondern nur in existenzieller Verdichtung, in einer Gleichzeitigkeit des Gottesbezuges und des Selbstverständnisses. Wer immer Gott zu leben versucht inmitten dieser Welt, der wird es, gelinde gesagt, nicht einfach haben, der wird ein Prophetenschicksal erleiden, immer wieder. Und das spricht nicht gegen ihn, das ist seine Wahrheitsbeglaubigung.

Da sind wir wirklich wieder bei Jan Hus, mittelbar, bei Martin Luther auch, ganz sicher bei Christus und bei Paulus. In dieser existenziellen Sicht hätte natürlich die Bibellektüre eine ganz neue Dimension erhalten können. Aber das wäre wirklich neu gewesen, das war nicht vorbereitet. Luther hatte es demgegenüber zu tun mit einer Amtskirche, die sich »objektiv« verwaltet in ihrem eigenen Wahrheitsbesitz. Der zu widersprechen brauchte es Paukenschläge, die biblisch genauso kraftvoll sein mussten wie die Behauptungen der katholischen Kirche von sich selber. Wie will man ankommen, sozusagen mit Schmetterlingen gegen Panzerwagen?

Ist denn in der Zeit nach Luther von protestantischen Theologen diese Komponente der Propheten erkannt worden?

Bei dem schon mehrfach genannten Søren Kierkegaard unbedingt. Bis dahin allerdings können Sie lange suchen. Bei Kierkegaard ist das offen ausgesprochen die Kernfrage: Was ist eine prophetische Existenz beziehungsweise wie lebt man so, dass Gott dadurch zu reden beginnt? Vor dieser Frage gibt es kein Ausweichen mehr. Und nur innerhalb dieses Niveaus, wenn der Einzelne sich riskiert und darin persönlich zum Sprachrohr Gottes wird, kann Glauben werden. Die Kirche kann sich begründen nur aus diesen Einzelnen, und das ist denn tatsächlich auch die Erfahrung, die Luther mit sich selber macht: Einmal gerade zu stehen in Worms, das war der wahre Anfang der Reformation, sagten wir eingangs. Wenn das ein Mensch wagt, dann ist er dicht bei Christus, dann ist er ihm ähnlich. Dann treten Vorbild und Erfüllung zusammen. Doch das geht nur auf der existenziellen Ebene, nicht durch einen schematischen Vergleich von Bibelversen.

Sie erwähnen häufig den Begriff »Existenz«, und das scheint mir doch wichtig zu sein, auch bei Luther. Sie sehen in ihm einen Menschen, der mit seiner ganzen Existenz für seine Erkenntnis kämpft und sie zu leben wünscht.

Unbedingt. Es gibt vor allem in diesen Bereichen von Angst und Schuld erkennbar so viele Verwerfungen in Luthers Erleben und Fragen, dass der Trost, den er in der Bibel sucht, mehr als gut verständlich ist, denn wo anders hätte er Rettung suchen sollen, wenn nicht dort? Im Katholizismus, der die Thematik von Angst und Schuld niemals so radikal gestellt hat oder sie durch magische Ritualisierung zu beruhigen versucht, gibt es keine Begleitung, und im Getriebe der Staatsmacht schon gar nicht. Auch im Humanismus – in dem Besten, was an Geistigkeit damals zum Vorschein kam –, kann durch einen merkwürdig gebrochenen Optimismus gegenüber den menschlichen Möglichkeiten für die Tragik des menschlichen Daseins kein tieferes Verständnis aufkommen. Die Humanisten im griechischen Erbe leiden – Erasmus insbesondere – unter den Tollheiten der Menschen, aber ein griechischer Weiser sieht natürlich, wie Demokrit, was die Abderiten für Leute sind, und lässt sich nicht irre machen. Klar denkend und im Besitz der Freiheit ordentlich handelnd, ist in humanistischer Betrachtung ein Mensch darüber erhaben. Das ist zumindest eine Möglichkeit, eigentlich sogar eine Tugendpflicht. Die Humanisten sind davon überzeugt, dass dieses griechische Erbe gültig ist und sich fortsetzt. Es ist Luther, der dazwischenfährt und ihnen erklärt, dass die ganze Erlösungslehre des Christentums völlig überflüssig wäre, wenn es so stünde. Eigentlich hätte man in diesem Fall noch nicht einmal Moses gebraucht. Klares Denken allein hätte allemal genügt. Christus bräuchten wir dann gar nicht, außer als Tugendlehrer. In all dem bleibt Luther wirklich nur die Bibel als Zufluchtsort, die Mönchszelle und der Kruzifixus an der Klosterwand.

Zwischen Angst und Vertrauen

Und in seiner Auseinandersetzung mit der Bibel erkennt Luther die Spannung zwischen Evangelium und Gesetz. Das ist für ihn eine existenzielle Spannung. Dieses Gesetz findet er auch im Dekalog beispielsweise im Alten Testament.

Diese Spannung ist unerhört, und man tritt Luther sicher nicht zu nahe, wenn man mit Erik Erikson (»Der junge Mann

Luther«) denkt, es sei nicht zuletzt die katholische Sexual-
moral, die ihn dabei herausfordert. Da ist einmal das Erlebnis,
dass die Strenge des von außen »auf Steintafeln« verordneten
Gesetzes den Menschen bis zur Zwangsneurose hin verformt
– Luthers Neigung zum Skrupulantismus haben wir schon erwähnt. Es entsteht das wirklich paulinische Problem: Man will
und muss dauernd Dinge tun, die man nicht tun kann, und umgekehrt spürt man Triebregungen, die man abwehren muss,
aber nicht los wird, auch nicht mit Zwangshandlungen oder
mit Ritualbildungen – privaten wie öffentlichen. Man versteht
am Ende sich selber nicht mehr; eigentlich besteht man aus
lauter gutem Willen, doch dieser Wille ist nicht der eigene
Wille, sondern derjenige, der durch die Strenge der Gewis-
sensbildung in der kirchlichen Erziehung in einen hinein ge-
presst wurde. Freud wird in diesem Zusammenhang später
vom Über-Ich sprechen. Da ist etwas auf dem Boden der eigenen Persönlichkeit, des eigenen Ichs, entfremdet worden, und
das terrorisiert jede freie Handlung. In der Psychoanalyse können wir uns den Zustand absolut gut beschreibbar vorstellen.
Luther hat für solche Sachverhalte natürlich noch gar keine
Erklärung. Für ihn ist es der Teufel, der das verursacht. Aber
Gott ist es, den er sucht. In dieser Zerrissenheit lebt er. Es ist
die Angst, es ist das Schuldgefühl, es ist die Hypothek des Unvermögens, in Einheit mit sich selber zu kommen, die ihn in
Gottes Arme treibt.

Was als Problem ihn dabei bedrängt und nach Lösungen suchen lässt, nicht zuletzt in Worms, ist die brennende Frage:
Kann das wirklich so sein? Er als Einzelner steht einer ganzen
jahrhundertealten Kirche gegenüber, einem ganzen Macht-
gefüge: dem Papst, dem Kaiser, allen. Ist so etwas denkbar
überhaupt? Zur Antwort hat er wirkich nur die Bibel. Er interpretiert sie, wie gesagt, so, dass er zum Beispiel die Ablasspraxis
der römischen Kirche ablehnen muss. Aber ist das nicht vielleicht nur eine Versuchung des Teufels?

Es ist historisch beglaubigt, dass die innere Auseinandersetzung zwischen den öffentlichen Verhandlungen in Worms für Luther ungeheuer war und ihn nötigte, sich im Ringen um Gott immer wieder nur an Gott festzumachen, gegen den Teufel im eigenen Herzen, gegen die Versuchbarkeit und die Unsicherheit des Zweifels, der unvermeidlich ist in einer solchen Lage. Das alles gehört dazu, Luther als Person zu verstehen und die Größe zu bewundern, die ihn zu der Person gemacht hat, die als Reformator heute gepriesen wird. Es ist die beste Erklärung auch für sein »allein die Schrift«. Das »sola scriptura« war seine Erfahrung, dann erst seine Glaubensüberzeugung.

Wo sehen Sie seinen Zweifel, in welchen Begegnungen schlägt das durch?

Es gibt den schönen Satz aus demselben Jahr noch wie in Worms, 1521. Da hat sein Freund Philipp Melanchthon angesichts der Wirren der Reformbewegung die größten Zweifel. Erinnern wir uns an die Auseinandersetzung mit Karlstadt; dessen Anhänger plündern gerade die eigenen Kirchen – es wird immer verrückter. »Kann denn dann noch richtig sein, was wir da wollen? Hat nicht die Kirche zumindest Ordnung gehalten, während uns jetzt alles verloren geht?« Das sind wirkliche Fragen. »Was richten wir überhaupt an? Und ist nicht am Ende alles Sünde, was wir da mit Gott, mit der Bibel meinen, neu entdecken zu sollen?« Da hinein schreibt Luther an Melanchthon: »Sündige tapfer – pecca fortiter.« Das ist ein Luther-Wort, für das man nur dankbar sein kann. Natürlich wurde es in den kontroverstheologischen Debatten auf der Stelle missbraucht. »Sündige tapfer«, das sieht dem Reformator ähnlich. So ein Wort ist katholisch gesprochen eine Aufforderung, vermessentlich zu sündigen auf Gottes Barmherzigkeit. Das ist die Sünde wider den Heiligen Geist. Das kann

Gott überhaupt nicht vergeben – dass man sündigt im Vertrauen, Gott würde vergeben. Das ist das Allerschlimmste; und genau das steht scheinbar hier. Was Luther wirklich meint, ist indessen wieder nicht dogmatisch zu fassen, nur existenziell. Er will sagen: »Lieber Philipp, es ist doch jeden Tag so: Wir machen lauter Dinge, die wir am Abend im Rückblick gar nicht gemacht haben wollen. Wir haben gefehlt, wo wir hätten sein müssen, wir haben uns geirrt, wo wir jetzt ein bisschen beginnen, vielleicht klarer zu sehen, aber immer noch nicht Bescheid wissen. Wir waren mitunter ungeduldig, müde, zerbrochen, wir hatten keine Lust, wir sind unter unserem Niveau geblieben – hundert Gründe waren dafür maßgebend. So war der heutige Tag. Und jetzt bitten wir Gott, dass er es uns vergebe, weil wir es nicht ändern können. Es war so. Aber glaubst du im Ernst, der morgige Tag wäre besser? Bloß weil wir acht Stunden geschlafen hätten, wären wir neue Menschen? Wir nehmen uns mit. Es wird morgen sogar sein, dass wir mit der sicheren Aussicht in den Tag treten, dass sich alles wiederholt, nur in anderer Form. Wir hätten gar nicht den Mut, von heute auf morgen zu leben, ohne das Vertrauen in Gott, dass er uns vergibt, was wir getan haben, was wir sind und was wir tun werden. Alles steht bei Gott. In diesem Vertrauen sündige tapfer. Habe ruhig den Mut, etwas falsch zu machen. Es ist besser, etwas falsch zu machen, als wenn du gar nichts tust.«

Das bedeutet es, mit dem Mut in Gottes Vergebung in den Tag zu treten. Das ist lutherisch durch und durch.

Das Gesetz – innerlich oder äußerlich?

Luther hatte ein unglaubliches Gottvertrauen. War das seine Stärke, seine Kraft?

Er selber wird das so gesehen haben. Er hat in den Abgrund des eigenen Herzens und jedes Menschen geschaut und gar nicht anders gewusst, als dass er sich in die Arme Gottes flüchten sollte. Für ihn war Glauben nicht irgendetwas im Leben, sondern die Grundlage des gesamten Lebens. Wir können jetzt schon sagen: Auch mit seiner Bibelübersetzung will er vor allem diesen seinen Glauben den Menschen vermitteln, und zwar aus Überzeugung. Es ist kein Zufall, dass er sich als Professor in den Jahren 1515/1517, nächst den Psalmen in den Jahren 1513–1514, den Römerbrief und den Galaterbrief vornehmen wird. Das sind die Texte, in denen Paulus die Gegenüberstellung von Gesetz und Gnade durcharbeitet. Die Frage der Beschneidung spielt dabei die allergrößte Rolle und wird sich später dann auch in der Polemik Luthers gegenüber den Juden durchhalten.

Paulus setzt, um Christus zu verstehen, die Beschneidung des Fleisches als etwas rein Äußerliches und Überflüssiges beiseite. Man hat ihm immer wieder vorgeworfen, er habe dadurch das Christentum den Heiden anpassen wollen; und in der Tat, es gab im Hellenismus einen großen Zuspruch, nicht zuletzt unter den Gebildeten, dem Judentum gegenüber mit seinem Monotheismus, seiner Ethik. Vor allem bei den Frauen fand der Gottesglaube der Juden große Sympathien. Aber für die Männer war die Beschneidung ein ernstes Hindernis. Darum gab es bei der Konversion zum Judentum entsprechende Hemmnisse. Und man wirft nun Paulus vor, dass er diese Schranken schlicht abgebaut habe, um den Übertritt zu der frühen Kirche zu erleichtern: Wir haben Christus, und die jüdischen Gesetzesauflagen brauchen wir nicht mehr. Aber so zu denken wäre ein Missverständnis Pauli. Es ist jetzt wieder Jeremia, der zum Zeugnis dienen kann, denn bei ihm steht: Lasst euch doch an den Ohren, an euren Herzen beschneiden, aber nicht (nur) an der Vorhaut (Jer 4,4). Es kommt darauf an, dass Menschen für Gott in ihrer eigenen Existenz hörsam werden und die Unmittelbarkeit des Gottbezuges leben. Wenn das gilt, ist Beschneidung als äußerliches Ritual wirklich überflüssig und sogar irritierend. Denn man hat am Ende, schreibt Paulus, nur seinen Stolz darin, etwas Besonderes unter den Völkern zu sein, weil man beschnitten wurde. Die Beschneidung, erklärt Paulus, ist nicht etwas, das äußerlich, am Fleisch, geschieht, sondern Jude ist, wer es innerlich ist, am Herzen, durch den Geist (Röm 2,28–29). Bei der Beschneidung war man noch ein kleines Kind, und man konnte überhaupt nichts dafür, dass dieses Ritual vollzogen wurde, und über die Lebenspraxis sagt es gar nichts aus. Wenn es dabei bleibt, ist die Veränderung, die durch Christus zustande kommen könnte, völlig nichtig.

Das sind die Texte Pauli, die natürlich Luther jetzt ins Weite treiben, indem er im Katholizismus ganz ähnliche Züge entdeckt wie im Judentum zur Zeit Jesu oder Pauli. Denn was alles ist auch in der katholischen Kirche nicht äußerlich? Es ist dieselbe Auseinandersetzung, die geführt werden muss: Was nicht innerlich ist, was nicht persönlich ist, was nicht existenziell ist, kann nicht die Wahrheit Gottes sein. Das gilt für die jüdische Beschneidung genauso wie für das römische Amtsverständnis.

Es steht dann wieder Gotteswort gegen Menschenwort.

Absolut. Paulus redet für Luther natürlich Gottes Wort im Sinne Christi weiter. Denn gerade bei Paulus stehen da so tröstliche Dinge, wie dass der Apostel Gott bittet, er möchte ihm den Stachel aus dem Fleische entfernen. Was immer auch damit gemeint sein könnte, Luther durfte damit alle Erlebnisse seiner eigenen Gebrochenheit identisch setzen. Und dann steht da das wunderbare Wort, dass Gott Paulus gesagt habe: Es genügt Dir meine Gnade (2 Kor 12,9). Das ist für Luther das erlösende Wort überhaupt. Schon dafür lohnt es sich, die Bibel zu übersetzen.

Man hätte ein Gleiches im übrigen schon bei der Berufung des Moses im 4. Kapitel des Buches Exodus lernen können. Da verweigert sich Moses dem Auftrag Gottes, vor dem Pharao die Freiheit Israels einzufordern. Er erklärt: »Ich bin kein Mann der Worte. Nicht seit gestern, nicht seit vorgestern, auch nicht seit deinem Reden zu deinem Knecht. Denn: Schwer die Zunge, schwer der Mund – ich!« (Ex 4,10) Moses will damit sagen: Entweder erschaffst Du einen völlig anderen Menschen aus mir, oder was du von mir forderst, geht nicht. Nicht weil ich es nicht möchte. Es brennt im Gegenteil in mir wie im Dornbusch das Feuer, aber ich kann es nicht. Doch dann erklärt Gott: »Wer macht denn den Menschen blind, lahm, stumm, wenn nicht ich, Gott?« (Ex 4,11). Das ist ein Gedanke, der uns auch noch einmal hilft bei der Frage: Wie steht es mit Gottes Vorsehung? Wie ist das Böse in der Welt zu erklären? An dieser Stelle wird alles, auch die Behinderungen, die Einschränkungen, die Krankheiten, unmittelbar auf Gottes Wirken zurückgeführt. Aber nicht um in theologischer Distanz zu erläutern, wie wir kausal von Gott her die Welt erklären könnten, sondern um als Trost einem Zerbrochenen zu sagen: »Wenn es doch von mir, Gott, kommt, wie du bist, dann ist es gut genug.« Dann freilich wird Gott dem Moses sagen: »Und jetzt gehst du, und ich, ich werde mit deinem Munde sein« (Ex 4,12). Das ist gerade so viel wie bei Paulus, wenn Gott ihm sagt: Meine Gnade genügt dir. Das heißt umgekehrt: Du bist für mich gut genug, Paulus, gut genug, Luther. Werde, wie du bist, mehr muss nicht sein. Das ist es, was ich vorgesehen habe für dich, kein anderer solltest du werden, dich wollte ich. – In diesem Sinne wäre der Begriff der Vorsehung zu interpretieren. Es handelt sich nicht um ein theologisches Problem zwischen Kausalität und Freiheit, es handelt sich um ein Problem der Beziehung zu Gott in Geborgenheit.

Wir sind bei sola scriptura, allein die Bibel, das Gotteswort, das gibt ihm auch die Kraft zu sagen: An diesem Gotteswort muss sich jede Hierarchie, jede kirchliche Instanz messen lassen.

Unbedingt. Die Überzeugung gilt, dass das, was in der Bibel steht, nirgendwo sonst gesagt werden kann und gesagt wird. Und diese Ansicht herrscht speziell für Jesus und seine Botschaft.

Um das ein wenig verständlich zu machen, sollten wir uns einfach etwas umschauen. Überall in der Welt bräuchten Menschen so etwas wie Gnade, aber wo kommt sie vor? Im Grunde nirgendwo. Daher ist das sola scriptura, nur die Schrift, schon identisch damit, dass einzig in der Bibel das Wort, das die Menschen retten könnte, nämlich das Sprechen von der Gnade, artikuliert wird. Weil das nirgendwo sonst steht, gibt es halt nur die Bibel, und selbst in ihr ist diese Grundüberzeugung noch verzerrt genug. Sie ist auch da nicht einfach zu finden. Wer das Alte Testament liest oder auch Teile im Neuen Testament, kommt keinesfalls ohne weiteres auf die Idee, es ginge einzig um Gnade. Wir sollten zudem auch die fundamentalistische Verabsolutierung der Bibel oder die unhistorische Divinisierung der Bibel in den Tagen Luthers noch ein Stück kritischer reflektieren.

Geschriebenes Wort und mündliche Tradition

Vielleicht kann man in diesem Zusammenhang noch ergänzen, dass die römisch-katholische Kirche die Auslegung der Heiligen Schrift fest an die kirchliche Tradition bindet, und zwar mit dem Argument, die Bibel enthalte nicht alles, was zum Heil dienlich sei. Daher sollten die Gläubigen eigentlich froh sein, dass das Lehramt die Bibel ergänze und so das gesamte Heil vermittle und zugänglich mache.

Und auch umgekehrt, es steht vieles in der Bibel, von dem schon Paulus sagte, es sei überflüssig, wir brauchten das gar nicht. Und das ist nicht irgendetwas. Paulus reduziert z. B. die gesamte jüdische Liturgie, den gesamten Ritualdienst, er nimmt sämtliche Ritualgebote als nicht mehr länger gültig aus dem Mosaischen Gesetz. Eine solche Einstellung lässt am Ende nur noch die jüdische Ethik und den Monotheismus übrig. Alles Andere kann man reduktiv beseitigen. Wohl, es gibt in der Bibel eine Menge Beispielerzählungen, »nutziglich zu lesen«, hat Luther einmal gesagt. Aber braucht man diese Geschichten unbedingt? Unbedingt braucht man nur Christus.

Aber man muss zugeben: an einer Stelle hat die katholische Kirche recht, und man kann begründen, warum: Die Bibel ist selber Teil einer Tradition. Sie wäre nie zustande gekommen, ohne dass es Leute gegeben hätte, die von Jesus weiter erzählt hätten. Manche meinen, wie Birger Gerhardsson, ein skandinavischer Theologe in den 60er-Jahren, Teile in dem Korpus vor allem der synoptischen Evangelien basierten auf Mitschriften der unmittelbaren Hörer. Unmöglich ist das nicht. Die These unterstellt, dass Jesus wie ein Rabbi gelehrt hat, indem auch er am Abend eines Lehrvortrags oder ein paar Tage später Summaries, Zusammenfassungen, gegeben hat zum Einprägen, Formelverse, gegliedert nach Stichworten. Nach solchen Formelversen hört sich in der Tat vieles in der Komposition der Evangelien an, vor allem im Markus-Evangelium. Im 4. Kapitel zum Beispiel kann man zeigen, wie stichwortartig Jesus-Worte aneinander gereiht wurden. Also müssen diese in dieser Form irgendwie schon vorgelegen haben. Denkbar ist, dass Jesus zum Auswendiglernen bestimmte Sätze noch einmal vorgetragen hat, auf dass sie begriffen würden, Merksätze, wie in einem guten Schulunterricht: als Sicherung des Stundenergebnisses. So schreibt man etwa am Ende der Stunde drei Sätze an die Tafel, lässt diese abschreiben, und am nächsten Morgen fragt man sie wieder ab.

So ähnlich war das vor zweitausend Jahren vielleicht auch, und manches ist davon in das Neue Testament eingegangen. In jedem Falle liegt den ersten drei Evangelien eine mündliche Tradition zugrunde. Von einem bestimmten Zeitpunkt an gab es wohl auch eine Kontrolle der Überlieferung, weil je nach dem Standpunkt Jesus dieses und jenes zugeschrieben wurde. Sehr viel später kommt es dann zur Festlegung des Kanons durch die Kirche selber, damit bestimmte Wucherungen im gnostischen oder manichäischen Schrifttum abgewiesen wurden. Von diesen Überlieferungen und Schriften fehlt uns heute das meiste. Man hat Texte dieser Herkunft einfach ins Feuer getan.

Es ist also nicht einfach, mit mündlichen Traditionen umzugehen. Das Neue Testament ist in jedem Falle nur ein Ausschnitt dessen, was im 1. Jahrhundert von Christus tradiert wurde. Es gab auch damals schon eine Reihe von Überlieferungsvarianten. Das Thomas-Evangelium etwa zeigt das, und auch die Evangelien selber sind nicht einheitlich. Johannes beispielsweise weicht von den Synoptikern weit ab. Das vierte Evangelium hat überhaupt kein Interesse daran, historische Äußerungen Jesu zu transportieren. Es bietet stattdessen eine völlig eigenständige Deutung der Botschaft Jesu. Es lässt Jesus so sprechen, wie der Verfasser Jesus sprechen hört, wie aber Jesus selbst historisch nie geredet hat. Für einen Historiker ist das ein tolles Stück. Doch alles das steht im Neuen Testament und wird zusammengehalten durch eine Gemeinde, die das alles integriert, indem sie sich sagt: Wir verstehen das alles als unser Eigenes.

Auf einem solchen Identifikationsweg basiert Tradition, und ein Teil dieser Überlieferung ist zweifelsohne das Neue Testament. Wieso kann es aber dann der Schlüssel für alles andere sein, das Passepartout für jeden Seelenzugang? Die katholische Kirche hat, wenn sie sagt, das Neue Testament sei selber Tradition, historisch sicherlich recht. Aber sie müsste jetzt, statt eine solche historische Wahrheit zu statuieren, die Existenzfrage stellen: Woran halten wir uns? Ist die eigene kirchengeformte Tradition eine solche, die uns den wichtigsten Teil der formativen Phase in der Entstehung des Christentums in Gestalt des Neuen Testamentes richtig auslegt? Oder haben wir das Recht, zu beliebigen Zeiten zu sagen: Wir interpretieren die Überlieferung, wie es gerade in unserem Interesse passend wird? Dann hat der Protestantismus absolut recht: Das, was in der Bibel steht, ist verbindlich für alle Zeiten. Es bestimmt den Wesenskern einer christlichen Lebensform. Und nichts kann gebaut werden unabhängig von diesem Fundament. So hoch das Haus auch immer wird, wenn es sich nicht auf diesen Fundamentensockel gründet, baut es in die Katastrophe und kann nur den Turmbau zu Babel wiederholen. – Beide Standpunkte, recht besehen, müssten und könnten zusammenkommen, aber jenseits der Rechthaberei. Die Bibel ist das Richtmaß für jede existierende Kirche heute. Die Kirche hat nicht das Recht zu sagen: Wir erklären euch jetzt mal die Bibel so, dass es die Legitimationsgrundlage für unsere Willkür wird; in diesem Falle hat man keinen Glauben mehr, sondern eine kollektiv besetzte Ideologie im Machtbesitz von Kardinälen und Päpsten. Dagegen muss sich natürlich christlicher Widerstand organisieren. Und das tut er massiv spätestens vom 12. Jahrhundert an bis hin zu Luther im 16. Jahrhundert.

Die Christusfrage: Jesus als Zeitenwende

Ist das Neue Testament für Luther die messianische Heilsbotschaft?

Unbedingt. Jesus ist für Luther der Messias, was eine christliche Selbstverständlichkeit sein sollte, was er aber vor allem in der Auseinandersetzung mit dem Judentum sehr stark dogmatisch betont – leider wieder untreu seiner eigenen existenzialisierenden Intention gegenüber. Um mit Luther sich in dieser Frage auseinanderzusetzen, stoßen wir auf das Problem, dass die Gleichungen, die im Neuen Testament schon versucht werden, um Jesus als den Christus, den Messias, den Erfüller der messianischen Verheißungen im Sinne des davidischen Königtums aufzubauen, inhaltlich nicht verfangen. Schon die Zeitgenossen Jesu haben in dem Mann aus Nazaret keinen Messias gesehen, und vieles spricht dafür, dass auch Jesus selber sich nicht so gesehen hat. Für Luther ist Jesus gleichwohl der Messias, weil er das persönliche Leben ändert, weil er die Rettung ist, weil er die Gnade Gottes vermittelt, weil er etwas sagt, was sonst niemand sagt. In diesem Sinne ist Jesus der Konzentrationspunkt von allem: Insofern ist er der wahre König, ist er der von Gott Gesandte, ist er der Heiland der Welt.

Dem gegenüber steht die Äußerlichkeit, den Messias als eine politische Größe theokratisch zu verstehen, doch gerade diese Auffassung verbindet sich mit der jüdischen Hoffnung. Immer noch warten auch heute die jüdischen Gläubigen auf einen zweiten David, der kommen wird. Und es gibt Beispiele für diese Erwartung, etwa Anfang des 2. Jahrhunderts im Bar-Kochba-Aufstand. Da wird sogar einer der frömmsten gläubigen Juden der Zeit, Rabbi Akiba, in Bar-Kochba, dem Sohn der Sterne auf Aramäisch, nach dem Wort »ein Stern geht aus vom Hause Jakob« (Num 24,1 f.) den gottgesandten Messias im heiligen Krieg gegen die römischen Besatzer ausrufen.

Wenn das so ist, kann die Erfüllung aller biblischen Verhei-
ßungen in einer politischen Rebellion, in einem militärischen
Aufstand bestehen. Und Luther unterstellt: Das glauben die
Juden immer noch, sie glauben an den Bar-Kochba-Messias.
So wird er es auch formulieren, und dagegen richtet er sich
massiv. Wenn Christus kommt, wenn er schon gekommen ist,
dann nicht – biblisch geredet – mit Pauken und Trompeten
(Lk 17,20), mit großem Geschmetter, mit militärischem Ge-
töse, sondern ganz im Inneren. Und diese Innerlichkeit ist das
Christliche.

An dieser Stelle wäre wieder ein jeremianisches Gespräch
zwischen Christen und Juden dringend nötig, um das, was
Luther sagen will, überhaupt verständlich zu machen. Sonst
bleibt zwischen beiden ein Konstrukt bestehen, das verstellter
nicht sein kann: Man nimmt den Juden ihren Messiasglauben
weg, weil er zu politisch ist, überträgt ihn dann aber im Abendland auf das eigene Königtum – alle Könige und Kaiser sind die
allerchristlichsten Könige in messianischer Nachfolge, sie alle
sind Salomo und David. Sie machen das, was die Juden erhof-
fen, fortan in eigener Praxis gegen die Juden und erklären dann
noch, dass sie Christus folgen.

Gerade der Christusglaube soll nach Martin Luther gänzlich innerlich sein, da steht er im Erbe der deutschen Mystik
(Tauler und Seuse); doch gerade der Christus-Glaube ist in der
christlich-abendländischen Kulturgeschichte überhaupt nicht
innerlich. So wird Luther am Ende selber zum Rechtfertiger
derer, die die Juden ihres politischen Messiasglaubens wegen
bekämpfen.

Paradoxer kann es nicht laufen. Wenn wir sagen, wir müssten an dieser Stelle Luther korrigieren, dann müssten wir ihn
in Richtung der Innerlichkeit weiter zu verstehen suchen. Ein
solches Bemühen wäre etwas, das gerade auch Juden in ihrem
eigenen mystischen Erbe zutiefst verstehen: Frömmigkeit ist
innerlich. Natürlich steht ein solcher Ansatz bereits in den

Psalmen, natürlich steht er explizit bei den Propheten, natürlich sagen das im Talmud die Rabbinen. Wer hätte je etwas anderes gesagt?, könnte man fragen. Aber man kann Religion auch völlig anders verstehen, und dann sind wir bei den Auseinandersetzungen der Machtpolitik.

Um dagegen christlich zu argumentieren, könnten wir den Einzug Jesu in Jerusalem als die Schlüsselerzählung zur Interpretation des Königtums der Himmel im Sinne Jesu wählen. In Mk 11,1–11 reaktualisiert beziehungsweise zitiert Jesus den Propheten Zacharia, 9. Kapitel, Vers 9–11. Da wird, schreibt der Prophet, wenn denn jemand als Machtgestalt von Gott in die israelitische Geschichte eintritt, einer sein, der als erste Maßnahme Machtverzicht in die Praxis umsetzt. Er wird die Kriegswagen verbrennen, die Bogen zerbrechen, er wird einseitig abrüsten, und gerade das macht ihn zum Friedensfürsten. Das allein ist eine Friedenspolitik, wie sie von Gott kommt. Diese Prophezeiung führt Jesus auf, sie dramatisiert er beim Einzug in Jerusalem. Insofern könnte man ihn in der Tat für einen König nehmen. Dann wären sogar die Szenen nicht falsch, die Jesus angesichts der heiligen Stadt weinen lassen, weil, wie er weiß, in ihr kein Stein auf dem anderen bleiben wird, wenn man so weiter macht. Der Aufstand gegen Rom wird vernichtend für die eigene Bevölkerung werden, er wird aus Gott als erstes eine Schreckgestalt machen und dann einen enttäuschend ohnmächtigen Gott. Am Ende bleibt wieder nichts von dem, an das man sich geklammert hat. Doch dafür hat man am Ende die Bibel, allein die Thora, nicht einmal mehr eine heilige Stadt. An der Stelle könnten Luther und das Judentum völlig d'accord sein: Hier wie dort bleibt als Bestand allein die Bibel. Man müsste dann aber die gleiche Bibel mit der gleichen frommen Inbrunst im Inneren lesen, um zusammenzukommen.

Aber könnte für die Juden der Messias ein Mensch sein, der am Kreuze stirbt?

Absolut könnte er das, wenn man ihnen nicht dauernd vorwürfe, dass sie die Gottesmörder seien. Das Hauptproblem für das Judentum (wie für den Islam), an Christus zu glauben, ist die metaphysische Theologie, die man als Interpretament über die Person und Botschaft Jesu geschoben hat. Man hat aus Jesus Gottes Sohn gemacht. Das war ein Titel, der noch in den Psalmen gerade am Rande verständlich ist, im Königspsalm 110,3 etwa, wo es am Tag der Thronbesteigung heißt: Mein Sohn bist du, heute habe ich dich gezeugt. Aus dieser Formel, die ihre Wurzeln im Kult der Pharaonen im Alten Ägypten hat, hat man eine ganz und gar metaphysische Dogmatik abgeleitet, wie da zwei Naturen sich in einer Person miteinander verbinden. Theoreme sind das, die eigentlich kaum noch jemand versteht, auch unter den gutwilligen Christgläubigen unter den Kanzeln nicht. Die hypostatische Union zum Beispiel steht im Zentrum dieser Art von Theologie. Es ist ein Wortgebrauch, der mit »Substanz« und »Person« an jeder Stelle das Gegenteil von dem bezeichnet, was er besagen möchte; eine Konstruktion, die auch theologiegeschichtlich außerordentlich schwierig zu halten ist. Sie schließt am Ende damit ab, dass wir halt ein Geheimnis vor uns haben, das unaussprechlich ist. Wenn dem so ist, sollte man sich dann nicht von Anfang an besser an Wittgenstein halten: »Was man nicht sagen kann, davon sollte man schweigen.« »Aber es gibt viel mehr, nämlich das Mystische«, das steht auch bei Wittgenstein. So könnte man Jesus begegnen: mystisch, persönlich, innerlich. Das könnte man dann auch erläutern. Man könnte sagen: »Jesus ist ganz und gar ein Mensch. Das besagt auch das Dogma, und das widerspricht dem Judentum überhaupt nicht. Jesus ist einer von euch, von den Juden, woher käme er denn sonst? Er ist auch nicht vom Himmel gefallen, er ist bei euch in die Schule gegangen. Er hat eure Sprache geredet. Ihr selber also seid unsere Lehrmeister durch Jesus, wie denn anders? Aber dieser Jesus hat uns etwas gezeigt, das nirgendwo sonst zu sehen war. Er war wie ein Fenster, und die Sonne schien durch ihn. Darum sagen wir, er ist ›Licht vom Lichte‹. Er ist das ›Wort Gottes‹. Und wenn wir ihn sprechen lassen, den Juden zu euch, gibt es eigentlich keinen Widerspruch zwischen Christen und Juden.«

Aber so hat Luther nicht zu den Juden reden können.

Nein, absolut nicht. Er hat den metaphysisierten Christus und seinen Kreuzestod zur Erlösung der Menschen, die ganze Opfertheologie, die tradierte Theologie verwandt, um am Ende das, was er sagen wollte, als richtig zu erweisen – mit dem Ergebnis einer unsäglichen Rechthaberei auf allen Seiten. Am Ende war der Jude für Luther genauso viel wie der Papst, wie der Türke, wie all die Rotten – alles äußerlich, alles macht-besessen, alles schäbig und verlogen, eigentlich entwürdigend. Er hat das alles in bitterer Enttäuschung gehasst. Ursprünglich muss Luther wirklich am Anfang der 1520er-Jahre geglaubt haben, er sei wie Paulus unterwegs und könne bewirken, was am Ende des Römerbriefs von Paulus verheißen wird: Am Ende der Zeiten werde Gott sein Volk zurückführen zu seinem Messias, der Christus ist. Luther meinte, er könne das gerade durch die Lehre von der Rechtfertigung aus Gnade ganz paulinisch den Juden zeigen. Das war eine Weile lang seine Hoffnung. Er könne es insbesondere auch dem Papst zeigen; warum also dann nicht auch den Juden?

Es stellt sich für Luther stets dasselbe Problem: Kann ein Mensch gut werden, einfach weil er will? Im Tun der Gesetzeswerke? Oder hat Paulus recht, der Jude Paulus? Gut sein kann ein Mensch nur durch Gnade. Das müsste man Juden wie Katholiken neu erläutern. Man könnte auch sagen, dass der

Katholizismus Luther vorkam wie eine Form der Rejudaisierung der Botschaft Jesu. Auch diese These war im 20. Jahrhundert unter Exegeten lange Zeit beliebt, ehe man sie dann etwa von den 70ern an als antijudaistisch wieder aus dem Verkehr gezogen hat. Aber an sich hat diese Vorstellung nichts Antijudaistisches, sondern sie ist universell menschlich. Der Katholizismus kehrt im Grunde tatsächlich mit seiner Verdienst- und Wertelehre zurück auf einen Gesetzesgebrauch, eine Tugendlehre, eine Freiwilligkeit des Handelns, die den Ernst der Erlösungslehre von Augustinus bis Luther nicht mehr kennt, nicht mehr braucht oder nur noch formal in der sogenannten Erbsündenlehre und in der Taufpraxis beibehalten hat. Das ist nicht mehr wirklich innerlich.

Luther wollte Bekehrung.

Unbedingt. Und zwar nicht nur im Nachsprechen von Formeln, sondern in der Änderung des Lebens. Freilich, es stimmt, es reduziert sich im Erbe der Tradition, in der Luther antritt, auch bei ihm schließlich auf die vorgefertigten Schemata, auf die theologisch geprägten Vorgaben. In denen denkt er dann weiter. Das bringt ihn allerdings oft um die Gelegenheit, noch weiter geradeaus zu sagen, was er eigentlich zu sagen hätte. Er fängt dann an, mit dem Alten sich selber im Suchen nach dem Neuen im Wege zu stehen. Im Grunde müsste man Luthers Kerngedanken weiterentwickeln. Dass Luther als ein Kind der Zeitenwende Überkommenes und Kommendes nebeneinander stehen lässt, kann man ihm nicht zum Vorwurf machen, aber den Faulenzern, die sich oft in dem Schatten der Größe seiner Person ausgeruht haben, statt kreativ seine Einsichten entlang den enormen Erkenntnissen der Neuzeit zu vertiefen, denen muss man ihr Versäumnis vorhalten.

Leben aus Gnade

Für Luther stehen die Paulusbriefe, vor allem der Römerbrief, im Zentrum seiner Theologie. Warum gerade der Römerbrief?

Weil da alles drin steht, was Luther an Neuem selber einbringen mochte und was tatsächlich so weder bei Wyclif noch bei Jan Hus noch bei allen Vorgängern vor ihm so erlebnisdicht und theologisch reflektiert jemals ausformuliert worden ist.

Hat Luther den Römerbrief neu entdeckt?

Er hat ihn gleich in der Interpretation von 1515 schon in die Vorlesung in Wittenberg gebracht, und da steht im Grunde alles, was er später in der Rechtfertigungslehre darstellen wird. Es ist die Schlüsselstelle seiner ganzen Theologie.

Sein Grundprogramm.

Sein Grundprogramm ist die Erlösung, die Rechtfertigung aus Gnade. Nicht weil wir das Gute tun, aber weil Gott uns leben lässt auch mit unserer Schuld – das ist die Grunderfahrung und Grundlage der gesamten reformatorischen Lehre.

Vielleicht einfacher gesagt, aber jetzt ein Stück entfernt von Paulus: Es ist die wunderbare Interpretation, die Luther der Geschichte von der Sintflut angedeihen lässt (Gen 6,5–9,29). Also, man sieht die Welt und wie es darin zugeht. Und gerade die Frommen sagen: Wie kann Gott das zulassen! Er müsste eigentlich eingreifen. – Wohlgemerkt, wir hatten nach 1945 bis in die Theologie hinein das Problem: Kann man noch an Gott glauben, wenn Auschwitz möglich war? Wenn es einen Gott gibt, müsste er nicht eingreifen, hätte er nicht eingreifen müssen? Aber er hat nicht eingegriffen. Gibt es ihn dann überhaupt? Macht er sich nicht unglaubwürdig durch sein Nicht-

Handeln? – Es ist eigentlich dieselbe Frage, die sich Jeremia stellte: Hätte Gott nicht spätestens beim Untergang Jerusalems eingreifen müssen?

Die Antwort gerade auf solche Fragen bietet die Geschichte in Genesis 6ff., die Erzählung von der Sintflut. Da greift Gott ein. Es ist ein Gedanke, der schon im Gilgamesch-Epos vorkommt: Den Göttern wird der Lärm auf Erden zu laut, und sie wollen die Menschen, um endlich Ruhe zu haben, in einer großen Flut wieder beseitigen. In der Bibel geht die Geschichte sehr viel dichter: Gott sieht, dass die Menschen böse sind, von Jugend auf, wesenhaft also, dass all ihr Tun »raq ra«, nur böse ist. Und dann weiß Gott nicht anders, als die ganze Welt wie einen Augias-Stall auszumisten. Eine große Flut muss her, auf dass die Menschen verschwinden, um das Angesicht der Erde in den Ursprungszustand der ursprünglich gemeinten Schöpfungswirklichkeit zurückzuversetzen. Ein solches Desaster, eine solche Katastrophe wäre die Folge, wenn Gott eingreift. – Die Sintfluterzählung ist ein biblisches Spiel mit jener mesopotamischen Mythe. Denken wir uns einmal, es wäre wirklich eine göttliche Idee: Gott ist gerecht, und er sieht diese Welt, und jetzt greift er ein – es ist nicht auszudenken, was dann geschieht, es wird nichts übrigbleiben. Gott sei Dank gibt es uns noch, die davon berichten können. Und so schreibt jetzt Luther: »Das macht, dass wir nicht gar aus sind« –, dass Gott eben keine Sintflut mehr verhängt, dass Gott durch unsere Geschichte mitgeht, begleitend, verzeihend, erbarmend, rettend. *Das* ist für Luther die Wahrheit der Sintfluterzählung: Wir leben reinweg aus Gnade. Der gerechte Gott müsste tun, was in der Sintfluterzählung wirklich geschieht, er müsste eine reine Ordnung wiederherstellen, doch dann gäbe es uns nicht. Dass es uns gibt, ist schon die Bedingung, die sich aus der Gnade selber fügt als Grundlage zum Leben.

Diesen Gedanken braucht man jetzt nur weiterzuentwickeln. Das eben tut Paulus im Römerbrief auf seine Art. Eigentlich hat Paulus gar kein Recht, so zu leben, wie er ist. Denn er tut dauernd Dinge, die er nicht will, und umgekehrt: Er kann die Dinge nicht tun, die er tun soll. Wer erlöst mich aus dem Zwiespalt? (Röm 7,14–24) Das ist zugleich auch Luthers Thema, ganz ohne Frage. Das Gesetz, die moralische Anstrengung, verführt nur dahin zu glauben, man könnte das Gute tun, einfach weil man es will. Dann steht man da, Luther greift den Begriff des Paulus gerne auf, in der *kauchesis*, im sich selber Rühmen. Das ist der Vorwurf, den Paulus wirklich immer wieder den Schriftgelehrten seiner Tage macht: Sie sind so stolz darauf, dass sie das Richtige getan haben, dass sie die Gesetze eingehalten haben. Ein Pharisäer legt sich niemals des abends schlafen, ohne dass er hundert Gesetzeserfüllungen am Tage kommemorieren kann.

So steht er da. Jesus selbst erzählt einmal so etwas in dem Gleichnis vom Pharisäer und dem Zöllner (Lk 18,9–14). So war das wirklich damals, muss man denken. Und so bekämpfte schon Jesus diese Einstellung ganz im Sinne Pauli. Der gerechte Pharisäer steht vorne im Tempel und kann nur sagen: Ich danke dir, Gott, dass ich nicht bin wie dieser, der Zöllner dahinten. Das ist sein bestes Gebet. Er ist noch nicht einmal »stolz« im paulinischen Sinne, er schreibt es wirklich nur der Gnade Gottes zu, dass er so fromm und gut ist. Aber dass er nicht so ist wie dieser, der Sünder, der Zöllner, hinten im Tempel, das macht ihn zum Erwählten, das macht ihn stolz. Er ist Träger der göttlichen Erwählung. Und er ist völlig außerstande zu begreifen, wie verzweifelt Menschen sein können. Alle diese Gerechten, die jene anderen Sünder nennen, können nur verurteilen, und sie haben immer recht, und sie haben immer Gott auf ihrer Seite. Und die da draußen können ruhig verrecken. Die müssen halt zurückkehren, denn das können sie nach Überzeugung dieser Frommen. Nur: Das können sie eben nicht, erklärt Jesus, so wenig wie ein Schäfchen, wenn es sich verlaufen hat, von allein zur Herde aufzuschließen vermag

(Lk 15,4–7). Es *kann* nicht zurück, also muss man es suchen. In dieser Gesinnung bekommt Jesus es fertig, zu sagen: Dieser, der da hinten im Tempel steht, der sich gar nicht vorzuzeigen wagt, der nur bitten kann »vergib mir« und sich dabei an seine Brust schlägt, der geht vor Gott gerechtfertigt nach Hause (Lk 18,14).

Gerechtfertigt – das ist das paulinische Wort, ein einziges Mal in den Evangelien, hier: Er geht gerechtfertigt vor Gott nach Hause. Schon diese Aussage ist ein Skandal. Der Zöllner hat ja nicht sein Leben geändert, er hat nur die Unabänderlichkeit seines Zustandes vor Gott getragen. Aber so steht es wieder in den Psalmen: Ein zerbrochenes Herz, dem ist Gott nahe (Ps 51,19). Ein solches Wort kann Luther auslegen im Kommentar zu den Psalmen. Doch der bereits bestehende Skandal wird noch stärker, wenn Jesus sagt: Jener andere, der Pharisäer nämlich, geht nicht gerechtfertigt nach Hause (Lk 18,14). Das ist, wenn man so will, die Umkehrung des gesamten göttlichen Urteils mitten in der jüdischen Religion. Diese Umkehrung richtet sich nicht gegen das Judentum, wohl aber gegen eine bestimmte Form von Frömmigkeit, gegen jedes gesetzliche Denken in jeder Religion. Und das setzt sich ohne Zweifel von Jesus zu Paulus fort und von Paulus über Augustinus hin zu Luther. Das ist eine gerade Linie.

Und Christus setzt sich sowieso über jedes gesetzliche Denken hinweg.

Nicht um das Gesetz zu brechen, sondern um es überhaupt zu erfüllen. Das ist ja das Paradox, mit dem Paulus dann auch im Römerbrief argumentiert. »Schaffen wir jetzt das Gesetz ab, das sei fern von uns. Wir richten es auf« (Röm 3,31). Das Gesetz, nimmt man es als umfangen von der absoluten Güte Gottes, wird wie selbstverständlich, und nur so ist es im Einklang mit sich selbst erfüllbar.

Aber es ist ein anderes Gesetz.

Wir können zur Erläuterung dieser wichtigen Frage uns einmal an Johannes, Kapitel 8, 1 – 11 festmachen. Da bringt man zu Jesus eine Ehebrecherin, die man auf frischer Tat ertappt hat, und will, dass der Nazarener in aller Form sich zu Moses bekennt. Im Gesetz des Moses steht: Solche gehören gesteinigt (Dtn 22,12–24), wie es noch heute in manchen Gegenden des Islam der Brauch ist. Andernfalls müsste Jesus dabei bleiben, wie er bisher gelehrt hat: Da sei ein Gott, der vergebe, der gehe mit, der suche die Verlorenen. Dann aber ist er selber schlimmer als die Ehebrecherin, denn dann bricht er mit dem Wort des Moses und dem Wortlaut des Gesetzes insgesamt. Dann ist er ein Anti-Moses, ein Irrlehrer, ein Teufelspraktiker, und dann ist es dicht dabei, dass man über ihn die schlimmste Form des Todesurteils spricht.

Ich kann nicht glauben, dass diese Spannungen alle erst später in das Leben Jesu hineingelesen worden wären. Es gehört zu der Gestalt des Mannes aus Nazareth. In jener Szene bei Johannes wird er sinngemäß sagen: Ihr könnt die Frau steinigen, doch nur, wenn ihr wisst, dass ihr selber ohne Sünde seid. Das heißt, Jesus erfüllt das Gesetz im Wortlaut, indem er erklärt, es sei in seinen Strafbestimmungen undurchführbar für selber in Schuld verstrickte Menschen, die keinen Deut besser sind als die Frau, über die sie gerade urteilen wollen. Das Urteil ergeht in aller Strenge über sie selber.

Das ist so eindeutig Jesu Meinung, dass die ganze Bergpredigt damit abschließt bei Matthäus, Kapitel 7,1–15: Richtet ihr über Menschen überhaupt nicht, denn sonst müsste ja Gott nach gleichem Maßstab über euch zu Gericht sitzen. Dann gnade euch Gott, kann man nur sagen! Es kann nicht gehen.

Oder: Jesus erzählt Geschichten von einem Mann, der bei seinem Herrn derart in der Kreide steht, dass er nur eine

Rettung noch zur Verfügung hat: Schuldennachlass für alle Debiteure bei seinem Herrn (Lk 16,1–8). Was dieser Verwalter macht, ist das Gegenteil jeglicher Gerechtigkeit. Er lässt die Schuldner antreten: »Was bist du schuldig? Sagen wir: hundert Malter Weizen. Schreiben wir mal achtzig.« Wir verringern die Schuldbeträge, damit sie überhaupt abzuzahlen sind. Die Kalkulation des Verwalters ist: Ich kann mich anders nicht retten; gefeuert vom Herrn werde ich sowieso; doch wenn ich auf Kosten meines Herrn die Schulden, die die anderen bei ihm haben, egalisiere, reduziere, überhaupt nachlasse, dann werde ich mir im letzten Moment noch Freunde und Helfer schaffen. Schuldennachlass ist in Jesu Augen die einzige Rettung des Menschen vor Gott. »Vergib uns, lieber Vater, wie wir ab sofort allen vergeben.« (Mt 6,12)

Das ist der ganze Jesus, und das macht die ganze Spannung aus zwischen Gesetz und Evangelium.

Gesetz und Evangelium – das haben wir bei der Auseinandersetzung über das Neue Testament schon jetzt thematisiert, bei der Auffassung Luthers von der absoluten Bedeutung der Bibel.

Ja, das ist sein »sola scriptura«. Der Grund für dieses »nur die Schrift« ist einfach: Nur in der Bibel, im Neuen Testament besonders, stehen Geschichten und Gedanken wie die eben vorgetragenen – von der unbedingten Güte und Gnade Gottes. Und hat Luther da nicht recht? Wo steht derlei denn sonst noch? Nirgends. Die ganze Welt sagt das nicht. Die ganze menschliche Geschichte sagt das nicht. Aber das Neue Testament sagt das, der Mund Jesu sagt das. Und das zu glauben ist das ganze Leben. Darum »sola scriptura«. Auch deshalb »allein die Schrift«, weil es die Kirche, die es sagen müsste, ebenfalls nicht sagt, sondern verwässert mit äußeren Sakramenten und Ritualien, Rechthabereien und Dogmen. Eben weil das so ist, ist die Bibel als sola scriptura die norma normans non normanda, das Maß mit dem gemessen wird und selber nicht gemessen werden kann, – das Urmeter sozusagen.

Vom Ende des Opfers

Das ist der Kernsatz dieses Kapitels. Herr Drewermann, eines wollte ich doch noch ansprechen bei dem Thema »sola scriptura«, nämlich die Leidensgeschichte Jesu spielt bei Martin Luther eine zentrale Rolle. Dieser Gedanke des Leidens, das Leid, das auch jeder persönlich auf sich nehmen muss. Luther bringt ein Beispiel in seiner Schrift »Wider die Türken«, dass ein Christ, der von einem Türken gefangen wird, bitte keinen Widerstand leiste, sondern sich als anständiger Christ dort dem fügt und demütig seine Dienste tut in der Hoffnung, dass er das auch von dem Herrn Jesus später vergolten bekommt, später. Der Christ nehme das Kreuz in jeder Situation auf sich.

In jeder Situation, sogar den teuflischen Türken gegenüber, die 1526 die Ungarn geschlagen haben..

Das ist doch eine eine große Herausforderung.

Erstaunlich, ja. Und wieder ist beides zu beobachten. Das eine ist: Luther steht ganz und gar in der Tradition, die sich von Paulus her ergeben hat oder die sich sogar in den liturgischen Gesängen, die Paulus in den Gemeinden vorgefunden hat, bereits artikulieren konnte. Das schon genannte Problem der Opfertheologie durchzieht in der Tat das ganze Neue Testament. Wie ist es möglich, dass jemand, der so gütig von Gott redet wie Jesus, der Wunder wirkt durch die Nähe der Menschlichkeit, die er von Gott gewinnt, der zu uns kommt wie von den Sternen und macht die ganze Geschichte neu – wie ist es möglich, dass man den als einen Schwerverbrecher ans Kreuz schlägt? Das ist das Kernproblem der frühen Gemeinde; und da gibt es die eine Deutung, die wir schon erwähnt haben: Was Jesus durchlitten hat, ist Prophetenschicksal, es ist typisch für den leidenden Gerechten, – vor allem in den letzten Jahrhunderten des Judentums unter hellenistischer Fremdherrschaft wird diese Gestalt den Gläubigen immer evidenter. Und so kann man Jesus sehen, so geschieht es Lukas 24, 13–35 auf dem Gang nach Emmaus: Das Leiden Jesu ist die Erfüllung der Schriften im Sinne der vorangegangenen Prophetengestalten. Eine andere Interpretation aber wird von Paulus artikuliert und setzt sich im Grunde theologisch stärker durch: Diese Deutung denkt im Erbe der alttestamentlichen Priesterlogik rituell. Dieser Deutungsansatz durchzieht vor allem die Passionsgeschichten, in allen vier Evangelien. Jesus stirbt bei Johannes zum Beispiel symbolisch genau zur Zeit, da man die Passahlämmer im Tempel opfert. Jesus selber ist also das Passahlamm, das geschlachtet wird. Und mehr noch: Mit der Gestalt des Lamms Gottes, des Passahlammes, verbindet sich auch die Vorstellung vom Sündenbock, den man austreibt und auf den man all die Schuld des Volkes legt (Lev 16,5–28). Und dann ist da noch das Schlachopfer zum Sündennachlass. Da schlachtet man ein unschuldiges Tier, um es stellvertretend zu opfern für die Menschen, die eigentlich für ihre Schulden getötet werden müssten.

Diese Praktik hat im übrigen einen langen religionshistorischen Hintergrund. Man muss denken, dass die dargebrachten Opfer ursprünglich Menschenopfer waren. Im Raum der Natur hatte man Angst buchstäblich vor jedem Blitzeinschlag, ganz wie Luther es am 2. Juli 1505 bei Stötternheim erlebt hat; und man bezog ein solches Ereignis unmittelbar auf sich selbst: Was hatte die Gottheit erzürnt? Fest stand, dass man rechtfertigen musste, warum man überhaupt noch überlebt hatte. Es ist kaum anders denkbar, als dass, wenn ein Blitz neben mir einschlägt, Gott etwas gegen mich haben muss. Im ursprünglichen archaischen Weltbild ist ein derartiger Gedanke unvermeidbar. Vielleicht aber ist es in den Anfängen des menschlichen Bewusstseins noch nicht einmal Gott, es ist einfach die Natur, die da zuschlägt. In jedem Falle muss man etwas tun, um vom Schicksal verschont zu werden, und das kann man am besten, indem die gesamte Gruppe der zürnenden Gottheit ein Ersatzopfer präsentiert. Das sind ursprünglich immer Menschenopfer. Man braucht später Priester für solch eine heilige Handlung. Dass später Tieropfer dafür eingesetzt werden, hat gewiss eine lange Geschichte. In der Auffassung, dass Jesus wie das Opferlamm für Gott als stellvertretende Schuldersatzleistung dargebracht wird, ähnlich dem Passahlamm beim Auszug aus Ägypten oder ähnlich dem Sündenbock zum Losspruch der Gemeinde von ihren Freveln, führt das ritualisierte Tieropfer im Grunde wieder auf das ursprüngliche Menschenopfer zurück. Es ist eine Rearchaisierung dessen, was im jüdischen Priesterglauben im Grunde überwunden schien. Im Alten Testament wird das Menschenopfer abgelöst durch das Tieropfer, etwa in der Geschichte von der Opferung Isaaks (Gen 22,1–19), aber indem jetzt Christus stirbt wie das Passahlamm, wie das Opferlamm, kehrt man zurück zum eigentlichen Ursprung der Opferpraxis überhaupt. Das mag man religionshistorisch bedauern, es hat jedenfalls psychologisch enorme Konsequenzen, die den gesamten Gottesglauben ins Ambivalente zurückfallen lassen. Man könnte aber auch denken, es gehe hier um eine Rückkehr zu dem Urwiderspruch, der dazu gehört, dass wir Menschen sind.

So hat Luther 1517/1518 den Hebräerbrief interpretiert: Das Opfer Christi ist einmal geschehen am Kreuz, damit es nie mehr nötig ist (Hebr 10,1–18). Die Botschaft ist: Wir überwinden den Opfergedanken ein für allemal, indem wir beides tun: Wir gehen mit der Aussage »Jesus ist stellvertretend am Kreuz gestorben« *zum einen* zu den Urängsten der Menschheit an ihrem Ursprung zurück. Sigmund Freud etwa meinte, mit der

Tötung des Urvaters, mit den Ersatzopfern habe die Kultur überhaupt begonnen. Solche Gedanken kann man haben. Vielleicht begann die Religion tatsächlich mit Menschenopfern. Die Ethnologen halten da ein breites Material bereit: die Azteken etwa mit ihren unglaublich umfangreichen Menschenopfern, oder der Kult der Hainuwele auf Ceram – immer wieder werden Menschen geopfert, um Ängste zu beruhigen, um Fruchtbarkeit zu sichern, um das Überleben zu retten, um die Sonne aufgehen zu lassen. Die Opfer sind das Zentrum der ganzen Weltdeutung. Wenn wir uns da hineinbegeben vom Karfreitag aus, könnten wir die Frage wieder aufgreifen: Was bildet die Grundlage für unser Leben? Doch das ist nur die eine Seite der Medaille. *Die andere Seite* könnte man mit Luther als das Hauptanliegen Jesu nachformulieren: Wir müssen gegen die Angst, die die Menschen haben, wenn sie den Göttern oder unserem Gott opfern, begegnen mit einem Vertrauen, das alle Opfer erübrigt. Jesus wird geopfert, weil er die Opfer ablehnt. *Das* ist die Wahrheit. Zugegeben, auf diese Idee ist Luther so nicht gekommen, aber er hat aus dem Hebräerbrief zu recht herausgelesen, dass Jesus sich opferte, um die Opfer abzuschaffen. Da ward endlich ein vollkommenes Opfer dargebracht, das keine weiteren Opfer mehr benötigt. Und das ist ein Gedanke, der sich wiederum auch schon bei Paulus findet: Wir brauchen jetzt nicht länger wie im Mithraskult das Blut oder die Asche einer verbrannten Kuh (Hebr 9,11–14). Das alles ist ein für allemal erübrigt in Christus. Und dieser Gedanke setzt sich fort im Hebräerbrief, und dem wiederum folgt Luther aufs Wort.

Das heißt zusammengefasst: Das eine Opfer Christi war und ist absolut nötig, schrecklich und grausig, der Karfreitag; jeder kann die eigene Schuld an dem Crucifixus erkennen und den Richtspruch der Gerechtigkeit Gottes darin sehen; doch jetzt ist das alles zu Ende. Wir brauchen keine Priester mehr, die Opfer darbringen. – Darum ist die Interpretation auch der

Eucharistielehre bei den Protestanten eine des Mahles und nicht, wie in der katholischen Kirche, des unblutigen Opfers. Im Katholizismus ist der Opfergedanke gegen den Hebräerbrief immer wieder perpetuiert worden. Diese Akzentsetzung steht auch im Widerspruch zur Ostkirche. In der Ostkirche ist Christus der Hohe Priester am Throne Gottes, der für die Stunde der Liturgie wie der Himmel selber mit allen Heiligen herabkommt in die Gemeinde. Doch seine Gegenwart ist eine Teilhabe der Menschen an dem Sein und Wesen Gottes, nicht mehr die Darbringung eines Opfers.

Rettet das eine Opfer nach Luther alle Menschen?

Ja. Jeden, der glaubt.

Das ist ein Zusatz.

Ja natürlich; Glaube aber ist nur wirklich subjektiv in der Aneignung einer göttlichen Wahrheit in der eigenen Existenz.

Im Glauben woran? Muss er glauben an die Gnade Gottes?

Daran, dass ihm alle Schuld vergeben ist im Opfer Jesu Christi, würde Luther historisch gesagt haben. Wenn er das nicht glaubt, bleibt er halt ein unerlöster Jude oder Heide, dann wird er nie ein Christ werden, denn er glaubt immer noch, er könne sich selber retten, er könne Gutes tun, indem er sich diszipliniert und anstrengt, indem er Opfer bringt und Vorleistungen bietet.

Sakramente, Kirchenstreit und Fürstenmacht

Er braucht keinen Segen der Kirche, kein Sakrament, kein Sterbe-
sakrament, sagen wir, in der letzten Stunde.

Die Sakramentenfrage ist bei Luther nicht ganz ausgetragen.
Das Sakrament der Taufe etwa hält Luther fest – wir müssen,
wenn wir zum Glaubensbegriff kommen, darüber sicher noch
sprechen. Auch das Abendmahl hat er verteidigt, wie wir schon
erwähnt haben, gegen Huldreych Zwinglis symbolische Deutung. Die Ehe hingegen hat er als ein natürlich Ding betrachtet, nicht als ein Sakrament. Von der letzten Ölung stand für
ihn nichts in der Bibel – das tut es wirklich nicht –, also kann es
auch kein Sakrament der letzten Ölung geben. Die Priesterweihe ist mit Sicherheit von der römischen Kirche »erfunden«
worden. Er, Luther, war seinem Selbstverständnis nach ab
1520, nach der Bannandrohungsbulle »Exsurge Domine«
(Steh auf, Herr) durch Leo X., kein Priester mehr. Propheten
und Prediger – die sind von Gott, aber nicht die Kleriker. Dann
bleibt noch die Firmung, die im heutigen Protestantismus immer noch sich erhalten hat, doch eigentlich als Wiederholung
der Taufe. Das ist eine Merkwürdigkeit, die Søren Kierkegaard
entsprechend lächerlich gemacht hat: Man tauft die Kinder,
weil man Angst hat, dass man die denkenden Heranwachsenden wohl schon nicht mehr für das Christentum gewinnen
könnte. Darum muss man sie in der Kindertaufe schon zu
Christen machen, bevor sie überhaupt wissen können, was es
heißt, ein Christ zu werden. Und dann braucht man die Firmung, die man aber geschickterweise in ein Alter verlegt, wo
man zwar sein Seelenheil für alle Ewigkeit geloben soll, wo
man aber denselben Knäblein nicht auch nur hundert Dukaten
anvertrauen würde. Eine Komödie ohnegleichen!

Die er dann mitgespielt hat, mit der Kindertaufe?

Das ist ein neues Thema. Kierkegaard schlug vor, dass man das Possenstück der Konfirmation für 12-jährige dadurch vollendet, dass man den Knäblein wenigstens einen falschen Bart umklebt, damit sie aussehen wie Erwachsene, entscheidungsmächtig über ihre Ewigkeit. Die bestehende Praktik ist unaufrichtig in allem. Doch Sie haben recht: Es gibt Äußerungen bei Luther noch um 1516, die eigentlich die Erwachsenentaufe zur logischen Folge hätten. Doch das wird dann in den Widersprüchen der Wiedertäuferbewegung zurückgenommen auf die Kindertaufe, und in dieser Frage konnte Luther schließlich unerbittlich sein. Auf der Wartburg zum Beispiel wird in den 1530er-Jahren jemand gefangen gehalten, der nichts weiter ist als ein treuer Wiedertäufer. Dieser Mann rettet sogar die Wartburg vor einem Brand, der ausbricht: Er im Gefängnis sieht das Feuer und rettet die Wartburg. Die Merkwürdigkeit bleibt: Auch in seiner Sakramentenlehre konnte Luther sehr dogmatisch werden. Was die Kindertaufe angeht, hätte er sich rechtfertigen können mit der Taufe ganzer »Häuser«, von welcher die Apostelgeschichte erzählt: Trat der Familienvater der Christengemeinschaft bei, so wurde er mitsamt Frau und Kindern getauft. Doch wenn das auch bereits urchristliche Praxis war, bewegt es sich doch schon weit weg von dem Entscheidungsernst der Umkehrpredigt Jesu (Mk 1,15).

Also Luther hat in sich auch Widersprüche.

Absolute Widersprüche. Man darf nie vergessen: Er ist ein Kind zweier Welten. Er steht am Rand des Mittelalters zugleich im Aufbruch der Neuzeit. Er bereitet Neues vor und schleppt dabei doch vieles Alte mit. Er leidet an Überkommenem, er öffnet neue Wege, aber er kann deren Konsequenzen oft kaum absehen. Das ist nicht Luthers Schuld. Wir jetzt freilich, in einem halben Jahrtausend Distanz dazu, müssen uns vorwerfen, dass wir aus alldem, was Luther gesehen, artikuliert, gewollt hat, viel zu wenig kreativ gemacht haben, indem wir uns beruhigt haben, dass Luther dies und das ja schon gesagt hat, dass Luther dies und das ja schon geschrieben hat. Abschreiben kann man leicht. Neuschreiben ist schwieriger.

Hatte Luther eine Sehnsucht, in der katholischen Kirche zu bleiben? Er hat zumindest anfangs noch immer an den Papst geschrieben und gehofft.

Es ist keine Frage, dass Luther 1517 beim Thesenanschlag oder beim Vorschlag seiner anderen zeitgleichen Thesensammlungen innerhalb der Theologie über Zustände in der Kirche diskutieren wollte, die sich seiner Schätzung nach dringend ändern mussten, und dass er dabei glaubte, der Papst, wenn er sich selber ernst nehme, könne ihn da nur bestätigen und sein Programm als das eigene übernehmen. Wie weit diese Meinung utopisch war, steht dahin. Luther konnte später in Erinnerung an seinen Rombesuch im Jahre 1510/1511 sagen, er habe damals in Rom »eine Kloake der Hurerei« vorgefunden. Doch als er da war, hat er sich so nicht artikuliert. Es ist wohl eine Projektion nach rückwärts und geboren aus der bitteren Enttäuschung bereits über die Bannbulle, die ihm Leo X. am 3. Januar 1521 ins Haus stellte.

Eigentlich viel zu früh ...

... viel zu früh. Zwischen dem Thesenanschlag und der Bannbulle »Decet Romanum Pontificem« (Es obliegt dem Römischen Hohen Priester) liegen drei Jahre. Das hat damit zu tun, dass Luther schon vom 12. bis 14. Oktober 1518 zu Kardinal Cajetan nach Augsburg vorgeladen wurde. Das Gespräch verlief geradezu tragisch. Wir brauchen unbedingt, um das zu verstehen, ein Bild, wie Luther aussah als Junker Jörg auf der Wartburg. Sie haben da vor sich einen Mann, der fast verstört dreinblickt, der in so vielen Seelenqualen existiert, der um seinen Glauben ringt, der mönchisch asketisch dreinblickt, sehr anders als der spätere Luther, der wohlbeleibt sich das Leben an der Seite der Katharina Bora, »seines Herrn Käthe«, wie er sie gern nennt, gefallen lässt. Cajetans Kommentar in Augsburg lautete: »Ich mag die deutsche Bestie nicht. Sie hat so tiefliegende Augen.« Dieser feinsinnige römische Kardinal hat überhaupt nicht verstanden, wie man in solcher Einsamkeit, in solcher Verzweiflung, in solcher Seelennot Christus suchen kann. Sie müssen sich in Cajetan einen Mann vorstellen, der parfümiert, mit feinem Gewand bekleidet, ästhetisch auch darüber parliert, dass Jesus arm war und gelitten hat; natürlich sprach er vom Recht des Papstes, eine schöne Kirche, den Dom zu St. Peter, zu Ehren eben dieses Christus zu errichten. Cajetan wird in keinem Punkte auch nur annähernd begriffen haben, was für ein Mensch Luther ist. Er hat sich auch die Mühe nicht gemacht. Dieser Mann war ihm unsympathisch, das genügte. Zwei Jahre später dann kommt die Bannbulle des Papstes. Man wird in Rom genau so von Luther berichtet haben: Das ist ein Verrückter! Nur, er hat anscheinend die Fähigkeit, die deutschen Lande aufzumischen. Er ist brandgefährlich. Also: Wir müssen ihm androhen, dass wir ihn verbrennen. Wir müssen Feuer mit Feuer bekämpfen. Das ist bei jedem Steppenbrand die gebotene Vorgehensweise. Mit der Feuerwehr alleine geht das nicht mehr. Doch wir wissen, wie es dann kam: Luther hat bereits die Bannandrohungsbulle mitsamt einer Ausgabe des kanonischen Rechts am Elsterntor in Wittenberg ins Feuer geworfen und gesagt: Das kann ich auch.

Und er hatte Fürsten auf seiner Seite, die politische Macht sozusagen.

Das konnte er 1520 noch nicht wissen bei der Verbrennung der Bannandrohungsbulle. Das war wirklich lebensgefährlich.

Und dass vor allem Friedrich der Weise, sein eigener Landes-
fürst, so zu ihm halten würde, war von Georg Spalatin, einem
befreundeten Juristen, zwar vorbereitet, aber keinesfalls gesi-
chert. Es gab auch zwischen Luther und Friedrich dem Weisen
eine Menge an Kontroversstoff, zum Beispiel in der Hoch-
schätzung von Reliquien, ähnlich wie in den Tagen von Jan
Hus. Da war es König Wenzel in Prag, der Reliquienschätze
sammelte, um der Gnade Gottes nahe zu sein. Das passierte
100 Jahre später in Wittenberg genauso. Luther hielt von dem
ganzen veräußerlichten Gepränge überhaupt gar nichts. Da
waren Brüche von Anfang an vorgezeichnet. Es kommt mit
hinzu, dass auch im Reichstag zu Worms das Wunderbare,
dass sich die deutschen Landesfürsten auf die Seite Luthers
schlagen, wohl kaum als ein religiöses Überzeugungsmoment
zu interpretieren ist. Die Fürsten wollten vom Papst und vom
Kaiser unabhängig sein und fanden endlich jemanden, der ihnen das Recht gab, sich querzustellen und eine eigene Macht
auf eigenem Territorium zu beanspruchen.

*Und man glaubte immer noch, dass der eigene Machtbereich auch
eine eigene Religion, eine einzige Religion haben müsste. Also da war
von Toleranz nichts zu spüren.*

Das führt zu den Schwierigkeiten der politischen Wirkungs-
geschichte des Auftretens Luthers. Nachdem er den Rückhalt
beim Papst verliert, bei den Bischöfen verliert, beim Kaiser
verliert, droht ihm natürlich auch der katholisch-treue Teil der
Fürsten lebensgefährlich zu werden. Er ist deshalb auf den
Schutz von Leuten wie Friedrich dem Weisen oder Philipp
von Hessen angewiesen. Entscheidend ist, dass Luther in
Worms das weder gewusst noch gewollt hat. Deswegen nenne
ich ihn immer wieder groß in diesen Stunden des 17./18. April
1521 auf dem Reichstag. Er musste sein Leben riskieren, er
wusste absolut nicht, wie er nach Hause zurückkommen

könnte. Es gab keinen Geleitbrief, wie Jan Hus ihn von König Sigismund 1414 erhalten hatte.

Der ihm auch nichts nutzte …

Dem es auch nicht genutzt hat. Ganz im Gegenteil. Aber Luther musste damit rechnen, dass nach Verhängung der Reichsacht über ihn jeder das Recht hatte, ihn zu ermorden auf offener Straße. Und in ein solches Schicksal hat er eingewilligt. Dass die Fürsten auf Abstand gegangen sind zu Kaiser Karl V., war eine politische Angelegenheit, aber sicher keine unmittelbar kirchlich-religiöse Frage. Dass daraus der Anspruch der Fürsten werden konnte, in eigenen Landen eine eigene Konfession protestantisch oder katholisch ihren Untertanen zu verordnen, ist etwas, an das Luther nicht entfernt bereits hat denken können. So sollte das von ihm ursprünglich wohl auch nicht konzipiert werden. Noch einmal: Glauben sollte von innen kommen, und ganz sicher nicht durch Observanz jetzt gegenüber der weltlichen Macht; derlei ist im Grunde ein Ungedanke. Aber dahin ist es geschichtlich dann gekommen, simpel dadurch, dass Friedrich der Weise Luther hat kidnappen und auf die Wartburg entführen lassen, um zu sagen: Kümmert euch nicht mehr um Luther, es gibt ihn gar nicht mehr.

Damit hatte Luther äußerlich seine Ruhe. Innerlich aber konnte er sich nur an das klammern, was ihm zur Verfügung stand: Die Heilige Schrift. Nichts mehr gilt, nichts gilt auf Erden, nicht Kaiser, Päpste, Fürsten, Kardinäle, einzig die Bibel. Und die zu übersetzen wird jetzt zu einer Art von Psychotherapie für Luther auf der Wartburg. Das war seine Auseinandersetzung mit dem, was er den »Teufel« nannte.

Erbsündenlehre und Mariologie –
die Frage einer korrekten Übersetzung

Hat eigentlich die katholische Kirche begriffen, dass diese deutsche ureigene Bibelübersetzung von Luther für sie eine Herausforderung sein musste?

Das hat sie über 100 Jahre vorher schon bei Wyclif in England und bei den Hussiten in Böhmen lernen können: Wenn dem Volk die Bibel gegeben wird, zumindest denen, die lesen und schreiben können, wird ihnen ja auch Kompetenz im Beurteilen gegeben, ja sogar die Pflicht auferlegt, im eigenen Gewissen das Leben zu prüfen am Wort Gottes in der Bibel. Damit verliert die Kirche ihre Monopolstellung in der Auslegung dessen, was im menschlichen Leben gilt. Das ist selbstredend auch eine Machtfrage, die von Rom denn auch von Anfang an so gesehen wurde. Solange man noch die lateinische gültige Übersetzung der Kirche hat (die Vulgata des Hieronymus), gibt es eine einheitliche Argumentationsgrundlage. Mit ihr wird heute noch römischerseits in vielen Fragen argumentiert, und dann zum Teil sehr irrig an zentralen Stellen, etwa in der Erbsündenlehre und in der Mariologie.

Man nehme zum Beispiel Gen 3,15, das Wort Gottes an Adam und Eva, es werde sich aus dem Samen Evas eine Nachfolge entwickeln, in der »dein Same tritt nach dem Kopf der Schlange, die aber schnappt nach der Ferse«. Eigentlich ist das in der korrekten hebräischen Übersetzung der Fluch einer endlosen Gegensätzlichkeit: Wenn die Menschen glauben, das Böse unter die Füße treten zu können, dann genau sind sie ihm an der Achillesferse ausgeliefert, genau dann sind sie am meisten verwundbar, genau dann werden sie selbst zu dem Teufel, den sie gerade bekämpfen wollen. Es ist ein unglaubliches Wort. Aber nun hat man in der lateinischen Übersetzung aus »er (»dein Same«) wird nach dem Kopfe der Schlange treten«

gemacht »sie wird die Schlange zertreten«. Das sind zwei Fehlübersetzungen auf einmal. Die eine ist einigermaßen leicht erklärlich: »Er« heißt Hebräisch »hu« und »sie« heißt »hi«; man muss lediglich statt dem Waw, das lang geschrieben wird, ein kleines Häkchen machen, dann hat man ein Jota, und aus »hu« (er) wird »hi« (sie). Das kann also ein simpler Schreibfehler sein. Jedenfalls hat Hieronymus das so übersetzt. »Sie« wird – aber nun: nicht »treten«, sondern »zertreten«. Und daraus wird aus dem ersten Fluch nach dem Sündenfall in der katholischen Dogmatik das erste Evangelium. Denn in der weiblichen Gestalt, die der Schlange den Kopf zertritt, hat man in gerade Linie Maria gesehen. Wie gesagt, das ist ein klarer Übersetzungsfehler in der Vulgata, aber mit gerade diesem Fehler argumentiert die Kirche bis heute. Maria ist eigentlich der Schutz gegen den Teufel, mit dem man – wieder zu Unrecht – das Bild der Schlange identifiziert. Jeder kennt die Darstellung: Die Madonna, wie sie die Mondsichel unter ihren Füßen hält und der Schlange auf den Kopf tritt.

Die ganze Mariologie ist, so betrachtet, aus einer Bibelstelle entstanden, die von Anfang an im Lateinischen falsch übersetzt worden ist. Um das festzustellen, muss man nur sehen, wie die Stelle auf Hebräisch lautet. Philipp Melanchthon konnte Hebräisch gut genug und Luther ebenfalls, um zu sehen, dass es so, wie die katholische Kirche lehrt, in der Bibel keine Grundlage besitzt. Das Proto-Evangelium Roms wird in der protestantischen Theologie deshalb gerne im Wortspiel definiert als Proto-Pseudos, als die erste katholische Lüge. Mit einem Wort: Die ganze Erlösungslehre, das Kernstück des Christentums, stimmt nicht durch die falsche Übersetzung der Vulgata. Wieso aber kann eine Übersetzung mit schwerwiegenden Fehlern die Grundlage der christlichen kirchlichen Dogmatik bilden? Man muss zurück zu den Urkunden. Wofür haben wir denn den Humanismus, die Renaissance, die Philologie des 16. Jahrhunderts? Doch jetzt ist es wirklich unerhört: Was machen noch

500 Jahre später die Theologen der katholischen Kirche? Nur um recht zu haben und um sich nicht zu ändern, bleiben sie bei ihrem Protopseudos. Hören wir Johannes Paul II.! Für ihn war Maria, ich will nicht gerade sagen: unendlich wichtiger als Christus, aber in dem Sinne doch von höchster Bedeutung, als es Jesus ja gar nicht gegeben hätte ohne sie. Kein Jesus ohne seine Mutter. Also, an wen muss man sich halten? Das Kind auf den Darstellungen der Kirche ist klein und sitzt auf dem Schoß seiner Mutter, aber die Madonna, das ist eine erwachsene Frau, mit der kann man reden. Wenn so das Verhältnis der beiden aussieht, haben wir die Infantilisierung der Christenheit in kindlicher Mutterabhängigkeit, – im Ödipuskomplex, hätte Freud gesagt. In diesem Sinne würde ich heute wünschen, dass man Luther weiterinterpretiert.

Aber nochmals diese Frage, die ich gestellt habe, Herr Drewermann: Gab es nach Hus, nach dem Konstanzer Konzil (1414–1418), nicht auch im katholischen Bereich Bestrebungen, das Evangelium dem Volk, den Laien zugänglich zu machen, oder hat man es absichtlich in Dummheit belassen?

Es ist eine lange Geschichte, dass das Bildungsmonopol im Mittelalter bei den Kirchen liegt. Das ist historisch bedingt und nicht unmittelbar von der Kirche selber als Machtmittel angestrebt worden. Es geht im übrigen im Wesentlichen zurück auf Karl den Großen. Der hat eine Schriftform eingeführt, die gut lesbar ist, und er hat seine Schriftkundigen an den Hof geholt und zu Lehrern des Volkes bestimmt; das war aber im wesentlich die Klerisei. Die musste lesen können, um die Bibel zu verstehen. Alles im Bildungssystem des Mittelalters läuft daher über den Transmissionsriemen Kirche. Nur sie verfügt auch über die nötigen Bildungseinrichtungen. Nehmen Sie nur wenige Jahre nach Luther Giordano Bruno: Er wird in Neapel studieren, aber er ist der Sohn eines Soldaten in spanischen Diensten; also hat er eigentlich gar keine andere Möglichkeit, als ins Dominikanerkloster zu Neapel zu gehen. Dort wird ihm alles beigebracht, das gesamte Wissen seiner Zeit. Bruno aber interessiert sich speziell für Kopernikus, und das ist schon wieder häretisch, doch egal: In jenen Zeiten musste man auf die Mönche hören, damit man überhaupt etwas lernt. Sie haben das Bildungsmonopol.

Also konnte die Reformation nur aus dem Klerikerstand kommen?

Gewiss, im Grunde sogar nur aus dem Professorenstand. Nur der hatte die Autorität, die Bibel so zu interpretieren, dass sie als Maßstab der Kirche aktualisiert werden konnte. Das ist in dieser Radikalität bei Jan Hus noch nicht der Fall, auch bei Wyclif noch nicht. Denn die nehmen alle möglichen anderen Überlieferungen zum Zeugen. Bei Luther fällt insbesondere die Berufung auf die Philosophie weg, die für Wyclif etwa eine ganz große Rolle spielte. Die Philosophie ist für Luther die Hure Vernunft – da ist er ganz paulinisch. Christus lehrt eine Weisheit, die alles zur Torheit macht, was Menschenweisheit jemals war (Phil 3,7–8).

Offenbarung statt Philosophie

Er distanziert sich von der Philosophie.

Im Prinzip ja. Der menschliche Verstand ist zu gebrauchen wie der Wille, er ist keine verlässliche Erkenntnisquelle.

Also ganz anders als zum Beispiel Hieronymus von Prag.

Ja, genau, oder als Wyclif. Insofern steht auch ein Umbruch in der ganzen Theologie mit Luther in Verbindung. Auch die

Polemik dann gegen die strahlende humanistische Philosophie des Erasmus, der brilliert im Erbe der Griechen, erklärt sich aus der bibeltheologischen Konzentration der Reformatoren. Die Staatslehren, die im 16. Jahrhundert geboren werden, die Renaissance insbesondere des griechischen Denkens, die ihre Urständ feiert, all das prallt ab an Luther. Es ist genau die Entwicklung, die er nicht will, mit Berufung auf das Kreuz Christi, das die Weisheit der Weisen zur Torheit macht, ja zum Kehricht macht, wie Paulus spricht: »All das hab ich für Mist erkannt, um Christi willen.« (Phil 3,7.8) Das ist Luther aus der Seele gesprochen.

Frömmigkeit ist ihm wichtiger als philosophisches Nachfragen.

Absolut. Die philosophisch-systematische Rationalisierung des Glaubens ist nie Luthers Angelegenheit gewesen. Deshalb findet man bei ihm freilich auch manche Unausgeglichenheiten. Für jeden systematisch Denkenden ergibt sich aus Luthers Ansätzen kein logisch in sich geschlossenes System. Was Luther bietet, sind Hinweise, Leuchtfeuer, Punkte, aber keine Entwürfe, die, wie in Spinozas Ethik, deduktiv aus obersten Begriffen ins Konkrete geführt würden. Wenn Sie nun fragen: »Hat die Kirche die Menschheit verdummen wollen?«, so ist dem schwer zu widersprechen. Die römische Kirche hat den so genannten Laien die Kompetenz abgesprochen, im eigenen Leben von ihren Erfahrungen, ihrem Gewissen her mündig zu sein. Man muss auf die Kirche hören, das ist bis heute unter Glaubensgehorsam zu verstehen. Nicht auf das Gewissen, nicht ursprünglich auf die Bibel, sondern wie der Papst es auslegt, wie die Bischöfe es vermitteln, das macht den Christen zum Christen.

In dieser Form ist das eigentlich ungeheuerlich, weil es die Selbstwerdung des Menschen, seine wirkliche Humanität beschneidet. Es gibt nicht die Entwicklung zur persönlichen

Reife. Das, was den Protestantismus ausmacht, was auch die Biografie Luthers zum Ausdruck bringt, ist hingegen der Mut, man selbst zu sein, und gerade das kann von der römischen Kirche in dieser Form nie gebilligt werden und ist bis heute nicht gebilligt worden. Es bräche ein neues Zeitalter der Begegnung zwischen Protestanten und Katholiken an, wenn in diesen entscheidenden Punkt endlich Bewegung hineinkäme. Zum Beispiel die katholischen Dauerthemen: Kann ein Mann, kann eine Frau selber befinden, ihre Ehe sei gescheitert? Haben sie dann ein Recht, sich neu zu verlieben? Gerade das haben sie bis jetzt nicht, auch noch nicht unter Papst Franziskus. Man soll barmherzig mit den Menschen sein, sagt er, und das ist natürlich unbedingt richtig. Aber mündig selber entscheiden? Bis heute hat die Kirche kein Verständnis dafür, dass Menschen in solchen Lebenssituationen nicht warten können und wollen, bis die Kirchenbehörde ihnen dies und das denn doch gestattet. Die Menschen leben und lieben jetzt, und sie müssen heute wissen, was für sie gilt, nicht in zwanzig Jahren erst.

Und auch dass man die Bibel als Maßstab nimmt, um daran die Kirche zu messen, ist in katholischer Sicht revolutionär – bis heute. Besser also ist es immer noch, man liest die Bibel, wenn denn überhaupt, in kirchlicher Aufsicht. Das war noch bis vor kurzem die allgemeine Praxis. Andererseits konnte man billigerweise auch darauf vertrauen, dass die Bibel nicht gerade viele lesen werden. – Mein eigener Vater, der Protestant war, fand mich einmal, wie ich seine Goldschnittbibel, die er als Konfirmand bekommen hatte, öffnete. Die Seiten waren alle verklebt, und ich dachte, man muss sie ja mindestens einmal lesbar machen, so eine protestantische Bibel. Aber er sagte: »Junge, was soll ich das lesen? Ich verstehe es ja doch nicht.« Und damit hatte er vollkommen Recht. Wenn er angefangen hätte zu glauben, nach unendlichen Zeiten, nach Äonen der Ewigkeit hätte Gott sich der Menschheit endlich mitgeteilt, und begänne zu lesen, was Abraham macht, als er seine Frau Sarah in Ägypten verleugnet (Gen 12,10–20), welche Zustände in Sodom und Gomorrha herrschten (Gen 19,1–16), dann vermutet man nicht gerade, ausgerechnet dies sei der Text, auf den die Menschheit seit Anbeginn gewartet habe.

Der schottische Dichter George Bernard Shaw konnte einmal sagen: »Es ist mit der Bibel wie mit den Menschheitsströmen, mit dem Nil, dem Huang-ho, dem Euphrat. Wer Durst hat, muss daraus trinken, aber wer daraus trinkt, darf das nur, wenn er eine Kläranlage eingebaut hat, sonst trinkt er sich Krankheit und Wahnsinn.« Das ist ganz wahr. Wenn wir die Bibel unhistorisch wörtlich nehmen, wie es immer noch geschieht, verliert sie nicht nur den Zeitbezug, sie wird nicht nur in ihren Intentionen nicht mehr weiterentwickelt, sie hängt sich dann buchstäblich ans Äußerliche. Dann aber richtet sie sich notwendig mit Gewalt und Rechthaberei gegen jedes Denken, gegen jede existenzielle Wirklichkeit, gegen die sozialhistorischen Gegebenheiten, in denen wir heute leben.

Das ist eine große Gefahr bei der Auslegung wirklich aller heiligen Schriften. Wie zum Beispiel interpretiert man in Israel heute noch die Bibel? Wie hat Gott »uns« das Land gegeben? Und wie interpretiert man das Neue Testament? Wie interpretieren wir den Koran? Ist buchstäblich der Koran vom Himmel gekommen und vom Engel Gabriel in die Hände Mohammeds gegeben worden, dann gibt es keine Anknüpfung von unten her – weder in der Geschichte noch in der Person noch in irgendeiner anderen irdischen Voraussetzung. Ganz entsprechend kann man auch die Bibel unhistorisch lesen. In allen Religionen haben wir dieselben Probleme. Die Zeitbedingtheit, in denen die heiligen Texte geschrieben wurden, vor allem in ihrer Bereitschaft zur Gewaltausübung unter Gottesbefehl, sucht uns dann heim in der politischen Praxis heute in Form einer fanatischen Ideologie: So hat Gott das gewollt! Uns gehört das Land, Gott hat es uns gegeben, und dass da

Palästinenser leben, ist offensichtlich gegen Gottes Willen. Wie steht es doch geschrieben: Besetzt Kanaan, reißt ihre Tempel nieder, vertreibt ihre Bevölkerung (Dtn 7,1–26). Also – die Landnahme als Gottes Auftrag, heute noch!

Sola scriptura – würden Sie da heute ein Fragezeichen hinter setzen?

Nicht in dem, was Luther damit meinte, als dem einzigen Wort, das von Gottes Gnade so redet, dass es jeden persönlich anspricht und umfängt. Das steht wirklich nur im Neuen Testament, und deshalb: sola scriptura.

Und heute noch gültig für Sie?

Absolut heute gültig für mich. Wenn unter sola scriptura allerdings gemeint ist: Wir müssen die Bibel als einen erratischen Block nehmen, weil ja alles durch Gottes Geist durchweht und formuliert ist, dann kann man die Bibel kaum noch vermitteln.

Hat Luther sie erratisch als einen Block gesehen?

Wenn er sich dogmatisch äußerte, ja. Doch er hat dabei die Tatsache weggelassen, dass in der Bibel vieles steht, auch Widersprüchliches. Man kann aus ihr in gewissem Sinne herauslesen, was man will. Die Bibel ist eine Sammlung von Überlieferungen aus rund 1000 Jahren – da kann nicht Einheitlichkeit das Ergebnis sein. Im Prinzip kann jeder Hasserfüllte aus der Bibel die Rechtfertigung seines Hasses herauslesen, jeder Gewalttätige die Ideologie zur Rechtfertigung seiner Gewaltbereitschaft, jeder Gütige indes die Rechtfertigung seiner Güte und deren Ermöglichung.

Luther hat das zum Teil ja auch getan, gegen die Türken, den Papst als Antichristen, dass man den Papst auch mit Dreschflegeln verhauen und vertreiben sollte. Der Papst sei schlimmer als der Türke.

Gewiss, so dachte Luther. Denn der Türke ist ein Heide, und er kann nichts dafür, wenn er Christus nicht folgt. Er lügt zumindest nicht so frech wie der Papst, der doch erklärt, er sei der Nachfolger Christi, nur um in allem das Gegenteil von dem zu tun, was Jesus wollte. So etwas ist in der Tat ungeheuerlich, wirklich schlimmer, unglaublich viel schlimmer, weil es die ganze Christenheit verführt. Gegen den Türken kann man kämpfen …

Und da darf man auch Krieg führen …

Nach Luthers Meinung ja. Doch wenn der Papst erklärt, er sei Christus selber, so ist das eine babylonische Sprachverwirrung. Da sieht Luther vor sich die Hure Babylon auf den sieben Hügeln, das Untier mit den sieben Köpfen (Apk 12,3), ein apokalyptisches Panoptikum. Das alles kann in seinen Augen nicht schlimm genug gezeichnet werden.

Gotteswort in Menschenwort

Also war Luther doch auch in diesem Punkt widersprüchlich oder vielgesichtig?

Natürlich. Er hat das, was er in seiner eigenen Gnadenlehre erfahren hat und vermitteln wollte, nicht so innerlich durchgehalten, wie er es erfahren hat. Auch er ist nach und nach zum Opfer gerade der Äußerlichkeiten geworden, die er ursprünglich ausgezogen war zu bekämpfen. Da hat ihn offensichtlich vieles aus den Zeitumständen und vor allem aus der schon

überkommenen tradierten Denkgewohnheit wieder eingeholt. An all diesen Stellen müssten wir heute im Namen Luthers diese Grenzen öffnen, auf dass Luther selber nicht der
Gefangene seiner Tage bleibe. Das Problem stellt sich ganz
ähnlich wie in der Bibel: Auch sie spricht zeitbedingt. Man
hört die Theologen heute sagen: Die Bibel ist Gotteswort in
Menschenwort. Aber daraus entsteht doch die Frage: Wie unterscheidet man das eine vom anderen? Wann reden zeitbedingt Menschen in ihrer Not, und wann redet durch sie wirklich Gott?

Dazu müsste man mit Luther sagen: Es gibt ein klares Kri-
terium, das ist: dass etwas in der Bibel Christum treibt. Das ist
der innere Kanon der Bibel, das ist der Maßstab nach Luther.
Dann fällt der Jakobusbrief zum Beispiel aus diesem inneren
Kanon heraus, dann ist auch die Apokalypse ein schlimmes
Buch, weil in ihr wieder die Leichen sich häufen im göttlichen
Strafgericht. Die Apokalypse enthält furchtbare Gerichtssze-
nen, so dass alle Ängste wiederkommen. Und das darf nicht die
Botschaft Jesu sein! Deshalb meint Luther, dass man klar un-
terscheiden könne: Wenn etwas Christum treibt, dann im
Sinne von Vertrauen in Gnade. Und in diesem Punkte ist die
Bibel für ihn die einzige Grundlage und einzige Urkunde ge-
genüber allem, was je von Menschen geschrieben wurde.

*Muss man bei den Texten Luthers immer seine Biografie im Hinter-
grund haben, seine Biografie, wie er Mönch wurde, wie sein Verhältnis zu seinem Vater war, wie er sich aus den Mönchsgelübden be-
freite, den Zwang spürte?*

Das muss man ganz sicher. Man kann Luthers Rechtferti-
gungs- und Rettungslehre in der Gnade Gottes kaum anders
verstehen als auf dem Hintergrund der Problemstellungen,
die ihm biografisch aufgegeben wurden. Aber man darf andererseits die Thelogie Luthers nicht einfach historisch und

biografisch relativieren, indem man sagt, das alles sei halt Luthers Selbstheilungsversuch von seinem Vaterbild gewesen. Was Luther äußerte, sollte bewusst etwas wiedergeben, das als Problem in jedem Menschen existiert. Die Angst, von der er sprach, war nicht seine private, sondern die aller Menschen, seiner Zeit dann insbesondere. Die Rechtfertigungslehre formuliert ein Wesensproblem: Menschen, die sich ihrer Situation in dieser Welt bewusst werden, geraten in Angst und müssen sich fragen, welche eine Rechtfertigung es für ihr Dasein gibt. Als Lösung dieser Kernfrage sieht Martin Luther zu recht als Christ den Christus selber an. Genau das will er in alle Richtungen durchdeklamieren. Hätte er dabei seine Botschaft im Inneren, im existenziell-seelischen Bereich belassen, scheint mir die gerade Weiterentwicklung zu dem, was wir heute Psychotherapie nennen, im Verständnis menschlicher Hilflosigkeit und Heilung unvermeidbar. Dass diese Weiterentwicklung im Rahmen der Psychologie des 19. und 20. Jahrhunderts nicht erfolgt ist, scheint mir ein schwerer Übelstand in der ganzen Rezeptionsgeschichte Luthers zu sein.

Die Angst vor der Gnosis und die Chance der Psychotherapie

Warum ist das nicht erfolgt?

Die Protestanten hatten und haben, wie gesagt, Angst, darüber Gott zu verlieren. Gott musste für sie äußerlich bleiben, Gott durfte nicht nach innen gezogen werden, er durfte nicht ein Teil oder eine Funktion der Seele werden. Man hatte Angst, die Psychologisierung der Botschaft Jesu verwässere das Christentum zum Pantheismus oder Panpsychismus oder zur Gnosis. Diese Einstellung ist bis heute so. Wenn Sie mit protestantischen Exegeten reden, um die seelische Bedeutung der

Botschaft Jesu zu beschreiben, kommt sofort der Vorwurf des Gnostizismus. Das in der Tat war das Urtrauma der frühen Kirche. Sie musste sich gegen die Bestrebungen der Gnostiker, die Gott mit den Vorgängen in der menschlichen Seele identifizierten, absichern. Doch die Gnosis hat in dem einen Punkt vollkommen recht gehabt, dass sie meinte, die biblische Botschaft enthalte eine Fülle von Symbolen auf dem Wege des Psychopompos, der seelischen Entwicklung, und das trage dazu bei, dass Menschen von Jesus geheilt würden. Die erste Wirkung der Botschaft Jesu ist wirklich eine therapeutische. An dieser Stelle haben die Gnostiker völlig richtig gesehen. Sie haben freilich überhaupt nicht richtig darin gesehen, dass sie im Erbe der persischen Religion zwei Götter konstruiert haben, einen bösen und einen guten; sie haben auch darin nicht recht, dass sie die Moral auf eine Weise beseitigt haben, dass jedes Chaos erlaubt schien, dass es in der Praxis des Zusammenlebens anarchisch wurde. Die Kirche hatte damals also Grund, sich mit diesen Lehren sehr kritisch auseinanderzusetzen. Aber sie hat das nicht innerlich genug getan. Sie hat die Chancen nicht wahrgenommen, die in dem therapeutischen Bemühen der Gnostiker enthalten waren. Sie hat einfach mit dem Dogma dagegen gesprochen, sie hat die gnostische Bewegung spätestens vom 3. Jahrhundert an aufs strengste bekämpft und später mit der Macht des Staates verfolgt; und damit sind sämtliche Ansätze, die christliche Botschaft nach innen zu ziehen und die therapeutische Dimension etwa der Wunder Jesu im Neuen Testament wiederzuentdecken, unter Verdikt geraten.

Würde durch eine therapeutische Deutung Luther ein Stück weit entmythologisiert?

Unbedingt. Ich denke, ein solches Bemühen wäre ganz im Sinne Luthers. Wir müssten nur einmal von den Ängsten sprechen, die er gehabt hat. In seinem Text stand dafür hoch-mythisch der Teufel. Aber wofür steht der Teufel? Was ist da verdrängt, um welche Inhalte geht es, wenn vom Teufel die Rede ist? Die sexuellen Spannungen, die Luther schließlich auch in die Ehe trieben, wurden von ihm selbst natürlich nicht erwähnt, aber man kann sie erahnen.

Und sie werden heute noch tabuisiert.

Gewiss. Für Sigmund Freud bereits war die Rede vom Teufel psychoanalytisch hoch interessant. Und für Erik Erikson, seinen Schüler, lag da ein Passepartout, um die Autoritätsangst gegenüber dem Vater, die unterdrückte Auflehung dagegen, die permanenten Schuldgefühle aus der Vaterambivalenz und vieles Andere bei Luther besser zu begreifen.

Aber hat nicht Luther auch ein Stück weit therapeutisch positiv gewirkt, weil er doch Menschen, die glauben, heilen und im Grunde ihnen sagen wollte: Du hast die Chance, von Gott, wie du auch bist, angenommen zu werden, wenn du nur willst.

Wenn du es glaubst! Der Wille selbst verdankt sich schon einer Dankbarkeit, die nicht mehr selbst gemacht werden kann. Aber in dem Sinne ist Luther ein Vorbild des Glaubens, indem er gezeigt hat, wie er als Mensch, als Mann des Mittelalters, über eine Fülle von Ängsten hinausreift zu dem Mut der Person, sich selber zu wagen, einzig im Gegenüber Gottes. Es gibt keinen anderen Halt für ihn. Die Berufung auf den Vater trägt nicht, auch nicht die Berufung auf das, was er gelernt hat, auf das, was er in der Kirche war, auf das, was er im Rollenspiel der Gesellschaft bedeutete, – alles hilft ihm nicht; einzig das Gegenüber Gottes, gegründet auf das Wort der Bibel in Christus, trägt ihn über den Abgrund. Was in einem solchen Glauben aus einem Menschen wird, hat jene Dimension, die in der Bibel selber das Prophetische genannt wird. Und sie hat psychologisch Vorbildcharakter am Beginn der Neuzeit. Solch einen Menschentyp gab es vordem nicht, wenn man von Jan Hus oder von John Wyclif einmal absieht. Da ist Luther wirklich bahnbrechend.

Kann man sagen: Luther stärkt eben doch das Selbst des Individuums?

Ja. Dafür ist er auch in psychologischer Absicht hoch zu rühmen. Das tut dann auch Erikson: Luther, sagt er, war voller Probleme, voller Konflikte, er besaß eine neurotische Konstitution. Aber wie er sich aus dieser herausgearbeitet hat, das ist beispielgebend, das ist wirklich groß. Was Erikson in seinen Studien über den »jungen Mann Luther« freilich nicht würdigt, ist die religiöse Dimension, sie ist aber die einzige, die Luther wirklich zur Verfügung steht. Die Botschaft Jesu ist sicher auch eine Art von Psychotherapie, wenn wir sie lutherisch interpretieren, ganz sicher ist sie keine nur zwischenmenschliche Begegnung im Austausch von netten Absichten oder Aufklärungsarbeiten. Wir müssten im Gegenteil sagen: Was wir Psychotherapie nennen, ist umfangen von einer Erlaubnis der Zuwendung an einer Asylstätte des Unbedingten. Ein Mensch, egal, was er gemacht hat, egal, wie er geworden ist, ist berechtigt zu sein, wie er ist. Gott akzeptiert mich, er vergibt mir, er umfängt mich, nicht weil ich so gut bin, sondern weil er so gütig ist. Das eben kann keine Gesellschaft sagen; sie wird unter Umständen sogar das Strafrecht an einen bestimmten Fall heranlassen; auch kein Kirchengesetz kann das sagen, es hat halt für alles und jedes die entsprechenden Paragraphen. Die Öffentlichkeit schon gar nicht kann so etwas sagen, sie wird die Gazetten scharf machen. Von einem unbedingten Angenommensein kann wirklich nur in einem absoluten religiösen Begegnungsraum die Rede sein, und gerade in dem ereignet sich die Therapie. Wenn man so will, ist die Psychoanalyse ein schwaches Nachbild dessen, was da auf dem Boden des Neuen Testamentes in der Person Jesu einmal bewusst wurde. Paradoxerweise ist es kirchlich betrachtet zugleich eine Rückerinnerung an das, was einmal hätte sein können, was aber jetzt an der Kirche vorbei oder sogar gegen die Kirche sich vollzieht.

Sündenvergebung und Beichte

Also Sie sprechen von einem Akzeptationsraum. Der Mensch sucht ja auch die Vergebung. Und diese Vergebung kann er im Bußsakrament finden, wenn es richtig gespendet wird. Und ausgerechnet dieses Sakrament lehnt Luther ab, obwohl es in der protestantischen Kirche noch bis ins 17. Jahrhundert praktiziert wurde.

Das Bußsakrament hat Luther, glaube ich, nicht eigentlich abgelehnt. Er hat im Gegenteil bei Bugenhagen selber immer wieder gebeichtet. Was ihm zum Problem ward, ist das typisch katholische Problem. Nach katholischer Auffassung sollte man glauben, dass nach der Lossprechung des Priesters, nach dem Bußgericht, die Sünden wirklich vergeben sind. Aber Luthers Problem war, dass er das nicht ohne weiteres glauben konnte, so wie es vielen geht; nichts an inneren Konflikten, an den psychischen Motiven, an den geprägten Verhaltensweisen ist in so einem Beichtritus ja wirklich durchgearbeitet und geklärt worden. Man hat entlang gegebenen Normen bestimmte Fehler begangen, die einem leid tun und die man dem Priester bekennt, und der spricht dann die Formel der Lossprechung. Nichts hat sich dabei seelisch geändert; wie soll man da an eine entscheidende Wandlung glauben? Das ist bis heute noch in der Beichtpraxis strenger Observanz das Übliche, nur dass die verbleibenden Zweifel wieder interpretiert werden als mangelnder Glauben, und zwar jetzt wohlgemerkt der Kirche gegenüber. Das also ist eine neuerliche Sünde: man darf nicht zweifeln, dass durch den Bußakt und durch die richterliche Lossprechung des dazu beauftragten Priesters der Kirche die Sünden wirklich vergeben sind, egal, welche es waren.

Das Problem ist, wie gesagt, dass die Leute bei dieser Art der Beichtpraxis von sich selber überhaupt nichts begreifen. Sie tragen ja lediglich die Taten vor, die sie vermeintlich bereuen, die ihnen leid tun sollen, die sie für nicht richtig finden. Warum sie etwas taten, ist überhaupt kein Gegenstand des Beichtgesprächs. Es wird lediglich äußerlich darüber die Lossprechung erteilt. Auf diese Weise ist alles vergeben, aber nichts begriffen und deshalb auch kein wirklicher Konflikt gelöst. Die Motivation, die in dem ganzen Geschehen durchgearbeitet werden müsste, bleibt völlig tabuisiert. Mit andern Worten: Man hat jetzt eine wirklich »billige Gnade«, die im Menschen nichts verändert, sondern die Widersprüche im Grunde sogar noch vermehrt. Natürlich kann man eine solche »Lossprechung« nicht wirklich glauben. Und schon ist man wieder ein sogar noch schwerer Sünder, eben weil man nicht glaubt. Also was macht man jetzt? Wie hilfreich ist ein Bußsakrament, das die bestehenden Probleme noch vermehrt, statt sie zu lösen?

Dieses Problem von Angst, Schuldgefühl und der Vergeblichkeit des guten Willens ging mit Luther einher und ist bei vielen Zwangskranken zunächst einmal als ein psychischer Konflikt zu interpretieren. Nur scheinbar hilft da eine magisch-rituelle Beruhigung. Ich kenne Leute, die immer wieder kommen, am liebsten fünfmal am Tag, damit man ihnen als Priester der Kirche irgendwelche Dinge vergibt, nur um sie zu beruhigen. Aber die Beruhigung kann auf diese Weise nicht wirklich stattfinden. Auch heute noch, obwohl ich lange schon kein Priester mehr bin und aus der Kirche ausgetreten bin, kommen Leute zu mir, die die Beichte abgenommen bekommen möchten. Ich tue das dann – bin ich doch nach Kirchendogma für die Betreffenden »Priester in Ewigkeit«, und als solcher habe ich die Pflicht, in articulo mortis – bei Todesgefahr – zu tun, was ich im Amtsfall auch als geweihter Priester zu tun hätte. In Todesgefahr stehen wir stets. Also höre ich die Beichte. Aber ich weiß, dass das kaum mehr ist als das Abarbeiten eines zwanghaften Symptoms. Es beruhigt im Augenblick. Und das ist schon viel wert, so wie wenn Sie einen Dauerschmerz einmal kupieren, dass das Gehirn nicht dauernd an die Stelle denkt, an der es weh tut. Eine Schmerztablette kann mitunter für ein paar Stunden das Gefühl des Unwohlseins ausschalten. So ähnlich kann auch eine Beichte wirken. Und wenn sie so wirkt wie eine Tablette, ist es auch nicht illegitim, so vorzugehen – als eine gewissermaßen therapeutische Hilfe ist die Beichte unter Umständen nicht zu verachten, aber sie ist nicht die Lösung des Problems. Sie beseitigt nicht die tiefer liegende seelische Krankheit. Und diese Erfahrung mit sich selbst ist entscheidend. Sie führte dahin, dass die Entwicklung der Frömmigkeitsgeschichte im Protestantismus über die katholische Beichtpraxis hinausgehen musste. Die Reformatoren wollten mehr als ein Ritual. Sie wollten Glauben als Lebenswirklichkeit. Allerdings haben sie damit in gewissem Sinne die Einsamkeit des Individuums vermehrt. Jetzt gibt es nur noch den Einzelnen vor Gott.

Und der dann auch nicht weiß: Habe ich Gnade gefunden oder nicht? Da sind wir dann wieder bei der Prädestination.

Genau. Auch protestantischerseits bräuchte es einen menschlichen Vermittler, einen wirklichen Seel-Sorger im schönsten Sinne des Wortes; was man freilich nicht braucht, ist ein Lossprecher – ein solcher kann einen Begleiter nicht ersetzen, wie Bugenhagen es für Luther war. Das wäre die eigentliche Konsequenz der Leugnung der Sakramentalität der katholischen

Beichte im Protestantismus. Dass es Jahrhunderte dauert, bis man dahinterkommt, dass es hier um eine therpeutisch-seelsorgliche, nicht um eine dogmatische Frage geht, ist für mich schwer begreifbar. Ein Luthertum, das sich verfestigt da, wo es fließen müsste, das Staumauern aufrichtet an einer Stelle, wo eine ganze Ebene fruchtbar zu machen wäre, immer aus Angst, wenn wir psychologisch von Gott vermittelnd redeten, ginge uns Gott verloren, – ein solches Luthertum repetiert nur negativ die objektiv gegebenen Zwänge des Katholischen, statt in seinem Sprechen vom Subjekt die psychische Seite des Subjektiven mit den Mitteln moderner Psychologie und Anthropologie wirklich zu würdigen und in die theologische Betrachtung von Angst und Schuld und Vertrauen und Vergebung zu interpretieren.

Höllenangst

Da sind wir ja wieder bei dem zentralen Begriff Angst. Im Grunde ist doch die Hauptaussage von Martin Luther: Du darfst gar keine Angst vor deinem Jesus Christus haben, der für dich gestorben ist, der das Leid auf sich genommen hat und der, wenn du dich aufrichtig ihm näherst, ganz für dich da ist.

Freilich. Bei »du darfst nicht« bleibt immer noch das Drohende, dass, wer das nicht tut, der Hölle verfällt. Diese Angst lässt auch Luther nicht los. Man kann nicht sagen, dass Luther im Grunde zu Origenes zurückgekehrt wäre, der sagte, es gebe überhaupt keine Verdammten, sondern nur Gerettete. Bis zu dieser von der Kirche als Häresie verurteilten Lehre hat er sich nie durchgerungen. Doch das wäre für ihn selber zweifellos sehr heilsam geworden: Er hätte den Teufel abschütteln können im Vertrauen, dass es eine Hölle gar nicht gibt. Nur eine solche Lehre entspricht der Güte, die Jesus in die Welt zu brin-

gen kam. Aber Luther war kein Origenes, das muss man festhalten.

Braucht die Religion die Hölle und den Teufel als Drohpotenzial?

Luther hat dieses Drohpotenzial in vollem Umfang verinnerlicht und aus der Tradition übernommen. Wir dürfen nicht
vergessen, dass man Origenes genau dieser Lehre, der apoka-
tástasis pánton, der Rettung aller wegen, als Irrlehrer gebrandmarkt hat. – Origenes, nebenbei gesagt, war einer der frömmsten Leute der gesamten Vätergeschichte, ein Mann, der
ehrlich versuchte, Leute wie den Philosophen Celsus mit seinem »wahren Wort« zu widerlegen, der um 175 n.Chr. das
Christentum so brillant angegriffen hat wie erst im 19. Jahrhundert wieder Friedrich Nietzsche. Origenes war ein grund-
gütiger Mensch, ein wirklich weiser, ein Platoniker, gewiss
auch ein Mann mit Brechungen, leibfeindlich, sexualphobisch
beinahe, aber trotz allem: Er war ein unglaublich gütiger
Mensch. Dass die Kirche gerade ihn verurteilt hat, führte auch
dahin, dass Luther in einem Raum aufwuchs, an dem der Teufel so gegenwärtig war, wie wir uns hier gegenüber sitzen, und
die Hölle so real war wie eine Kaffeetasse oder ein Tintenfass.
Aus dieser mittelalterlich verfestigten Welt herauszukommen,
war Luther offensichtlich historisch in seiner Zeit nicht möglich. Gleichwohl hat er Entscheidendes dazu beigetragen, die
Angst im Vertrauen zu überwinden und die grundlegende
Spannung des menschlichen Daseins überhaupt zu sehen: Es
gibt nur die Alternative Angst oder Vertrauen. Das ist Luthers
große Leistung. Er redet immer von Vertrauen. Er interpretiert den Begriff Glauben bei Paulus entschieden und entscheidend im Sinne von Vertrauen.

Für die katholische Theologie ist das geradezu verwirrend
geblieben – der protestantische Glaubensbegriff galt ihr als ein
bloßer Fiduzialglaube (als fides qua creditur, als ein Glaube,

154

aus dem heraus man glaubt – eben: Vertrauen), und man setzte dem die fides quae creditur, den Glaubensinhalt, der geglaubt wird, im kirchlichen Dogma gegenüber. Aber Vertrauen ist eine Beziehung von Person zu Person, nicht eine Beziehung zwischen Intellekt und Lehre.

Glaube als Vertrauen, Sünde als Verzweiflung

Dahinter steht auch wieder in der Übersetzungsfrage des Neuen Testamentes eine wichtige Wende. Luther hat auf Griechisch das Wort pistis vor sich, und das übersetzt er mit Glauben. Aber wenn er selber redet, spricht er von Vertrauen. Und das wäre eigentlich die richtigere, korrektere Übersetzung. Der Unterschied ist, dass wir mit Glauben in aller Regel das Festhalten oder das Fürwahrhalten bestimmter Inhalte bezeichnen, die wir nur (noch) nicht wissen können. Da bezeichnet Glaube den Bereich dessen, was uns durch Empirie oder durch rationale Ableitung nicht zugänglich ist. Eigentlich ist mit einem Glauben dieser Art die Aufforderung verbunden, das Erkennen zu erweitern und damit eines Tages den Glauben zu erübrigen. In der Theologiegeschichte, in der Philosophiegeschichte führt diese Auffassung des christlichen Glaubens letztlich zu der Position G. W. F. Hegels: Da verbleibt die Religion in dem Raum des sinnlich Vorstellbaren; sie ist eine Wahrheit, die danach verlangt, dass man sie aus der Vorstellung löst und in den Begriff aufhebt. Die Religion muss in die Philosophie übertragen werden. Letztlich muss man nicht mehr glauben, sondern idealistisch denken lernen – in Hegels Logik. So etwas ist mit dem biblischen Glaubensbegriff jedoch überhaupt nicht gemeint. Der Begriff Glaube – pistis – darf im Sinne Pauli so nicht verstanden werden.

Es gibt im übrigen im Griechischen sonderbare Konstruktionen des Wortes »glauben«. Man kann »glauben, dass«: Das entspricht ungefähr dem, was wir im Deutschen mit »glauben« meinen. Man kann aber auch »glauben an«, man kann glauben an Gott, an Christus. Und wie ist das dann anders zu verstehen, als dass die ganze Existenz darauf ausgerichtet wird? Man kann aber auch sagen: Ich »glaube dir«. Und meint damit: Alles, was du jetzt sagst, wird richtig sein, weil du es sagst. Ich will überhaupt nicht kontrollieren, wie die Inhalte sind. Ich »glaube dir«. In diesem Sinne kann man auch sagen: Ich »glaube es dir«. Vor allem aber kann man sagen: Ich »glaube dich«. Alle diese Wendungen kommen im Neuen Testament vor, und sie zeigen, dass sich das Wort Glaube auch in den Changierungen weit entfernt hält vom Tatsachenglauben in Bereichen, die man nur noch nicht erkannt hat. Es geht beim Glauben um persönliche Beziehungen.

Diese wichtige Tatsache begreift Luther absolut, eben das versteht er unter Glauben. Glauben ist die Formung der ganzen Existenz im Gegenüber Gottes. Und das rechte Verständnis hängt wieder an der Übersetzung. Würden wir sprechen von »vertrauen«, statt von »glauben«, wäre alles klar.

Wir können ein Gleiches noch einmal durchgehen bei dem Begriff Sünde. Auch das ja ein Schlüsselwort für Luther. Für gewöhnlich meint »Sünde« die »Übertretung von bestimmten göttlichen Gesetzen«. Sünde ist dann ein Teil des Strafrechtes: Ein Verbrecher ist der Übertreter von zentralen Gesetzen des bürgerlichen Zusammenlebens. Sünde ist derselbe Straftatbestand im Raum der Religion; lediglich dass die Gesetze, die übertreten werden, von Gott stammen, macht die Sünde aus. In all den Punkten hätten wir mit dem Wort Sünde gerade den Fehler begangen, den Luther gar noch nicht vor sich sah, den er aber schon instinktiv bekämpft hat: Wir hätten die Botschaft Jesu komplett reethisiert. Wir hätten wieder eine neue Gesetzlichkeit aus ihr gemacht. Wir hätten sogar aus der Bergpredigt einen Normenkatalog entwickelt, auf dessen Übereinstimmung oder Abweichung man das menschliche Leben beziehen müsste. Sünde ist aber ein ganz anderes. Man müsste sie definieren als das Gegenteil von Vertrauen. Das Gegenstück zu Vertrauen ist Angst. Aber was wird aus einem Menschen, der in Angst versinkt? Wenn *das* Sünde hieße, müsste man mit Søren Kierkegaard sagen: Sünde ist Verzweiflung. Deshalb, meinte Kierkegaard, predigen die Pfaffen sich die Kirchen leer, weil kein einziger von denen weiß, was Angst ist und Verzweiflung. Wenn sie das aber nicht wissen, ist die ganze Kirchenlehre von Christus und der Erlösung absolut überflüssig. Sie hat überhaupt keinen Gegenstand. Sie ist nicht nur langweilig, sie ist völlig sinnlos. Erst wer Angst und Verzweiflung kennt, braucht Christus. Das genau ist Luthers Überzeugung.

Obwohl er diese Begriffe nicht so wählt, wie Sie sie jetzt gewählt haben.

Verzweiflung wählt er nicht, aber Angst kennt er und Vertrauen kennt er. Und dann spricht er von Sünde, und das allerdings wird dann auch bezogen auf die Ablehnung der rettenden Botschaft Jesu. Da sind wir dann tatsächlich beim »glauben, dass«. Insofern ist die Kirchenlehre denn doch zumindest in ihrer tradierten Form auch theologisch Bestandteil der reformatorischen Inhalte.

Wenn Sie das so erläutern, Herr Drewermann, dann habe ich das Gefühl, dieser Glaube von Martin Luther braucht Menschen mit einem starken Charakter.

Er bringt, wenn es ernst genommen wird, starke Charaktere hervor, ganz sicher, und solche starken Charaktere sind denn auch die rechten Interpreten dafür. Ich bewundere das im übrigen an den Protestanten vergangener Generationen. Für die Protestanten ist der Wahrheitsbeweis einer ordentlichen Verkündigung, dass man die Theologie, die da vertreten wird, predigen kann. Im ganzen 20. Jahrhundert werden große Theologen, selbst Bultmann oder Jüngel, Bonhoeffer sowieso, ganz sicher Barth, gemessen an dem Prüfstein, ob man ihre Theologie predigen kann. Barths Dogmatik liest sich im ganzen überhaupt als eine Predigt. Das ist keine rein wissenschaftliche Ableitung, das ist eine Ansprache zur Erbauung des Lesers. Das ist Verkündigungstheologie im besten Sinne. Und entsprechend waren die protestantischen Pastöre. Die konnten nicht nur Griechisch und Hebräisch, die setzten sich Sonntags nachmittags hin und brauchten eine Woche, um die nächste Sonntagspredigt vorzubereiten. Das fing an mit dem Urtext, mit der Konkordanz, mit den Kommentaren. Am Ende standen vielleicht nur zwanzig Minuten Predigt, aber da standen diese Pfarrer als Verkünder des Gotteswortes in voller Verantwortung auf der Kanzel. Und was sie sagten, entschied im Leben ihrer Hörer über Heil und Unheil in Zeit und Ewigkeit. Das war ein absoluter Ernst, und der brachte Prediger von ganz großem Format hervor. Das alles scheint heute leider endgültig verloren zu gehen. Wir haben heute eine protestantische Verkündigung, die sich so verwässert hat, dass sie eigentlich nur noch humane Selbstverständlichkeiten vermittelt. Im Raum der katholischen Kirche schon gar.

Ist es eine Banalisierung des Christlichen?

Absolut. Wobei auch das bei Kierkegaard stimmt: Wenn der Protestantismus seine Energie verliert, meinte er, zerfällt er zum Atheismus. Dann hat er keinerlei Verbindlichkeit mehr, weil es keinen Außenhalt mehr gibt. Dann gibt es nur noch den Einzelnen, und der hat keinen Inhalt und Anhalt mehr. Auch die Personalität geht dann verloren, sie geht auf ins Kollektiv. Wenn umgekehrt der Katholizismus seine Macht verliert, schreibt Kierkegaard, wird er zum Polytheismus oder zum

Heidentum. Katholiken haben viel zu viel an kirchlichen Vorgaben, überall ist da etwas griffbereit. Und daran halten sie sich fest. In der katholischen Kirche gibt es die Aufklärung nicht, die reformatorische Subjektivierung nicht, die Angst nicht. Es gibt, garantiert von der Kirche, immer schon die Sicherheit im ganzen, auf Gottes Seite zu stehen. Doch das ist eine Kernlüge, sagt jetzt Luther: Lest die Bibel, und ihr werdet merken, wie weit entfernt ihr von Gott seid.

Herr Drewermann, was haben wir denn angesichts dieser Analyse am 31. Oktober 2017 zu feiern?

Den Mut zur Ehrlichkeit, die Fähigkeit zur Kritik zur rechten Zeit und rechten Stunde am rechten Ort, die Energie durch jede bedrohliche Zukunft zu gehen im Vertrauen auf Gott, die Unmittelbarkeit einer Gewissheit über das, was Menschen gut tut und was sie verwirrt, ein Gehaltensein in der Klarheit, dass Angst und Geldgier das Widerstück von all dem sind, was jemals Jesus meinen konnte, und dass es notfalls unumgänglich ist, selbst 1500 Jahre Kirchengeschichte über den Haufen zu werfen, wenn sie allzu viel Abfall produziert. Dann muss man den ganzen Petersdom, ehe er gebaut wird, schon wieder abreißen und ganz neu anfangen. In all dem hat das kleine Wittenberg recht gegenüber dem großen Rom.

Und der Protestantismus auf dem Weg zum Atheismus?

Wenn er seine Kraft verliert, wenn er die Energie der Problemstellung Angst oder Vertrauen, Verzweiflung oder Glaube verliert, wenn er das Fundament in der Notwendigkeit der Gnadenlehre theologisch preisgibt, wenn er, wie es längst der Fall ist, den Kern der Erlösungsbedürftigkeit der Menschen, die Erbsündenlehre, überhaupt nicht mehr versteht, dann allerdings braucht man ihn nicht mehr, und dann ist er tatsächlich auf dem Weg zum Nihilismus oder Atheismus oder zum sozialpolitischen Aktionismus.

Wir sind auf dem Weg dahin?

Wir sind längst da angekommen. Eigentlich in beiden Konfessionen, aber für die Protestanten ist diese Entwicklung existenzbedrohlich. Wenn nicht mehr gewusst wird, warum das Christentum notwendig ist, indem es mehr zu sagen hat als beispielsweise das Judentum, brauchen wir es nicht mehr, dann brauchen wir auch Jesus nicht mehr. Hegel konnte sagen: Die Lehre von der Erbsünde sei im Judentum schlafend geblieben. Das stimmt, allerdings nur cum grano salis; es gibt ja Paulus, und der hat jüdische Texte zur Verfügung, an denen er anknüpfen kann. Es gibt Jesus, auch der hat Texte vor sich, an denen er anknüpfen kann. Die Einsicht in die Erlösungsbedürftigkeit des Menschen könnte jüdisch sein, aber sie ist es nicht geworden. Es war und ist Jesus nötig, dass ein anderes gesagt wird, als es in der Gesetzesreligion Israels möglich ist. Deshalb ist das Neue Testament die Sola scriptura. Und es ist – wenn man so will – nichts weiter als ein Midrasch zum Alten Testament, zum Judentum, freilich und entscheidend in der Auslegung Jesu. Wenn also vorhin noch George Bernard Shaw sagte: »Wer da aus dem Wasser trinkt, der braucht eine Kläranlage«, so ist für Martin Luther und für jeden Christen Jesus als Person die Kläranlage, die alles ausfiltert zum Rettenden und Lebensnötigen.

Martin Luther – ein Teufelskerl?

So ähnlich hat mein Vater ihn genannt: Er war 'n rechter Kerl, hat er gesagt. Das ist für viele offenbar das Einzige, was von ihm übrig bleibt: Er hat es ihnen gezeigt, denen da oben. Doch Luther war und wollte sehr viel mehr. Wer die katholische

Kirche verneint, wie Luther es tut, der braucht die Einsicht in eine tiefe Wahrheit, die ihm zum Auftrag wird.

2. Allein durch Gnade (*sola gratia*)

Herr Drewermann, in der 62. These Martin Luthers heißt es: »Der wahre Schatz der Kirche ist das hochheilige Evangelium der Herrlichkeit und Gnade Gottes.« Da haben wir den Zentralbegriff »Gnade«.

Und einander zugeordnet als den Kern der Botschaft Jesu: als die Kraft, den Menschen zu erlösen und zu erretten, dient diese eine Erfahrung »Gnade«. Die Schwierigkeit im Verständnis dieses Wortes liegt darin, dass dieser kostbarste Begriff Martin Luthers im Verlauf des letzten halben Jahrtausends theologisch geradewegs leer geredet worden ist und wie alle theologischen Zentralbegriffe nahezu sogar in sein Gegenteil abgeglitten ist. Wer heute von Gnade redet, sieht vor sich ein hierarchisches Verhältnis von oben nach unten, eine Wohltatserweisung und Huld, die der Mächtige dem am Boden Liegenden zuteil werden lässt.

Was das bedeutet, wird klar, als 1555 im Augsburger Religionsfrieden die Fürsten sich das Recht zusprechen, um des lieben Friedens willen im Streit der Theologen untereinander bestimmen zu können und zu müssen, wes Glaubens ihre Untertanen sind oder zu sein haben. Man glaubt fortan eigentlich nicht mehr an Gott, sondern man glaubt daran, dass der König, der Fürst – wer auch immer – von Gott in seinem Amte gesetzt ist, und zitiert dabei das 13. Kapitel im Römerbrief, ein vermutlich später eingeschobenes, nicht von Paulus stammendes Kapitel: Jetzt haben wir Gnade als Gottes Gnadentum der Herrschenden da droben. Ein zentrales Wort, das den Menschen mündig machen sollte, gerät auf diese Art zu einem

Ideologiebegriff, ihn klein zu halten. Es handelt sich um eine vollkommene Umkehr des Gemeinten. Nie hat Jesus sich an die Seite der Mächtigen gestellt, um mit ihrer Hilfe die Gnade Gottes auf die Menschen herabkommen zu lassen. Das ganze ist eine konstantinische Allüre, die auf dem Erbe des alten Orients fußt, überbrückt vom Cäsarentum der Römer. Ausgerechnet dieses altorientalische Revival zu verbinden mit dem Gnadenbegriff Luthers ist eine Perversion in allem. Dass es denn trotzdem in seinen eigenen Tagen beinahe so kam, zeigt, wie jeder Versuch, die Sache Jesu in diese Welt zu tragen, fast wie zum Scheitern verurteilt scheint an den so genannten Realitäten und den systemrelevanten Strukturen der wirtschaftlichen und staatlichen »Ordnung«.

Umso wichtiger wäre es, auch um eine Neupositionierung zwischen Glauben und Wirklichkeit, zwischen Kirche – in dem, was sie sein sollte – und dem Staat – in dem, was er ist – zu formulieren, dem Gedanken der Gnade noch einmal nachzuspüren. Warum soll sie so wichtig sein, und wieso steht sie nach Luthers Auffassung, gestützt auf Paulus, bezogen auf Jesus Christus, in klarem Widerspruch zur Gesetzlichkeit?

Gerade in diesem Zusammenhang ist auch protestantischerseits im Verlauf der letzten Jahrzehnte, zunehmend sogar, eine scharfe Kritik an Luther erwachsen. Er hat in seine Rechtfertigungs- und in seine Gnadenlehre vermeintlich antijudaistische Züge aufgenommen. In der Tat haben die Nationalsozialisten sich auf eine seiner letzten Schriften aus dem Jahre 1543 »Von den Juden und ihren Lügen« in gerader Form berufen können. In diesem Traktat steht tatsächlich: Anweisung an die Pfarrherren, sie sollen die Juden ausweisen, sie sollen ihre Synagogen stürmen, – es ist abscheulich. Doch gerade deshalb: es ist nicht das, was Luther ursprünglich meinte. Gemeint hat er, dass die Botschaft von der Gnade jeder verstehen muss, jeder verstehen kann, auch jeder Jude, auch jeder Muslim, auch jeder Heide, einfach, weil er ein Mensch ist.

Von der Unfreiheit des freien Willens

Die Grundsatzfrage haben wir vorhin schon kurz angedeutet: Kann ein Mensch gut sein, einfach weil er will? Das war die Auseinandersetzung in den 20er-Jahren zwischen der Schrift des Erasmus von Rotterdam im Jahre 1524 »Von der Freiheit des Willens« und der scharfen antithetischen Absage Luthers »Von der Unfreiheit des freien Willens« (1525). Was steht da auf dem Spiel, und was hat es zu tun mit dem Begriff der Gnade?

In unserer Gesellschaft wird heute jedes Kind, mit oder ohne Luther, mit oder ohne Paulus, mit oder ohne Christentum und all seinen Dogmen, so erzogen werden, wie das bürgerliche Rechtsempfinden es sich denkt. Dieses bürgerliche Rechtsempfinden steht keinesfalls im Erbe der jesuanischen Botschaft, aber ganz sicher im Erbe der griechischen Philosophie. Der Kerngedanke lautet: Der Mensch ist frei, und er hat folglich die Fähigkeit, zwischen Gut und Böse zu unterscheiden. Sofern da noch Zweifel sind, was gut und böse ist, kann man ihm rasch aufhelfen: Es gibt die Zehn Gebote, es gibt das Bürgerliche Gesetzbuch, es gibt gewisse kirchliche Vorschriften, es gibt Anstandsregeln im Zusammenleben, die allesamt zeigen, wie man leben sollte. Da Menschen in ihrer Freiheit die Wahl haben zwischen Gut und Böse, stehen sie natürlich in der vollen Verantwortung für das, was sie tun. Wenn sie das Gute tun, muss das eigentlich keine besondere Aufmerksamkeit auf sich ziehen. Es ist unter anständigen Menschen selbstverständlich. Jeden Tag werden Menschen milliardenfach das Gute tun, und es wird in keiner Zeitung stehen. Es ist das normale, tragende, wirklich selbstverständliche Element, sich so zu verhalten, dass es anderen gut tut, dass es funktional die Dinge weiter bringt. Eigentlich möchte auch jeder Mensch so leben. Dann aber gibt es Entscheidungen, die ganz offensichtlich etwas Böses provozieren. In dem Falle kann man nicht mehr neutral bleiben. Ein solches Tun steht nicht nur morgens in der Zeitung, es gehört vor Gericht. Gerechtigkeit bedeutet demnach nicht, dass man jede gute Tat belohnen muss. Aber es gehört zur Gerechtigkeit, dass man jede böse Tat zu bestrafen hat.

Uns erscheint dieses ganze Denken als so evident, als so absolut richtig, dass wir gar nicht darauf kommen, es könnte zentral an diesem ganzen Umgang von Menschen mit Menschen etwas falsch sein. Gäbe es nicht im Neuen Testament das Beispiel Jesu, so wäre es wohl wirklich schwer zu erkennen. Wenn wir vorhin noch sagten, für Luther sei die Bibel, das Neue Testament, die Botschaft Jesu sola scriptura, die einzige, alleinige, absolut gültige Schrift, so liegt das in der Tat daran, dass das Beispiel Jesu mit genau dieser Art des Umgangs von Menschen mit Menschen brechen will. Da sind die so genannten Sünder, da sind die Ausgegrenzten, da sind die Zöllner, die mit den Römern paktieren, da sind die Huren auf der Straße. Wie man über diese denken soll, steht wirklich im Gesetz des Moses, in den 612 geschriebenen Gesetzen und den rund 2000 Kommentargesetzen aus der mündlichen Tradition; en detail hat man zu wissen und entsprechend zu handeln, wie die heiligen Vorschriften es verlangen. Die Ausgegrenzten gehören demnach erst einmal ausgegrenzt, und sie haben entsprechend ihr Verhalten zu korrigieren. Sie haben insbesondere den Schaden ihres Fehlverhaltens abzubüßen, sie haben sich zu bekehren, indem sie reumütig in die Ordentlichkeit der Gesellschaft Gottes oder der Menschen, des Staates oder des heiligen, reinen Israels zurückkehren; so das Übliche.

In den Tagen Jesu ist das noch viel krasser. Da gilt: Der Messias kann nur kommen, wenn das Volk mindestens *einen* Sabbat so hält, wie es dem Gesetz entspricht. Nur in ein heiliges Volk kann Gott hinein kommen. Nun können freilich sich die Heiligen, die Rechtschaffenen, die Gerechten in Israel, so viel Mühe geben, wie sie wollen, sie können so viele Gesetze halten, wie sie wollen, – das alles ist so nützlich, wie wenn in einem Eimer Wasser getragen werden soll, in den immer wieder Leute Löcher schlagen. Genau das machen die Sünder. Sie sorgen mit ihrem Verhalten dafür, dass der Eimer immer leer vom Brunnen im Dorf ankommt. So ist es, weil es diese gibt, weil es auf hundert Gerechte einen Sünder gibt. Das genügt für die Verhinderung, dass Gott in diese Welt, in dieses Volk entsprechend seinen Weissagungen jemals kommen könnte. Also muss man die Gesetzesbrecher im Namen Gottes mit aller Strenge dahin bringen, dahin zwingen, dass sie sich so verhalten, wie es sein muss. – Diese Auffassung ist Standard unter den Gesetzeslehrern in den Tagen Jesu. Man begreift von daher, was auf dem Spiel steht, wenn Jesus sich erlaubt, von Gott so zu reden, dass er auch und gerade in die Welt der Sünder kommt. Wohin denn sonst soll er wohl kommen?, meint Jesus. Habt ihr je gesehen, dass jemandem geholfen wäre, wenn ihr ihn am Boden liegend auch noch tretet und verprügelt? Habt ihr überhaupt eine Ahnung, was dahin führt, dass Menschen aus den Gesetzen ausbrechen, dass sie Gesetze brechen, dass sie Gesetzesbrecher und Verbrecher werden?

Kommen wir einmal wieder zu Luther. Luther fügt ja dem Begriff der Gnade ein aus meiner Sicht entscheidendes Attribut hinzu: die gerecht machende Gnade. Also da kommt ja doch auch wieder das Recht, das rechte Tun, in Abgrenzung zu dem sündhaften Tun, hinzu.

Das ist ein Punkt, der katholischerseits eigentlich lange und in gewissem Sinn bis heute nicht begriffen wird, weil Luther Bibelverse, vor allem die Psalmen, aufbietet, um sich an dieser Stelle zu erläutern. Im Hebräischen heißt das wirklich so: Gott deckt die Sünden zu, *kipper* ist der Begriff, mit dem dieser Vorgang auf Hebräisch umschrieben wird. Gott sieht nicht mehr auf die Sünden. Er ignoriert sie. Das erscheint als großzügig, doch gerecht ist es nicht, und es bleibt zudem sehr äußerlich. Es ist eine Art forensischer Gerechtigkeit: Der Mensch steht als Angeklagter vor Gott, und Gott fälscht im gewissen Sinne die Bilanzen. Er schreibt nicht »schuldig«, er schreibt »unschuldig«. Er urteilt: In meinen Augen »unschuldig«. Gott will das Schuldigsein nicht wissen, er deckt es zu, er übersieht es, er simuliert, er leugnet es. Kann das ein Gott? Und warum sollte er es tun? Nach Luther: Weil genau das in den Psalmen steht. Aber das allein wäre ein schlechtes Argument. Man muss das Gemeinte ganz offensichtlich besser ausdrücken, indem man zum Ursprung zurückkehrt. Was Jesus vorschwebt, ist, dass die ganze Verurteilung, mit der man im Namen des Rechts, das Gott gegeben hat, gegen Menschen vorgeht, nicht hilfreich ist und auch nicht wirklich das meint, was Gott im Gesetz des Moses gesagt hat. Was gesagt werden sollte, wäre Gnade, Güte, Verstehen, Geduld, und all das lässt sich nicht leben mit der Reduktion auf Gesetzesparagrafen.

Die Frage Jesu, daran angelehnt, lässt sich so formulieren: Warum glauben wir, dass Menschen freiwillig einfach so mal weglaufen, bloß aus Spaß am Bösen? Ist denn so etwas überhaupt zu denken möglich? Ignoriert das nicht alles, was man über Menschen wissen könnte? Gibt es überhaupt böse Menschen in dem Sinne, dass mein eigener Nachbar, meine Freundin, mein Kind etwas Böses will? Jesus hat sich nie mit psychologischen Argumenten erklärt, aber er hatte die wunderbare Fähigkeit, Gleichnisse zu erzählen, die seine Gedanken auf das plausibelste wiedergeben. So eine Geschichte steht im Lukas-Evangelium, in Kapitel 15,1–6. Die Erzählung beantwortet die Frage, die man auf Leben und Tod an Jesus richtet: Wieso hältst du es dauernd mit den Falschen? Was hast du nur immer mit den Sündern? Warum lädst du ausgerechnet *die* ein zu glauben, sie wären gratis bei Gott, so dass du Mahlgemeinschaft mit ihnen hältst und freisprichst, indem du sagst: Die verstehen Gott? Das ist ungeheuerlich!

*Und wie deutet das nun Martin Luther? Wie nimmt er das in seine
Theologie auf?*

Die Geschichte vom verlorenen Schaf (Lk 15,1–6), die Jesus an
dieser Stelle erzählt, macht genau das deutlich: Menschen
können überhaupt nicht gut sein, einfach weil sie wollen. Das
wird Luther im Jahre 1520 in seinem bedeutenden Traktat
»Von der Freiheit eines Christenmenschen« schreiben. Da
stehen in vier Zeilen die Sätze, die kompakt zusammenfassen,
was Luther etwa aus dem Gleichnis vom verlorenen Schaf gelernt hat. Jesus will sagen: Ein Schaf kann einen Moment einmal hinter einem Felsenvorsprung den Sichtkontakt zur
Herde verlieren. Dann weiß es nicht mehr, wo es sich befindet
und wie es sich den anderen wieder anschließen soll. Es hört
die anderen wohl noch eine Zeit lang, aber auch der akustische
Kontakt ist nach wenigen Minuten abgebrochen. Dann ist ein
Schaf, eben weil es sich verloren hat, gänzlich verloren. Es verfügt über keine Möglichkeit, zurückzukommen. Jeder im
Bergland Galiläas weiß das, wenn er mit Schafen zu tun hat:
Der Hirte muss sich aufmachen, das Schaf zu suchen. So herum ist es richtig. Deshalb sagt Jesus sinngemäß: »Ich, meine
Herren, verstehe mich als einen Hirten Gottes. Hier über den
Bergen Israels hat das Volk sich verstreut, denn es hat, wie es
ist, keine Hirten (Mt 9,36). Lest Ezechiel 34,1–10: Anklage gegen die Hirten!« Das ist Jesus auch. Er kämpft für die Verlorenen. Und das bringt ihn in den äußersten Konflikt. Nicht anders kann es Martin Luther tun.

Eine Anklage gegen die Hirten?

Eine Anklage gegen die Hirten, die bloß da sitzen. Sie haben
ihre moralischen Kategorien, ihren moralisch-ethischen Optimismus in ihrem Menschenbild: Der Mensch ist gut, der
Mensch kann gut sein, der Mensch ist verpflichtet, das Gute zu

tun. Wo nicht, haben wir alle Strafsanktionen gegen ihn in petto. Im Traktat »Über die Freiheit eines Christenmenschen« wird Luther vorweg formulieren, was er fünf Jahre später gegen Erasmus schreiben wird, und er tut es hier noch in einer milden Form: »Wenn du gute Werke willst«, schreibt Luther da, »musst du auf die Person schauen.« Einen Satz wie diesen muss man lange, lange interpretieren. Wir hätten ein halbes Jahrtausend Zeit gehabt, dies zu tun. Denn es meint doch: der Blick auf die Hände, die eine Handlung vollführen, genügt überhaupt nicht. Du musst in das Herz eines Menschen schauen. Es hat keinen Sinn, hinter der Tat den Täter zu vergessen. Es ist nicht möglich, einen Menschen nur nach dem äußeren Tathergang zu beurteilen und diese Oberflächlichkeit Gerechtigkeit zu nennen. Du musst dem Menschen gerecht werden, der die Tat verübt hat, und zu diesem Zweck musst du den Täter sehen und nicht nur das Fahndungsfoto der Kripo. Du musst seine Biografie kennenlernen, seinen ganzen Werdegang. Was ist passiert, ehe er von der rechten Bahn abgedrängt wurde? Was ging in ihm vor sich, dass er womöglich in seiner Situation etwas für richtig, für gut, für passend oder notwendig hielt, das nach außenstehender Wertung, sogar wohlbegründet, als böse, als asozial, als krass egoistisch erscheinen mag? Du musst in das Herz des Menschen sehen und dann verstehen, wie er zu seiner Tat kam. Erst dann begreifst du, was geschehen ist und wie es geschehen konnte. Du wirst immer finden, dass das sogenannte Böse nicht freiwillig war, was der andere tat, wenn er so vorging. Die Frage sollte daher sein, wie man mit ihm verfahren ist, dass er jetzt selber so verfahren konnte bzw. musste.

Die Vorstellung von der Unfreiheit des freien Willens, die Martin Luther aus den Paulusbriefen, zum Teil auch aus den Psalmen herausliest – und sogar aus manchen Texten des Spätjudentums hätte herauslesen können, wenn er die Chance gehabt hätte, sie kennen zu lernen (das 4. Esra-Buch zum Beispiel) –, verlangt geradezu, sich psychologisch zu erklären: »Schauen auf die Person« ist eine ganz und gar humane Angelegenheit, die mit allem erarbeitet werden will, was wir heute über Menschen wissen. Dazu gehört die Psychologie, die Psychiatrie, die Psychoanalyse, die Neurologie.

Der nächste Satz in seinem Traktat von der »Freiheit eines Christenmenschen« dann enthält den ganzen Luther, den ganzen Paulus, das ganze Anliegen Jesu: »Denn alle Gebote können dir nur sagen, was du tun sollst. Sie geben dir aber nicht die Kraft dazu.«

Wenn zur Erläuterung dieses Satzes ein Bild in der Bibel passend sein könnte, dann wäre es die Gestalt des größten der Propheten Israels, des Elia: Es kommt der Tag, da er nach der Auseinandersetzung mit den Baalspriestern auf der Flucht ist vor König Achab im Nordreich und seiner Gemahlin Isabel. Er will hinüber gehen zum Gottesberge Horeb. Es ist für ihn keine Frage, wie der Weg zu wählen wäre, um dahin zu kommen, aber er ist erschöpft, er ist müde, er ist voller Angst und voller Verzweiflung. Er liegt am Boden, er kommt nicht mehr weiter, und er möchte am liebsten sterben. »Ich bin nicht besser als meine Väter«, ist seine Erkenntnis und sein Geständnis. Er kann nicht mehr weiter. Dann aber geschieht ein Wunder: Es kommt ein Engel, der dem darniederliegenden Propheten Aschenbrot und Wasser bringt und es einfach, während er schläft, neben ihn stellt. Mit und in der Kraft dieser Speise geht Elia zum Berge Horeb. (1 Kön 19,1–8) – Das Bild ist eindeutig. Es genügt nicht zu wissen, wie der Weg ist. Der Engel hätte ja Elia auch eine Landkarte mitbringen können, auf der eingezeichnet ist, wie die Marschroute verläuft. Aber das ist nicht das Problem. Bei Elia sind wir sogar in der besten Voraussetzung: Er will unbedingt von innen her sein Ziel erreichen; es gebricht ihm allerdings an Energie. Und das meint Luther: Alle Gesetze geben dir nicht die Kraft, das Gute wirklich zu tun, das du willst und sollst.

Damit sind wir wieder bei Paulus im Römerbrief Kapitel 5–8. »Nicht das Gute, das ich will, tue ich, sondern das Böse, das ich nicht will. Es ist ein anderes Gesetz in mir, ein Gegengesetz gegen das Göttliche.« Solch ein Wort schreit förmlich nach einer psychologischen Begründung, wie es möglich ist, dass die eignen Motivationen derart in ihr Gegenteil verkehrt werden können. Thomas von Aquin war da noch auf aristotelische Weise beruhigt. Der Doctor Angelicus konnte lehren: »Alles, was ein Mensch will, richtet sich auf ein Gutes.« Das tut es wirklich. Doch die wirkliche Frage stellt sich damit erst: wieso wird dann aus dem Guten, das alles Wollen umfasst, etwas Böses? Wie kommt die Verfälschung im Antriebserleben zustande? Diese Frage wird weder bei Thomas beantwortet noch eigentlich bei Luther; doch der entscheidende Unterschied liegt darin, dass Luther immerhin weiß, dass es so sein kann und ist, während die katholische Kirche sich immer noch thomasisch beruhigt: Was ein Mensch will, wird immer gut sein; folglich ist das Böse nur ein Mangel an Gutem, ein minus boni. Auch das kann man sehr milde sehen; ein Verbrechen aber kann man so nicht erklären.

Die Taufe als Gnadensakrament

Aber man stellt sich doch die Frage – und die hat sich Luther auch gestellt: Wie kommt denn der Mensch zu der Kraft, zu der Gnade, zu der gratia. Luther gibt uns eine sehr traditionelle Antwort: durch die Taufe. Die Taufe ist das entscheidende Sakrament, das den Täufling in den Stand der Gnade setzt – und zwar für immer.

Das müssen wir der Reihe nach erläutern. Denn es stimmt: sakramententheologisch, auch bibelgestützt, ist der Eintritt in den Glauben an Christus, ist die Mitgliedschaft in einer christlichen Kirche gebunden an die Taufe.

Man kann fragen, ob Jesus überhaupt getauft hat. Vermutlich nicht. Denn im 4. Kapitel des Johannes-Evangeliums heißt es ausdrücklich, dass Jesus nicht selber taufte, sondern nur seine Jünger. Fakt ist, dass Jesus sich am Jordan hat taufen lassen. Das ist das erste, was das Markus-Evangelium berichtet. Damit überhaupt erst beginnt das öffentliche Wirken Jesu, und es ist für Markus sogar die Erklärung für alles, was Jesus in der Öffentlichkeit wirken möchte: die Taufe des Johannes (Mk 1,9–11. 14–15). Also müssen wir einen Moment lang von Johannes dem Täufer sprechen.

Er verkörpert in den Tagen Jesu die Wiederkehr des Prophetischen schlechthin, und Jesus hat die Person dieses Mannes offensichtlich als ein unerhörtes Ereignis erlebt. Man kann das verstehen; denn dahin gegangen sind Jahrhunderte der Schriftgelehrsamkeit. Das ist so viel, wie Sie in Kirche und Politik die Leute sich über die Akten beugen sehen: Alles wird immer genauer verrechtlicht, die Auslegung der Paragrafen wird immer subtiler und nuancierter, und es wird viel an Liebe und an Genauigkeit und an gutem Willen dafür investiert; aber im Ergebnis wird alles staubtrocken, es lebt nicht, die Leute verstehen es kaum noch, sie fühlen sich nicht angesprochen. Zu einem Propheten demgegenüber gehört, dass er mit seinem eigenen Wort, seiner eigenen Person unmittelbar redet, am klarsten und am stärksten in einer poetisch verdichteten Sprache, die das Herz anrührt, die Emotionen kondensiert, die plastisch vor Augen stellt, worum es geht. So redet Johannes der Täufer. Wohlgemerkt, nicht in Jerusalem, nicht in Tempelnähe, sondern weitab davon, in der Wüste von Judäa am Jordan. Das kann nicht anders interpretiert werden, als dass der Weg zu Gott nicht über die Priester führt, nicht über den Tempelkult, nicht über den Rabbinismus, sondern in einem Neuansatz, der verkörpert wird in der Aufnahme des prophetischen Elements der heiligen Texte. Dafür steht Johannes.

Dazu braucht es keine Riten.

Es braucht dazu absolut keine Riten. Es braucht ein einziges Ausdruckssymbol, das den Ernst der Lage anzeigt: Jetzt oder nie ist die äußerste Chance, dem Gericht Gottes, das heranzieht wie ein drohendes Gewitter im Sommer, zu entkommen. Schon sieht Johannes den Vertreter Gottes da stehen, mit der Axt in der Hand, die er an die Bäume legt, und er wird die morschen Bäume erbarmungslos abholzen und im Feuer verbrennen. Schon steht die Gestalt des kommenden Richters da mit dem Dreschflegel auf der Tenne, und er wird die Spreu vom Weizen trennen, und er wird die Spreu in unauslöschlichem Feuer verbrennen (Mt 3,11–12). Bei Lukas führt er sogar noch eine andere Rede, indem er den Pharisäern sagt: »Wer hat euch nur gelehrt, ihr könntet dem Zorngericht Gottes entkommen, indem ihr sprecht: Wir sind doch Kinder Abrahams« (Lk 3,7–8), – wir sind doch durch Geburt, durch Abstammung, weil wir eine jüdische Mutter haben, auf der rechten Seite Gottes? Uns kann überhaupt nichts passieren! »Hier aus den Steinen kann Gott Kinder Abrahams erschaffen.« Es kommt nicht auf die Biologie an, sondern auf die Lebensweise. Nur die interessiert Gott. – Die Rede des Johannes ist äußerst krass, so wie wirklich nur Propheten reden. Das Erstaunliche oder das mehr als Begreifliche ist, dass Jesus genau davon aufs äußerste fasziniert war, sonst wäre er nicht zum Jordan gegangen, um sich zum Schüler des Johannes zu machen.

Und was hat Martin Luther daraus gelernt?

Wir müssen erst noch hören, was Jesus selbst dabei gelernt hat, denn das ist die Wende in seinem Leben und die Wende, die eigentlich Luther erklären will. Jesus muss gespürt, gefühlt haben, dass es genau so richtig ist, wie Johannes spricht: dieser persönliche Ernst, diese Gottunmittelbarkeit, diese Herausforderung, dieses deutliche Gefühl, vor Gott eigentlich vernichtet zu gehören, all das stimmt aufs Wort. Wer das Gesetz Gottes liest und sich fragt, wie wir selber leben, kann nur denken: Gott muss ein Ende damit machen.

Das Bild dafür bei Johannes ist die sogenannte Taufe. Sie ist, wenn man so will, die Vorwegnahme eines zweiten Sintflutgerichtes. Dem kann man entrinnen, indem man sich selber eintaucht, indem man das Gericht akzeptiert, noch ehe es geschieht. Dann mag Gott, für den in dieser Form Reumütigen, Vergebung walten lassen.

Es gibt im Deutschen zur Verdeutlichung dieses Gedankens über die Einheit von Gerechtigkeit, Schuldeingeständnis, Strafakzeptation und Vergebung ein ergreifendes Stück bei Kleist: »Der Prinz von Homburg«. Da hat der Sohn des Fürsten sich in einer Schlacht gegen den väterlichen Befehl getraut, mitten im Kampf die Truppe so zu führen, dass sie siegreich ist. Was er gemacht hat, gilt bei allen seinen Soldaten für heldisch, für richtig, für groß, aber es ist eine Widersetzlichkeit gegen den ergangenen Befehl, und darauf steht die Todesstrafe. Unerbittlich verfügt sie der Fürst. Alle sind darüber entsetzt am Hofe und sagen: Das kann man nicht machen. Der Sohn aber akzeptiert die Todesstrafe, weil er die Logik der Gerechtigkeit des Vaters vollkommen begreift. Er hat das Richtige getan, aber es war böse als Widersetzlichkeit gegen eine Order, die vor dem Feind gegeben wurde unter höchster Disziplinauflage. Der Vater hat recht, er hat die Pflicht, ihn hinzurichten. Das bekennt der Sohn, und daraufhin erst kann der Fürst ihm verzeihen und ihn leben lassen. Insgeheim hat er damit gerechnet, dass sein Sohn so ist, dass er derart rechtlich denkt; nur dann, bei Anerkennung des göttlichen Strafgerichtes, kann Vergebung sein. Das ist sehr preußisch gedacht, aber es spitzt die Problematik, die Luther vor sich hat mit seiner Rechtfertigungslehre, im Kern aufs äußerste zu.

Das Entscheidende, was uns der Mythos im 1. Kapitel des

Markus-Evangeliums erzählt, ist dies, dass Jesus in dem Moment, da Johannes ihn untertaucht, den Himmel offen sieht und eine Stimme vernimmt, die an ihn gerichtet ist: »Du bist doch mein Sohn.« (Mk 1,9–11) Gestützt auf das Markus-Evangelium hat man später daraus die Gottessohnschaft Jesu begründen wollen, wenngleich man diesen Begriff noch nicht metaphysisch interpretiert hat, sondern adoptianistisch: Im Moment der Taufe habe Gott Jesus als seinen Sohn anerkannt, wie im Alten Ägypten der Pharao am Tag der Thronbesteigung zum Sohn des Gottes Amun-Re, des Gottes des Windes und des Lichts, ernannt wurde. Eine solche Deutung geht in eine Richtung der dogmatischen Christologie, die sich vom Ursprungserleben Jesu indessen bereits weit entfernt. Es geht nicht um eine Majestätserklärung der Person Jesu im Sinne seiner göttlichen Natur oder seiner Emporhebung auf den Thron des Pharao. Wir sollten das Gesagte im Gegenteil in seiner ganzen Schlichtheit hören. »Aber«, könnte man sogar sagen, »du bist doch mein Sohn«. Da öffnete sich der Himmel vor Jesu Augen. Es liegt das Gesetz nicht mehr wie ein Sperr-riegel zwischen Erde und Himmel, zwischen Mensch und Gott. Gott ist zugänglich, und was er den Menschen zu sagen hat, was er allen zu sagen hat, ist dies: »Ihr seid doch meine Kinder! Ist es denn denkbar, dass ich strafe? Es ist richtig, dass ihr begreift, wo ihr euch befindet. Das muss sein, aber euch hinzurichten, euch zu beseitigen, eure Hilflosigkeit noch aus-zunutzen, indem ich euch zerbreche, das ist nicht die Hand-lung eines Vaters.«

Dieses innere Erlebnis eines offenen Himmels und einer Versöhntheit mit Gott wird Jesus in Umkehrung der Tauf-zeremonie des Johannes zurücktragen in sein Heimatland, nach Galiläa, und in den Dörfern dort verkünden: »Ihr seid doch Gottes Kinder. Es ist nicht möglich, dass ein Vater seine Kinder verstößt.« So steht es auch bei Jesaja. Da wird es noch bezogen auf das Verhältnis der Eltern zu den Kindern:

»Könnte denn eine Mutter ihres eigenen Kindes vergessen?«
Und Jesaja fährt fort: »Und könnte eine Mutter ihres eigenen
Kindes vergessen, ich, Gott, vergesse dein nimmer.« (Jes. 49,15)
Das sind Sätze, die jetzt ganz neu gelesen werden. Wenn wir
vorhin noch sagten: Man müsse einen Filter haben, um das sogenannte Alte Testament auszulegen, – an solchen Stellen wird
es für Jesus evident, und er interpretiert es ganz in diesem
Sinne. Das ist urjüdisch, abgeleitet aus einem Problem, das
überhaupt nur im Judentum in dieser Form hat eskalieren können. Nur bei einer äußersten Strenge und Treue zum Gesetz
wie im Judentum können derartige Widersprüche fühlbar
werden und hinausdrängen zu einer anderen Lösung. Die
nimmt Jesus vom Jordan mit, und für die steht er im Umgang
mit all den Verlorenen später. Fortan geht es nicht mehr nur
darum, die Schuld der Gesetzeswidrigkeit zu erkennen und zu
bereuen, es geht jetzt darum, bis in die Motivation hinein
Gnade spürbar zu machen und sie bis in die Heilung von Kranken hinein wirksam werden zu lassen. Gnade wird jetzt gerade
nicht einfach als ein adoptianistischer oder als ein rechtlich forensischer Akt verstanden, sie dient im Gegenteil dem Durcharbeiten der vollkommenen Hilflosigkeit des Menschen.

Wir kommen nicht umhin, an dieser Stelle nicht nur das
Wort Gnade noch einmal neu zu definieren. Wir müssen vor
allem das Wort Sünde parallel dazu aktualisieren. Wir haben
damit bereits ein Stück weit begonnen und gesagt: Sünde darf
nicht mehr im Sinne Jesu, im Sinne Pauli oder im Sinne
Luthers als Übertretung bestimmter Gesetzesparagrafen verstanden werden, denn das wäre die bloße Reethisierung der
ganzen Botschaft Jesu. Dann aber ist Sünde tatsächlich im
Deutschen am besten auszudrücken mit dem Wort Verzweiflung oder auf gut Hebräisch sogar mit dem Wort Verlorenheit.
Das hebräische *abadon* stammt aus der Hirtensprache. *Abad*
bedeutet eigentlich ein Tau aus der Kardele herausdrehen, so
dass es sich isoliert. Völlige Isoliertheit in Verlorenheit, das ist

hebräisch eigentlich das, was man Sünde nennt. Und wir werden das an biblischen Texten am besten gleich noch zu erläutern haben, um die Dramaturgie, wie es dahin kommt, zu begreifen. Nur so gewinnen wir eine Vorstellung davon, wie mit sündig gewordenen Menschen zu verfahren ist.

Gnade als bedingungsloses Angenommensein

Machen wir, damit es wirklich klar wird, uns den Zusammenhang von »Sünde« (als Verlorenheit, als Verzweiflung) und Gnade (als unbedingte, voraussetzungslose Annahme eines Menschen) noch einmal deutlich.

Es gibt bei Ödön von Horváth eine Episode in seinem Drama »Geschichten aus dem Wienerwald«, die einer bitteren Ironisierung des Katholizismus in der Habsburger Hauptstadt gleichkommt. Da schildert er das Schicksal der Marianne, einer jungen Frau, die ein uneheliches Kind hat, und ihren Zustand dem Pfarrer beichtet. Vorne auf der Bühne sieht man eine Gruppe von Frauen in den Bänken, die murmeln den Rosenkranz: »gebenedeit ist die Frucht deines Leibes«. Marianne kann nur sagen, wie es um sie steht. Und Horváth lässt den Pfarrer antworten: »Tut es dir wenigstens leid, dass du ein Kind außerhalb des Segens Gottes hast?« Und Marianne sagt: »Das kann ich nicht.« Sie fühlt als Mutter. »Ja, dann kann man dir auch nicht vergeben. Du hast ein Kind von einem Mann, der nicht dein eigener ist. Sag doch selber: Kann denn darauf der Segen Gottes ruhen? Dein Vater wollte dich mit einem ganz anderen Manne verheiraten. Du bist einfach ungehorsam und ungezogen. Bringe erst einmal dein Leben in Ordnung und dann komm her und bereue deine Sünden; erst dann wird dir Vergebung sein.« – In der nächsten Szene sieht man Marianne in denselben Kniebänken, eine Verzweifelte, und Horváth lässt sie sagen: »Ich bin doch kein schlechter Mensch,

Gott! Sag mir, wer ich bin und was ich tun soll.« Was ein Dichter wie Horváth, der eigentlich gar nicht an Gott glaubt – der im übrigen die Novelle »Jugend ohne Gott« mitten im Nationalsozialismus geschrieben hat –, in dieser kleinen Szene verdeutlicht, ist, dass zweitausend Jahre Christentum, verwaltet speziell in der katholischen Religion, nichts weiter zu tun wissen, als über Verzweifelte zu Gericht zu sitzen, und dass sie sogar aus ihrem so genannten Bußsakrament ein Possenstück zu machen wagen – einen Exemplarfall der Rechthaberei, der Observanz und der Ordonanz, obwohl etwas ganz Anderes gebraucht würde, damit Menschen von innen her zu leben vermöchten. Damit in die feierliche Heuchelei der Wiener Hauptstadt so etwas wie Mitleid, Barmherzigkeit und Güte getragen werden könnte, müsste man lutherisch »schauen auf die Person.« Und dazu braucht es einen Dramaturgen wie Horváth, der zeigt, was das bedeuten könnte: alles stürzt ein, was in der bürgerlichen Sicherheit hinter den großen Mauern der Boulevards ausgeheckt wird.

Ganz so müssten wir uns jetzt fragen: Was soll die Mutter mit dem Kind, was soll eine Marianne denn machen? Weil sie eine Mutter ist, wird sie ganz sicher nicht zu ihrem Kinde sagen: »Ich habe mit dir als Frucht der Sünde nichts mehr zu tun.« Vielleicht hat ihre eigene Mutter warnend so mit ihr geredet, damit sie genau das nicht tat, was sie dann tat; aber womöglich genau deshalb, weil sie so mit ihrer Tochter sprach, hat diese getan, was ihr untersagt war. Alles kann dialektisch sein. Aber jetzt wird sie als Mutter ihr »gefallenes« Kind in die Arme schließen. Und das bedeutet, dass mit allen Moralismen nicht mehr weiterzukommen ist. Was ihr Kind braucht, ist simpel eine Hilfe, einen mütterlichen Beistand, einen Ort, an dem es leben kann, eine Asylstätte, wo es nicht verachtet, verleumdet und verspottet wird, wo es nicht weiter isoliert wird in der bürgerlichen Moral, ob in Wien oder in München oder sonstwo. Es geht darum, über die Verlorenheit hinweg den

Kontakt wieder neu herzustellen, zu verstärken und zur Lebensgrundlage zu machen.

Das ist es, was Luther Gnade nennt, genau dies: ein Durcharbeiten der Motive, die Menschen auf Abwege bringen, ein Durcharbeiten beim Zurückschreiten des Weges ins Abseits, und ein Heimholen des Versprengten über die Brücke der Rettung.

Kann man es auch vereinfacht sagen: Gnade ist bei Luther das große Erbarmen Gottes mit den Menschen?

Absolut. Gnade ist die Rettungszusage Gottes im Unbedingten. Sie ist das Wissen darum, dass etwas anderes einem Menschen gar nicht helfen kann. Nicht die Gesetze geben dir die Kraft, das Gute zu tun, sondern, simpel gesagt: Du kannst als Mensch überhaupt nur so viel an Gutem tun, wie du selber an Güte erfahren hast. Und der Hintergrund aller Güte, der zu glauben ist, ist Gott in seiner unendlichen Barmherzigkeit. Das sind Worte Jesu, die einem sofort dabei in der Bergpredigt einfallen: »Gott aber lässt doch regnen über Gute und Böse, und die Sonne scheinen über Gerechte und Ungerechte.« (Mt 5,45) Für Gott sind all die Grenzzäune, die im Namen des Gesetzes gezogen werden, null und nichtig.

Also diese Grenzzäune reißt Luther ein?

Er beruft sich auf Jesus und findet sie eingerissen; sie sind im Sinne Jesu illegitim. Sie sind in der bürgerlichen Gesellschaft hoch angesehen und gelten dort vielleicht als normal, doch im Sinne Jesu sind sie absolut unzulässig, sind sie ein Verrat an Gottes Güte, sind sie ein Missverständnis seiner selbst und aller Beziehungen zu den Menschen.

Die Kraft der Sünde ist das Gesetz.

Das wird Paulus sagen. (Röm 5, 20) Und es ist wieder ein Satz, für den wir eine Menge Psychologie aufbieten müssen, um die Gegenfinalität und Dialektik solcher Aussagen zu begreifen. Paulus schreibt im Römerbrief, auch im Galaterbrief, in den beiden zentralen Episteln für Luther in der Vorlesung 1515/ 1516 in Wittenberg, dass ohne ein Gesetz niemand wissen könne, was gut und böse ist. Ohne das Gesetz gäbe es überhaupt weder das eine noch das andere, es wäre alles egal. Insofern ist das Gesetz nötig, um das Böse überhaupt zu formulieren. Aber jetzt passiert etwas, das Paulus in den Übergängen nicht mehr wirklich schildert, sondern nur noch im Ergebnis darstellt: Gerade weil es das Gesetzt gibt, führt es den Menschen dahin, böse zu werden. Das ist Pauli Erfahrung. Wie es dahin kommt, begreift er selber nicht. Luther hätte den Teufel dafür zur Erklärung. Aber in Wirklichkeit ist auch damit natürlich nichts verstanden. »Du musst auf die Person schauen«, – das muss jetzt eingefordert werden als ein Programm reifender Menschlichkeit.

Die Gnadenlosigkeit der Gottesferne – die »Erbsünde«

Um bei Luther zu bleiben: Er hätte die Lehre von der Erbsünde, die hinter Pauli Aussagen steht, er hätte Augustinus, der sie gegen den Mönch Pelagius verschärft hat, wie wir schon sagten, er hätte sie einfach der Lektüre von drei Kapiteln der Genesis entnehmen können: Genesis 2–4.

Der Begriff Gnade, wie gesagt scheint kaum noch verständlich, weil er so zersetzt ist mit Feierlichkeiten und Missverständnissen aller Art. Im übrigen ist er außerhalb der Kirchenwände schon gar nicht mehr zu gebrauchen. Auf keinem Marktplatz der Welt erwartet man, dass eine Blumenverkäuferin auf dem Wochenmarkt ihre Blumen aus Gnade im Preis herabsetzt, allenfalls aus dem Kalkül, dass sie wenigstens noch die verwelkenden Blumen über das Wochenende retten muss mit einem kleinen Salär. Hingegen den Begriff Gnadenlosigkeit versteht jeder sofort. »Gnadenlos« ist ein Filmtitel – »sans merci«, das geht. Django – ohne Gnade. Gnadenlos, das ist aufregend, spannend. Da muss man hin, das findet man faszinierend. Wenn wir den Gegenbegriff des Worts Gnade aber einmal so nehmen: wir leben in einer Welt der Gnadenlosigkeit, dann sind wir auf der richtigen Spur, um die Notwendigkeit der Gnade bei Luther endlich zu begreifen.

Denn davon exakt spricht die Bibel in Gen 3,1–7: Die Menschen verlieren das Vertrauen auf Gott, indem sie in der Angst vor dem Tod Gott selber durch Einflüsterung der Schlange – ein mythisches Symbol, eine mythische Szene – in den Paradiesesgarten kommen sehen wie einen Würgeengel, wie einen Richter, der für eine Winzigkeit den Menschen ermorden wird – bei Übertretung des einzigen Verbots, das er erlassen hat: Man darf von dem Baum der Erkenntnis »von Gut und Böse« nicht essen. – Die Theologen tun sich bis heute schwer, dieses Gebot zu verstehen, denn Essen vom Baum der Erkenntnis von Gut und Böse wird wieder moralisch verstanden – Gut und Böse. Wäre es aber so gemeint, hätte Gott den Menschen die sittliche Erkenntnisfähigkeit verweigern wollen; das macht eine Dialektik auf, die wir bei Hegel wiederfinden, aber die ganz sicher nicht biblisch ist. »Gut und Böse« bezeichnet simpel in der Bibel an dieser Stelle so viel wie »glücklich oder unglücklich«, »gelingend oder misslingend«, »sinnerfüllt oder sinnleer« zu leben. Gott erkennt zum Beispiel, als er Adam geschaffen hat, dass es für einen Menschen »nicht gut« ist, allein zu sein. (Gen 2,18) »Nicht gut« hat hier überhaupt nichts mit Moral zu tun. Es ist einsam, quälend, langweilig, unerfüllt, frustrierend, grau und im letzten zum Verzweifeln. Einen solchen Zustand muss Gott ändern, damit es »gut« wird. In diesem Sinne sind »Gut und Böse« auch bei den Worten vom Baum der Erkenntnis zu verstehen. Es gab ein einziges Gebot, das Gott dem Menschen geben musste: er hätte nie erkennen sollen, was es bedeutet, als Kreatur, als Geschöpf, als Staubgeburt leben zu müssen, ohne das Wohlwollen, die Güte, die Berechtigung im Sein aus den Händen Gottes. Wenn *das* verloren geht, bricht über den Menschen ein Albtraum herein. Dann ist seine Kreatürlichkeit wie ein Fluch. Alles, was Segen sein könnte in der Nähe des Vertrauens zur Güte Gottes, senkt sich dann herab als eine Falle, aus der es kein Entrinnen gibt. Aus dem Staub geboren sein, heißt sterben müssen, und jeden Morgen, wenn die Sonne aufgeht, fällt ihr Schatten in diese Welt hinein. Der Mensch kann machen, was er will, er wird gegen den Tod erfolgreich nicht ankämpfen können. Er ist ein in seiner Endlichkeit Verlorener. Sobald er das begreift, vermehrt sich alles in ihm an Widersprüchlichkeiten. Die Natur wird ihm feindlich, er muss sie bearbeiten, er lebt nicht mehr geborgen, er muss gegen sie angehen, um die Ressourcen zu gewinnen, die ihm die Existenz sichern. Und am allerschlimmsten: Aus der Liebe zwischen Mann und Frau, die eine glückliche Seligkeit war, die ein unverschämtes Glück in der Einheit der Liebe bildete (Gen 2,25), wird jetzt ein Herrschaftsverhältnis. Kann ein Mensch einen anderen lieben, wenn er sich kritisch beäugt fühlt, wenn er sich mit Angst verfolgt vorkommt? Wenn jede Schwäche ausgenutzt werden kann, um gegen ihn Kritik zu üben, wenn keine vertrauensvolle Beziehung der Liebe mehr selbstverständlich ist, dann beginnt eine vollkommen neue Geschichte: Man muss die Schmach, nackt zu sein, ein Mensch zu sein, Fehler zu haben, nicht gut genug zu sein, nicht perfekt zu sein, nur Kohlenstaub zu sein, kein Diamant, verbergen und verstecken. Und das tun Adam und Eva nach dem Sündenfall: sie verhüllen sich mit Feigenlaub. Bekleidet mit Fellröcken wird Gott sie entlassen. Wenigstens das Schamgefühl voreinander will er mildern.

Kain oder: Wie wird ein Opfernder zu einem Mörder?

Mit dieser Geschichte beginnt das, was Luther auf den Kern hin thematisiert hat, ohne es an dieser Stelle zur Interpretation seines eigenen Anliegens wirklich zu nutzen: Wir sehen Menschen hineingestürzt in eine buchstäblich gnadenlose Welt.

Was werden solche Menschen machen? Sie sind, wie sie sind, – Unberechtigte, von Gott Hinausgewiesene. Die Erde brennt unter ihren Füßen, sie haben kein Aufenthaltsrecht, nirgendwo mehr. Also sind sie darauf angewiesen zu tun, was in den Anfängen aller Religionsgeschichte geschehen sein wird: die verstoßenen Menschen haben versucht, sich und ihre Existenz zu rechtfertigen. Das ist das kern-lutherische Wort. Wie aber kann man als Verstoßener sich rechtfertigen? Die Menschen können ihre Berechtigung zu leben überhaupt nur finden, wenn sie eben jenen Fehler wiedergutmachen, der wie ein Fluch auf ihnen liegt. Im Symbol gesprochen: Die Eltern haben durch ein Nahrungsverbot sich verleiten lassen, ein Tabu zu brechen, und dadurch Schuld auf sich geladen. Wie nun, wenn man der Gottheit, die straft, Nahrung selber freiwillig zurückgäbe?

Man bringt ihr ein Opfer dar. Man bringt das Beste hervor, was man kann, ob als Hirte oder als Ackerbauer, Früchte oder Tiere, man legt sie auf den Altar, verbrennt sie, damit der Duft und der Rauch des Brandopfers hoch steigt in die Nase und in die Augen des Gottes da droben. Wenn man ihm doch das Beste zurückgibt, was man kann, wenn man alles tut, was möglich ist, wenn man die besten Produkte für ihn selber veräußert und sie nicht einmal selber in den eigenen Konsum bringt, wenn man sie »darhöht« – das hebräische Wort für »Brandopfer« –, dann ist der Fluch doch vielleicht erledigt. Dann kann man wieder akzeptiert werden. Also: Man muss Opfer bringen, man muss auf Genuss verzichten, man muss sich selber einschränken, man muss ganze Teile des eigenen Lebens an Gott abtreten.

Und je tüchtiger man das macht, je fleißiger man das tut, desto rituell kundiger wird man später in der Herrschaft der Priester glauben, dass, wenn alles verrichtet ist, man desto mehr Garantie bekommen wird, dass Gott gnädig sei.

Und damit räumt Luther auf.

Er muss damit aufräumen. Denn auf diese Weise wird das Opfer die Vorleistung zum Erwerb der göttlichen Gnade. Diese Aussage ist der Kern der ganzen lutherischen Rechtfertigungslehre: So wird es nie gelingen!

Und es ist im Grunde ein ungeheurer Gedanke in der damaligen Zeit.

Es ist ein absolut ungeheurer Gedanke, den wir noch stützen könnten, um Luther selber zu helfen in der Argumentation, indem man weiterentwickelt, was in Genesis 4 passiert. Der Gedanke: »Ich werde akzeptiert von Gott, ich werde berechtigt in seinen Augen erscheinen, wenn ich ihm opfere und Vorleistungen erbringe,« setzt unmittelbar die Angst vor Gott und das Ambivalenzgefühl voraus, das zum Opfer vor Gott gehört. Und die Tragödie jetzt: genau diese Angst der eigenen Unberechtigtheit,`die man mit Vorleistungen zu beruhigen sucht, treibt in die wechselseitige Konkurrenz, in die laterale Feindschaft unter den Menschen. Jeder Mensch in Angst tut so: Er opfert. Kain tut so, Abel tut so, aber weil sie beide Brüder sind, geraten sie im gleichen Feld in eine absolute tödliche Konkurrenz zueinander. Aus dem besten Wollen wird in wenigen Zeilen Kain zum Mörder an seinem Bruder.

Dieser Zusammenhang ist etwas, das Luther so nicht sehen konnte, doch das ist ihm wirklich nicht vorzuwerfen, weil es die theologische Exegese bis heute nicht begreift: Man hält Kain einfach für böse. Gott hat sein Opfer »nicht angeschaut«

(Gen 4,5), sagt man, weil er böse war, und dass er böse war, zeigt sich ja eben daran, dass er zum Mörder wurde. Ein Mensch, der ein Mörder wird, muss nach dieser Logik schon immer böse gewesen sein. Man begreift mit dieser Schablone aber nicht, was die Bibel an dieser entscheidenden Stelle sagen will: Ein Mensch wie Kain meint es absolut gut. Er will alles nur richtig machen vor Gott, und seine Angst kulminiert in der Opferpraxis. Nichts daran ist böse, aber in dem ganzen Arrangement liegt ein Moment, das ins Böse treiben *muss*. Denn neben Kain steht ein anderer, Abel, der genau dasselbe tut, und dieser andere steht ihm so nahe wie ein Bruder dem anderen, und eben deshalb ist dieser andere so gefährlich. Alles, was lobenswert ist an dem Menschen neben mir, was ich an ihm lieben und anerkennen könnte, wird zur Bedrohung, wenn es um einen Konkurrenzvergleich in Leistung geht.

Wir müssen diesen Tatbestand heute in unserer Gesellschaft unbedingt noch ins Säkulare übersetzen, um das Gemeinte zu verstehen. Was die Theologen bei der Geschichte von Kain und Abel bis heute nicht begreifen: Es geht in der biblischen Erzählung darum, dass die gesamte Welt so erlebt werden muss außerhalb der Nähe von Gott. Das ist nun wirklich ein Naturgesetz: Die elementare Grausamkeit in aller Schöpfung jenseits von Eden fällt über den Menschen herein, sobald er die Rücksicherung des Vertrauens in Gott verlässt. Dann stürzt er in eine buchstäblich gnadenlose Welt hinein. Und die Opferpraxis, die er sich dann aufzwingt, rettet ihn nicht, sie verinnerlicht lediglich die Grausamkeit, mit der die Angst die Opferpraxis selbst als Klammer in das Verhältnis zwischen Gott und Mensch einsetzt.

Also kann es nur so kommen, wie die Bibel es schildert: Der Eindruck muss sein: Neben mir steht ein Anderer, der hat das Ansehen, das ich dringend brauchte, um zu leben; auf den schaut Gott, und das ist empörend ungerecht. Der Andere – das ist vielleicht mein zwei Jahre älterer Bruder; nur weil er ein wenig älter ist, steht er mir dauernd im Wege, wirft er ständig auf mich seinen Schatten, indem er in die Sonne tritt, er steht im Glanze, ich bin ein Garnichts. Dieser mein Bruder kann alles besser, weiß alles besser, ist immer stärker, ist immer klüger, bootet mich aus, nur weil ich zwei Jahre jünger bin. – Es kann auch ganz umgekehrt kommen: Der Bruder ist zwei Jahre jünger. Drum wendet ihm die Mutter sich zu; er hat es ständig besser, er hat weniger Verantwortung, er darf spielen, während der ältere schon lernen muss. – Das Entscheidende: Immer ist die Welt schon auf Grund der ganz natürlichen Unterschiede ungerecht: Das eine Mädchen ist schöner als das andere, es hat blonde Haare, es ist vorteilhafter entwickelt, es ist gerade zwölf Jahre alt, aber nach ihm drehen die Jungen sich um, nach der Schwester gar nicht. Allein so etwas kann über die Zugangswege für das ganze weitere Leben entscheiden. Und nun: In Angst ist es unvermeidbar, dass die ganz natürlichen Unterschiede unter den Menschen sich in einen Konkurrenzkampf auf Leben und Tod um Anerkennung, um Berechtigung im Dasein, aufschaukeln.

Dann stehen wir vor der Frage: Was muss denn passieren, um Kain zu erlösen? Wie befreit man den Mörder Kain von dem, was er tun will? Das erzählt Genesis 4 außerordentlich krass: Gott redet mit Kain, doch er spricht jenseits von Eden nur noch die Sprache der Moral. »Wenn Gutes du Kain, Erheben, wenn aber Böses, – die Sünde, ein Lagerer am Herzenseingang, du aber beherrsche sie.« (Gen 4,7) Es ist das einzige, was alle Moral verordnen kann. Es gibt den bösen Trieb, würde man jüdisch-rabbinisch jetzt sagen, und den musst du beherrschen, und das kannst du tun. – Die Tragödie in Gen 4 besteht indessen darin, dass Kain genau das probiert: er will sich beherrschen. »Da redete«, geht der nächste Vers weiter, »Kain mit Abel, seinem Bruder.« Er versucht es also wirklich, die Spannung aufzulösen. Der Konflikt soll durch Dialog bereinigt werden. Dann jedoch übersetzt an dieser Stelle einzig

Martin Buber korrekt: Es geht nicht weiter »*und* dann, als sie auf dem Felde waren«, es muss heißen: »*Aber* dann, als sie auf dem Felde waren: aufstand Kain gegen Abel, seinen Bruder, und mordete ihn« (Gen 4,8). Es explodiert. Der moralische Rückstau dessen, was gerade beherrscht werden sollte, bringt genau das Gegenteil hervor. Die innere Zerrissenheit ist unerträglich, und sie gebiert gerade das, was man nicht will.

Im weiteren findet sich der Mensch jenseits von Eden, Kain, auf der Flucht vor sich selber, vor allen Menschen, und diese Angst aller vor allen schließt sich zusammen in dem ersten Stadtbau.

Wenn man Luther die Erbsündengeschichte der Bibel so erzählt hätte, wäre er begeistert gewesen, da bin ich mir ganz sicher. Bei einer solchen Interpretation der Bibel wäre das »musst du schauen auf die Person« wirklich klar geworden. Der historische Luther indessen scheute nicht davor zurück, über den Mörder die Todesstrafe zu sprechen. Doch im Erbe des eigentlichen Anliegens Luthers müssen wir uns jetzt fragen: Wie kommt das Verbrechen in den Menschen? Es geht ja nicht abstrakt um das Böse. Es geht um die Unheimlichkeit, die Luther in seiner eigenen Seele gespürt hat, um den Abgrund, der in der Seele jedes Menschen liegt.

Die Selbsterfahrung Pauli

Das schildert die Bibel. Sie schildert, wie in dem, was Luther am meisten bekämpft, in der Opferpraxis: in der Hierarchisierung und Sazerdotalisierung des Religiösen, der Keim des Bösen selber liegt, und wie ein Gottesdienst vor Gott beim besten Wollen sich verkehrt in sein genaues Gegenteil: in einen Brudermord. An der Stelle exakt können wir insbesondere Luthers Kronzeugen Paulus selber zitieren. Es geht um das 7./8. Kapitel der Apostelgeschichte. Da ist ein Mann, Saul mit Namen, der als Pharisäerschüler nach Jerusalem gegangen ist und dort aufs beste unterrichtet wurde. Man muss den Willen Gottes tun, – etwas Wesentlicheres im menschlichen Leben kann es überhaupt nicht geben. Und Saul von Tharsus hat genau das probiert; das war sein ganzes Leben. Dann aber findet er jemanden, der redet von der Gnade Gottes, und dass der Tempel überflüssig ist, weil Gott überall wohnt. Stephanus heißt der Mann, ein griechischer Jude, ein Hellenist. Der redet so, wie wenn der Gekreuzigte, der Nazarener, recht gehabt haben könnte, als er hinter den Sündern herlief, statt sie im Namen Gottes zu verurteilen. Er redet so, wie wenn das Gesetz des Moses nichtig sein könnte und man sich vertan hätte, als man den Nazarener kreuzigte. Was Stephanus sagt, bringt Saulus dazu, auf die Kleidung derer aufzupassen, die Stephanus steinigen. Eine solche Handlung ist unvermeidbar: Das Volk muss sich reinigen von solchen Unreinen, von den Gesetzesbrechern. Es hat die Pflicht vor Gott, einen Bösen zu opfern, damit es selber als gut, als akzeptabel vor Gott da steht. Die Steinigung ist eine Ritualtötung, die im Namen der Gerechtigkeit und des Gesetzes begangen wird.

Ganz so dachte und handelte Saul von Tharsus, und nicht durch Zufall. Er lässt sich die Schriften derer aufstellen, die zum Christentum konvertiert sind, die also abgefallen sind von der reinen Lehre, um sie zu verfolgen. Er wird sie anzeigen beim Hohen Rat in Jerusalem, er wird die Kontributionslisten vorlegen, in denen sie alle aufgeführt werden, die Väter vor allem, – die sind zuständig, aber auch ganze Familien, mitsamt den Frauen, mitsamt den Kindern. In Glaubensfragen gilt Sippenhaft. Saulus wird solche Namenslisten erstellen und er wird die Abtrünnigen melden, denunzieren, anklagen auf Leben und Tod. Vor allem in Damaskus müssen sie endlich wissen, was sie wollen. Damaskus ist überhaupt ein Ort, wo die Sekten sich wie von selber vermehren, wo dringend Ordnung hineingehört. Eine letzte Chance bietet sich ihnen: Sie können sich wieder zum Mosaischen Gesetz bekennen, zur Religion der Väter; oder aber sie bekennen sich zu diesem Ketzer aus Nazareth, – dann geschieht ihnen, was jenem geschah, und das absolut zu recht. – Es kostet den Zusammenbruch vor Damaskus, dass Saulus sich fragt: »Was mache ich da eigentlich? Aus lauter gutem Willen werde ich zum Mörder an Menschen. Es ist in mir jedes Mitleid, jedes Mitgefühl offenbar erstorben. Ich durfte mich nicht fragen: Was geht in dem Anderen vor sich? Ich konnte nicht schauen auf seine Person. Ich hatte ein Gesetz im Kopf, und das trat zwischen jede menschliche Beziehung. Meine einzige Frage war nicht: Wie geht es dem Anderen, sondern: Was macht er, und wie bezieht sich das, was er tut, auf die Gesetze? Die kannte ich alle auswendig, und die waren die klare Richtschnur.« – Psychoanalytisch würden wir sagen: Es ist ein zwangsneurotischer Sadismus, der da wütet, eine ständige Hinrichtung von Menschen entlang einer fertig vorgegebenen göttlichen Gesetzlichkeit. »Das war ich«, muss Saulus jetzt feststellen. »Ich bin ein Mörder geworden aus lauter gutem Willen, – ich bin schlimmer als Kain. Der mordete aus Verzweiflung, weil er nicht anerkannt war. Ich glaubte anerkannt zu sein, wenn ich mich nach dem Gesetz richte. Und jetzt entdecke ich: Ich bin ein Mensch, den Gott am allermeisten verurteilen müsste.« Saulus wird über diese Entdeckung blind, er sieht die Welt nicht mehr; aber er wird von einem Mann mit Namen Andreas auf der Geraden Straße in Damaskus aufgenommen, und dieser ihm unbekannte Jesus-Jünger überwindet sogar die Angst vor dem Christusverfolger Saul von Tharsus und nimmt ihn auf. Wenn Menschen so sein können, lernt Paulus, dann gibt es von Jesus etwas zu sagen, das die ganze Welt betrifft, einen jeden, weil er ein Mensch ist.

Paulus wird sich für die historische Überlieferung der Worte Jesu kaum interessieren, aber für diese zentrale Erfahrung der Botschaft Jesu wird er geradestehen und die ganze Welt, so weit er sie erreichen kann, mit dieser seiner Botschaft aufsuchen, weil sie jeden angeht. Es ist zu wenig, spürt er, dass man Jesus als einen Lehrer nur für Israel interpretiert. Israel wird von Jesus aufgerufen zu tun, was Jesaja wollte: Ein Leuchtturm soll es sein für die Völkerwelt, ein Segen für alle Menschheit. (Jes 2,3)

Sie sagen, das ist seine persönliche Erfahrung, die ihn prägt und treibt und verändert?

Genau wie bei Luther. Denn auch Pauli persönliche Erfahrung führt zu der Entdeckung der absoluten Notwendigkeit eines Erbarmens, das den Menschen ganz umfasst. Allein das rettet ihn aus all den Konflikten, die sich moralisch nur vergrößern können; die moralischen, die ethischen, die juristischen Begriffe und Gesetze schaffen überhaupt erst die Probleme, aus denen es dann mit willentlichen Anstrengungen kein Entrinnen gibt. Simpel gesprochen: Es liegt nicht an dem bösen Willen der Menschen, wenn sie Böses tun, es liegt daran, dass sie in sich Konstrukte, Mandate, Dressate tragen, die ihnen in Kindertagen beigebracht wurden in einer solchen Strenge, dass die persönliche Entfaltung sich darunter nur noch sehr gebrochen vollziehen kann. – Wir müssen, um das zu begreifen, jetzt ein bisschen Psychoanalyse nacharbeiten, auch um Luther mit seinem Anliegen in unseren Tagen wirklich verständlich zu machen.

Ein wenig Psychoanalyse

Sagen wir so: Kinder haben Angst, von ihren Eltern mit Liebesentzug bestraft zu werden. Deshalb tun sie aus lauter Angst, was Mutter oder Vater will, und hoffen, dann akzeptiert zu werden. Aber die Angst geht mit. Es gibt Gefühlsregungen auch des Widerstands, des Widerspruchs. Es gibt die Neigung, genau das Gegenteil des Gebotenen auszuprobieren, aber diese Tendenzen muss man unterdrücken. Und je stärker die Angst ist, wird sie sich sogar gegen diese Regungen selber richten. Psychoanalytisch gesprochen: Sie werden, schon um die Lage zu vereinfachen, verdrängt. Das heißt: An jeder Stelle, wo eine bestimmte Wunschregung, eine Triebregung in Widerspruch zu den elterlichen Gesetzgebungen sich bemerkbar macht, tritt Angst ein, und der Angstreflex führt sofort zur Zurückweisung der entsprechenden Triebregung oder Wunschvorstellung. Da herrscht kein freier Wille, es ist ein rein psychodynamischer Mechanismus am Werke. Das Geschehen vollzieht sich zwischen Es und Über-Ich in der Sprache Sigmund Freuds. Das Ich ist zwischen diesen beiden eingeklemmt wie gemahlenes Korn zwischen den Mühlsteinen. Es dreht oben und es dreht unten, und die Persönlichkeit ist viel zu schwach, vernünftige Kompromisse zwischen den Gegensätzen zu finden. Aus diesem Dilemma entstehen Neurosen. Das Aufgespeicherte hinter den Wänden der Verdrängung ist ja nicht verschwunden, es ist unbewusst, aber es wird sich bemerkbar machen, nicht nur in den Träumen, nicht nur in Ersatzhandlungen. Es hat, wenn es arg kommt, die Macht, die ganze Staumauer zu durchbrechen und sich mit einer Riesenflut in die Wirklichkeit Zugang zu schaffen. Es kommt zu einem Triebdurchbruch. Dann kann aus der Neurose eine Perversion werden. Mit starkem Lustgewinn wird dann genau das ursprünglich Verbotene getan. Für einen Außenstehenden wird in solchen Momenten womöglich klar, dass man ein Monstrum von Mensch vor sich hat, jemanden, der Wohlgefallen hat an dem Perversen, an dem Gesetzeswidrigen. Man ahnt nicht die Verzweiflung, die dahinter steht. Man sieht nicht vor sich, was passiert sein muss, wenn es so kommt. Der ganze Werdegang ist wie verschüttet, sogar für den Betreffenden selbst.

Wir sehen jetzt schon: Die ganze bürgerliche Gesetzgebung steht in Frage, wenn man auch nur ein einziges Verbrechen wirklich begreifen würde, über dem man im Namen Gottes zu Gericht sitzt, um darüber das Todesurteil zu verhängen, weil Gott gesagt haben soll – Genesis 9,5: »Wer Menschenblut vergießt, des Blut soll auch vergossen werden.« Gewiss, ein solches Wort mag in der Bibel stehen, und es steht trotzdem in der Bibel dagegen ein ganz anderes: Wie geht man mit Kain dem Mörder um? Das ist die Frage, die sich Jesus stellte angesichts der Verzweiflung derer, die man die Sünder nannte und angesichts derer man sich die Hände in Reinheit wusch, weil man so fromm und ordentlich und anständig ist. Die Frage Jesu ist ganz simpel: Wieviel Verständnis und Mitleid habt ihr mit den Verlorenen? Und dann formuliert er einen Satz, den Luther, – soweit ich weiß, nicht ausdrücklich zitiert, der ihm aber aus der Seele gesprochen hätte – , nur wird er leider wieder falsch übersetzt. Üblicherweise heißt es: »Die Sünder, die Zöllner und die Huren, kommen *vor euch* in das Himmelreich.« (Mt 21,31) Es ist nicht nur diesem Worte nach also die Geschichte, die wir schon erwähnt haben, das Gleichnis vom Pharisäer und vom Zöllner im Tempel, dass sich die gesetzliche Ordnung in den Augen Jesu umkehrt. An dieser Stelle formuliert er aggressiv, exklusiv, umstürzend. Die richtige Übersetzung müsste freilich nicht heißen: »die Zöllner und die Huren kommen *vor euch* in das Himmelreich«, – denn dann herrscht immer noch die Erwartung, die anderen, die Frommen und Anständigen, trabten hinterdrein. Es wäre dann lediglich der Prozessionszug in Gottes Ewigkeit für diesmal ein wenig geändert. »Vor euch« aber heißt hebräisch »ohne euch«, *»milliphne chäm«* »an eurer Nase vorbei«. Das ist gemeint. Die Verzweifelten wissen, wie sehr Gnade zu ihrer Rettung nötig ist. Sie haben einfach überhaupt keine andere Chance, bei den anderen Menschen nicht, bei sich selber nicht, nirgendwo. Es gibt nur noch Gott, der sich in ihre Einsamkeit hinein traut. Und diesen Gott will Jesus bringen. Im Namen Gottes. Deshalb sagt er: Den Verlorenen ist klar, was

Menschen brauchen. Jeder Bettler an der Straße weiß, was man braucht. Die Reichen in den Einkaufszentren indessen wissen es nie, sie brauchen es auch nicht, sie haben immer Geld genug, sie haben keine Gnade nötig. Die Frommen und die Guten brauchen keine Gnade; sie können sich hinstellen und sagen: Wir haben das Richtige getan! Das ist es, was Paulus als Stolz, griechisch als *kauchesis*, als Aufgeblasenheit bezeichnet hat. Und diese Ansicht findet allen Beifall Luthers. Das ist es, was er Selbstgerechtigkeit nennt. Zu einer solchen kommt es durch menschliches Handeln entlang den Gesetzen.Damit nun sind wir mitten in der paulinischen Dialektik: das Gesetz fordert ja genau dazu auf, dass es durch Rechtverhalten erfüllt wird. Es redet wie selbstverständlich in das Selbstvertrauen hinein: ich kann das Gute tun! Es nimmt den scheinbar freien Willen des Menschen in die Pflicht. Es kann überhaupt nicht anders, als im Erfolgsfalle in die Selbstzufriedenheit hineinzuführen: – ich habe es richtig gemacht.

Die Revolution der Gnade

Aber dann hätte Luther, wenn er so gedacht hätte, doch auch wirklich ganz anders in der Praxis wirken müssen, dann hätte er eigentlich zum Revolutionär werden müssen.

Er hat manches versucht, ein Revolutionär der Gnadenlehre zu werden, aber man kann historisch in der Tat nicht übersehen, dass das in Halbheiten steckengeblieben ist. Noch einmal: Man kann Luther ja nicht vorwerfen, dass er im ersten Drittel des 16. Jahrhunderts gelebt hat. Man muss das, was er an Impulsen gegeben hat, weiterentwickeln, und zwar genau so, wie die Impulse, die in der Bergpredigt liegen, nicht nur rezitiert, sondern weiterentwickelt gehören. Das gilt für alle religiösen Worte und Gestalten. Auch was im Koran steht – eine Gesetzgebung im 7. Jahrhundert nach Christus in Arabien –, sollte nicht starr in Zement gegossen werden, sondern als Impuls wirken, um kreativ weiter entwickelt zu werden. Dann hat Jesus, Paulus, Mohammed, Luther, wer auch immer, uns etwas zu sagen. In ihren Visionen muss man weitergehen.

Aber heißt das nicht auch, dass auf der Suche nach einem gnädigen Gott der Einzelne auf sich selbst bauen kann und eine Institution wie Kirche überhaupt nicht braucht? Jeder, getauft oder nicht getauft, kann diesen gnädigen Gott finden. Dann ist es doch auch überflüssig, dass die Taufe als Grundsakrament so einen hohen Stellenwert bekommt.

Sie haben im Kern vollkommen recht. Wenn das gilt: jeder Mensch, weil er ein Mensch ist, weiß, dass er nur lebt aus einer Güte, die ihn umfängt ohne Vorleistungen, dann gewinnt die Frage, wie finde ich einen gnädigen Gott, um die Luther gerungen hat und die scheinbar keine Frage mehr unseres säkularisierten Zeitalters ist, eine ungeheure Aktualität. Woraus lebst du wirklich? Stimmt das, was sie dir bürgerlich beibringen: Du musst dich anstrengen, du musst Leistungen vorweisen, sonst bist du überflüssig, kein Mensch mag dich, du musst tüchtig sein, nur dann wirst du akzeptiert? Oder führt eine solche Ermahnung den Menschen nur immer weiter von sich selber weg? Zwingt sie ihn in eine Rollendarstellung, die die Spaltung in seiner Persönlichkeit nur immer mehr erweitert? Sozialisiert sich ein Mensch unter solchen Umständen nicht notwendigerweise auf Kosten seiner persönlichen Integrität? Werden die neurotischen Spannungen in ihm damit nicht immer größer? – Lauter psychologische Fragen sind das, die sich hier stellen, und darauf antworten wir heute in einer Weise, die tatsächlich sich beinahe frontal gegen die Kirche richtet, obwohl dabei genau das geschieht, was in Luthers Augen die Kirche eigentlich tun sollte.

Unser Thema von vorhin: was ist es mit der Beichte, kann das beleuchten. Wer geht heute noch zur Beichte? Es ist eine längst gewonnene Konkurrenz, dass man in der Gegenwart lieber zum Psychiater oder Psychotherapeuten geht als zum Priester. Beim Therapeuten kostet die Stunde zwar inzwischen 120 Euro, aber man ist bereit, das zu zahlen, weil zur psychotherapeutischen Grundregel etwas gehört, das die beste Umschreibung für den rätselhaft gewordenen Begriff Gnade darstellt. Sigmund Freud um 1895 kam im Umgang mit seelisch Kranken rein praktisch darauf, dass, wenn man Menschen helfen will, man eine Reihe von Dingen am besten lassen sollte. Dazu gehört, dass man sie nicht länger mehr moralisch verurteilt und bewertet. Die Frage ist also nicht mehr: Was ist gut, was ist böse? Oder wie füge ich den anderen in die Norm ein? Es geht auch nicht länger um Kategorien wie leistungsstark und schwach, es geht auch nicht um ästhetisch schön oder hässlich, es geht nicht um »mir genehm« oder »nicht genehm«. Um einem anderen gerecht zu werden, muss ich ihn akzeptieren, wie er ist.

Die psychotherapeutische Grundregel

Bedingungslose Akzeptation kann in einer rein säkularen Sprache wohl am besten umschreiben, was Gnade heißt. Und eine solche Haltung wirkt durch sich selbst therapeutisch. Man fragt Menschen nicht mehr: Was kann ich mit dir machen, wozu bist du mir nütze? Man fragt simpel: Was hat man mit dir gemacht, dass deine Biografie so verlaufen musste? Erst wenn man begreift, wie viel Leid in die Seele des anderen hineingedrückt wurde, wie viele Verstellungen, wie viele Verformungen der Persönlichkeit sich daraus ergeben haben, kann man vor einem Hintergrund bedingungsloser Akzeptation und geduldiger Begleitung die ganze Lebensgeschichte vielleicht noch einmal neu schreiben. Man hat ja die Traumata von damals vor Augen, die Ängste, die Verurteilungen, die Frustrationen in Kindertagen. Damals konnte man, als Vierjähriger, Achtjähriger, wohl überhaupt nicht anders, als für die Situation damals eine einfache Lösung zu entdecken: Man durfte dem Vater nicht widersprechen, man musste sich im Konfliktfall selber die Schuld geben. Man konnte keinen Kompromiss finden, man musste hinnehmen, was gesagt wurde. Es gab keine Angleichung zwischen außen und innen, man hatte sich an das Außen anzupassen. Eine solche Anpassung auf Kosten des Ich hat man gelernt, sie wurde mechanisch durchgetragen; jetzt erst sieht man, dass infolge davon Dinge passiert sind, die man durchaus nicht gewollt hat. – Die Ehe zum Beispiel ging in die Brüche, weil man selber sie gebrochen hat; die alten verdrängten Triebbedürfnisse setzten sich, fixiert und unbeherrschbar, durch; jetzt steht man allein, die Frau ist fortgegangen, die Kinder mögen einen auch nicht mehr; man hat in all der Zeit zwar eine Menge Geld verdient, doch jetzt ist man herzkrank, und nun muss man dringend zum Psychiater oder zum Psychoanalytiker. Aber die können nur sagen: »Der Weg ihrer Biografie lässt sich nicht einfach moralisch als Irrtum verurteilen. Man kann ihren Lebensweg Schritt für Schritt verstehen. Nur: bei aller Außenanpassung in Kindertagen können wir heute doch ein Stück weit lernen, dass es ein Recht gibt, selber zu leben. Sie haben all die Zeit getan, was die anderen wollten, was der Vater wollte, was die Mutter wollte, was Ihre Frau wollte, was die Kinder brauchten, was der Chef verlangte, was der Spieß auf dem Kasernenhof herumkommandierte; Sie waren immer pünktlich, gehorsam, perfekt. Nur dass das alles nicht gestimmt hat. Es war ein Kartenhaus, das bei der kleinsten Berührung zusammenbrechen musste, und die kam nicht einmal von außen, sondern von innen. Irgendwann wollten sie einmal tun, was als ungelebtes Bedürfnis gespeichert war. Heute müssen, dürfen wir dahin kommen, dass wir einmal anknüpfen an all dem, was in Ihrem Leben erstickt wurde, was aber doch ein Recht hat zu leben, weil es doch auch zu ihnen gehört. Wir können vielleicht Wege finden, um manche Gespräche, die damals abgebrochen wurden, innerlich noch einmal nachzustellen. Denn so viel gilt: Ihre Eltern wollten ihnen das Leben nicht verstellen, sie wollten ihnen nur einen Weg weisen. Gewiss, in ihrer Art haben sie das Gegenteil erreicht. Aber wie wir Ihren eigenen Weg jetzt finden, das können wir im Nachstellen der Szenen von damals noch einmal rekonstruieren und auf die Zukunft hin entwerfen.«

Was hier psychologisch dargestellt wird, lässt sich eins zu eins in die Theologie übertragen, nur dass es dort verwesentlicht wird ins Grundsätzliche, ins allgemein Gültige, in das einen jeden Menschen Erlösende. Das Grundgefühl, das Luther Gnade nennt, lautet: Der Andere, ich selber darf leben. Er hat, ich habe ein Recht zu sein. Er hat, ich habe ein Recht auf eine eigene Persönlichkcit. Er ist, ich bin liebenswert trotz allem, gegen allen Augenschein. Wo ein solches Grundgefühl, eine solche Grundüberzeugung, ein solcher Glaube, akzeptiert und gemocht zu sein, nicht vorliegt, wird nie etwas im Leben richtig werden

Dieser Begriff Gnade, von dem Sie sagen, er sei heute gar nicht mehr en vogue, man könne ihn gar nicht mehr gebrauchen, der werde gar nicht mehr verstanden, hinterlässt eine große Lücke und stellt gleichzeitig eine große Aufgabe für beide Kirchen dar, besonders für die, die Verkündigung leisten: sie müssen eben diesen Begriff Gnade neu zu füllen, neu zu aktualisieren suchen, um ihn neu für den Menschen zugänglich zu machen.

Unbedingt. Es ist unglaublich, dass die Kirche sich erlaubt hat, das, was Jesus wirklich im Neuen Testament tut, indem er Kranke heilt, in die sakramentalen Ritualformen zu gießen und ansonsten auszugliedern. Wie heilt man Menschen aus ihrer psychosomatischen und psychoneurotischen Angst und Not? Das scheint heute eine Aufgabe für Fachleute in den Krankenhäusern zu sein, damit hat kein Pastor irgendetwas zu tun, und das braucht er auch nicht, weil er ja seine Sakramente spendet; in denen setzen laut dogmatischer Erklärung sich die Wunder Jesu fort. Wieso soll man also »Sündern« nachgehen? Wieso soll man Menschen, die am Boden liegen, aufrichten, wieso soll man Blinden eine Perspektive für ihr Leben geben? Das ist alles viel zu schwierig, denn so etwas ginge nur in einer dichten persönlichen Begegnung, und das kostet in jedem Fall enorm viel Zeit. Ich höre sogar in Kirchenkreisen immer wieder sagen, diese Psychologisierung der Botschaft Jesu – das sei privatistisch und auch nicht politisch nutzbar, es sei überhaupt verkehrt, denn es mache Gott zu milde, es übersteige die Härte der Forderungen Jesu. Die Leute, die so reden, haben offensichtlich aus den Augen verloren, wo die eigentlichen Forderungen Jesu liegen, – genau darin nämlich, jahrelang Geduld aufzubringen für jemanden, über den die bürgerliche Gesellschaft längst den Stab gebrochen hat. Das in der Tat kostet viel. Umgekehrt kostet es sehr wenig, beispielsweise zu sagen: »Wir haben die Gebote, und wir bringen sie jetzt auf die Fahne, indem wir demonstrieren am 1. Mai für die Gerechtigkeit«. So etwas schafft ein wunderbares Selbstgefühl, es bringt vielleicht sogar auch ein bisschen der Gewerkschaft an Nutzen, aber es ändert an der Not der Menschen in aller Regel nicht viel.

Würden Sie an die Gesellschaft den Appell richten: Es ist Zeit an Gott zu denken?

Unbedingt. Nur, was wir unter Gott verstehen, ist wieder im Kirchenmonopol abgegrenzt und dogmatisiert. Da haben wir Christen unseren dreifaltigen Gott, und den haben nicht die Juden oder die Muslime, den haben nur wir, also sind wir schon wieder im richtigen Gottesbekenntnis besser als alle anderen. Wenn Sie eben sagten, Gnade, das ist doch etwas, das alle brauchen und mit dem man nicht wieder neue Grenzen ziehen kann, verstehen wir unter anderem, warum Paulus zu aller Welt geht, zu allen Menschen, im Namen Jesu, eben weil es für ihn in der Gnade Gottes keine Grenzen mehr gibt. Das ist ein Gott, den alle brauchen. Wenn wir das Wort Gottes übersetzen würden mit dem Hintergrund einer Bejahung des ganzen Lebens, so wie ihn die Natur nicht gibt, so wie ihn die Gesellschaft nicht gibt, wie er aber absolut nötig ist, um menschlich zu werden und zu bleiben, so hätten wir alles verstanden. Wir brauchen den psychologischen Begriff der unbedingten Akzeptanz nur einzusetzen, ein lateinisches Fremdwort, und es wäre sprachmächtiger als das überkommene Wort Gnade.

Erlösung von der »Sünde«

Allerdings behaupte ich methodisch, wir bräuchten das Wissen der Psychoanalyse im 20. Jahrhundert, um die Paradoxien der paulinischen Gnadenlehre und der lutherischen Rechtfertigungslehre so zu interpretieren, dass sie von innen her verständlich werden und nicht neue, abgrenzende Dogmen bilden, sondern wirklich hilfreich den Menschen angeboten werden.

Eben darin begründet ist Luthers Widerstand gegen den ethischen Optimismus des Menschenbildes der Humanisten, bei Erasmus zum Beispiel. Wir müssen das noch einmal klarstellen: An sich könnte sich die Erbsündenlehre anhören als ein sehr depressives, beinahe menschenverachtendes Theorem, und sie ist auch entsprechend so verstanden worden. Der deutsche Philosoph Nicolai Hartmann in den 20er-Jahren des 20. Jahrhunderts etwa konnte die These erneuern: die Ethik appelliere an den Willen, der frei ist in Zuständigkeit seiner

Handlungen. Das Christentum indessen lehre mit der Erbsündenlehre das genaue Gegenteil. Es sei unethisch im Prinzip.
Das, muss man zugeben, ist eine wirklich helle, klarsichtige
Gegenüberstellung. Schon als ich das in der Schule las, dachte
ich: Gott sei Dank, dass jemand mal begreift, was das Christentum wirklich lehrt: Es ist nicht in die bürgerliche Ethik zu
integrieren. Gewiss, es klingt sehr depressiv, aber wenn es so
verstanden wird, wie Jesus es selber meinte, als eine Einladung
an die Verlorenen, bewirkt es genau das, was es soll. Dann
wirkt es heilend, weil es niemanden zurückstößt. Dann dringt
es in die Ängste bis ins Innere vor, dann öffnet es wieder ein
Leben, wo gar keines mehr war, dann bietet es die notwendige
Identifikationsfläche; wer ist denn im Grunde kein Verlorener,
wenn man nur mal beginnt, mit einem Menschen wahrhaftig
zu reden! Das ist es denn auch, was Luther gern zitiert, ein
Psalmenwort:«Alle Menschen sind Lügner.« (Ps 116,11)

Vielleicht kann man das Gemeinte noch einmal an dem Problem von Wahrheit und Wahrhaftigkeit verdeutlichen, denn
jetzt wäre ja auf der Stelle der Zwang ganz simpel zu setzen:
»Sag endlich die Wahrheit.« Ein Angeklagter etwa tritt dem
Richter gegenüber, und er hat die Wahrheit zu sagen, die
ganze Wahrheit und nichts als die Wahrheit. Lediglich bei be-
lastenden Aussagen gegen sich selber kann er schweigen, aber
immer, wenn er etwas sagt, muss es die Wahrheit sein. Die einfache Erfahrung ist, dass schon vor dem inneren Gerichtshof
kein Mensch die Wahrheit sagt, weil er es gar nicht kann. Er
muss das bisschen Ich doch retten vor der vollkommenen Verurteilung sich selber gegenüber. Also wird man herumflun-
kern, man wird sich besser zu sehen versuchen als man ist, man
tritt vor den inneren Spiegel und setzt ein Make-up auf, mit
dem man nach draußen gehen kann. Es war dann wohl alles
doch gar nicht so schlimm, es war auch wohl ganz anders, oder
halt – der andere ist Schuld. Die Bilanz keines Menschen,
wenn er seine Biografie aufzeichnen würde, hätte die Kraft, in

die Abgründe vorzudringen, gewissermaßen mit dostojewskischen Augen den Mörder Raskolnikow zu betrachten. Das ist nicht möglich. Das ganze Problem einer normalen Psychotherapie liegt deshalb schon darin, wie man im Gespräch miteinander das Vertrauen schafft, dass man dem Gegenübersitzenden, dem sogenannten Therapeuten, einmal alles sagen könnte, weil er gewiss nicht verurteilen wird. Je mehr ein solches Vertrauen wächst, kann im Verlauf von Jahren langsam Wahrhaftigkeit eintreten, werden die Betrügereien, die unbewusst laufen und gar nicht mal absichtlich arrangiert sind, langsam überflüssig. Es fangen sogar die Träume an, sich zu reinigen. Augustinus hatte das Problem, warum er so seltsame Dinge träumt. Da sind Trauminhalte und -szenen, die er am Tage nie tun würde, doch nachts kommen sie über ihn, unglaubliche Bilder, für die er sich schämt. Auch die Träume können sich ändern, wenn die Angst sich reduziert.

Herr Drewermann, fordern Sie eigentlich eine psychoanalytische Theologie und eine theologische Psychoanalyse?

Aber ja. Ich glaube, dass diejenigen recht haben, die sagen, man könne Jesu Botschaft in der Seelsorge, aber auch im Umgang von Christen untereinander nur leben, indem wir die besten Erfahrungen aus dem, was heute Psychotherapie heisst, wirksam werden lassen, um Jesus zu verstehen. Wenn Jesus zu den Jüngeren redete (Markus, Kapitel 6) und sie aufforderte, sie sollten in die Dörfer Galiläas gehen, die Kranken heilen durch Handauflegung und sagen: »Das Gottesreich ist da«, dann bedeutet das eindeutig in den Augen Jesu, dass Gottes Nähe, die Gnade, die Erfahrung der Güte Gottes, sich hineinsenkt bis in ihren Körper, bis in die Ängste, die Menschen zerstören können. Wenn sich das auflöst, können Kranke geheilt werden. Es geht nicht magisch. Nicht einmal Jesus – wenige Zeilen später schreibt Markus davon – war imstande, Kranke zu heilen, wenn er keinen Glauben fand (Mk 6,6). Das ist das nächste Problem in der lutherischen Lehre: Wie wird Gnade glaubhaft? Aber erst einmal lohnt es sich zu beschreiben, warum sie absolut nötig ist und dass sie etwas meint, das das Christentum außerhalb der dogmatischen Rechthaberei an alle Menschen als Versöhnungsangebot mit sich selber und mit allen Menschen richtet.

Wie wird die Gnade glaubhaft? Glaubhaft dadurch, dass die traditionellen Kirchen vor allem Macht abgeben, sich nicht als mächtige magische Sakramentenverwalter präsentieren?

Ich glaube, schon. Wir haben kirchengeschichtlich gerade aus der Lehre von der Erbsünde gegenüber dem Judentum mit Bezug auf Paulus und im Erbe Luthers eine unglaubliche Rechthaberei aufgeführt. Man kann Luther tatsächlich seitenlang so lesen, wie er es den Juden vorwirft, sie verteidigten das Gesetz und hielten es selber nicht, sie glaubten nicht an die Gnade, sie verleugneten ihren Messias, und sie seien seine Mörder schon gewesen am Karfreitag. Das alles sind furchtbare Tiraden, die im Grunde all das verraten, was mit Gnade eigentlich gemeint ist. Man kann die Sprache Gottes bei dem Wort Gnade nur sehr leise weitersagen und vernehmen. Und das gilt auch und gerade bei den Widerständen gegen die Gnade; man darf sie nicht verurteilen, sondern muss sie zu begreifen suchen. Auch das gehört zur Psychotherapie. Man denkt immer, Gnade sei etwas Einfaches, die Menschen flögen ja darauf wie Nachtfalter in die Kerze fliegen: wo Licht ist, da strömen sie hin. Doch die Wirklichkeit ist eine völlig andere.

Vielleicht darf ich das einmal so schildern: Vor langer Zeit kam eine Ordensschwester, die irgendwann sagte, sie werde nicht mehr kommen. Bis dahin hatte sie intensiv darum gebeten, dass die Gesprächsfrequenz möglichst hoch lag, jede Woche mindestens. Ich verstand daher ihre Absage nicht und fragte: »Was ist los?« Sie sagte: »Ich habe Angst.« – »Wovor?« – Ihre Anwort: »Sie haben keine Ahnung, was mit mir passiert.« Es war im Winter und sie zeigte ans Fenster, darauf eine Eisblume war. »Das bin ich«, sagte sie, »mein ganzes Leben ist eingefroren in lauter ungeweinten Tränen. Ich wache morgens auf, wenn die Glocke klingelt, dann weiß ich, was ich zu tun habe, wie ich in die Kirche gehe, welche Gebete ich spreche, was ich am Krankenbett machen muss. Es ist alles geordnet, aber ich lebe nicht selber. Und jetzt kommen Sie und hauchen darüber, und alles fließt aus, die Schönheit der Eisblume verwandelt sich in formloses Wasser. Es bricht in mir Chaos aus, ich weiß nicht mehr, wer ich bin. Ich hatte doch meine Ordnung, meinen Halt, meine Festigkeit. Jetzt ist nichts mehr.« – Ich konnte nur sagen: »Es hat in Ihrer Seele der Anfang des Frühlings begonnen. Ein solcher Neuanfang schafft Unordnung. Die festgefrorenen Pfade entlang den Ufern der Bäche werden morastig, man sinkt ein, es ist kein bequemer Gehweg mehr. Aber mitten aus dem Morast regen sich die ersten Hyazinthen, – die Griechen glaubten, das seien die Blumen eines Geliebten des Gottes Apoll, die sich da wieder zum Vorschein trauten. Oder die Adonisröschen: der Gefährte der Liebesgöttin selber, der getötet wurde, fing in Ihnen zu leben an. So auch in Ihrem Leben. Es ist eine Phase, in der sich auflösen muss, was bis dahin in der Kälte zusammengedrückt wurde. Wir wissen nicht, was sich entfaltet, welche Blumen da wachsen werden. Nur, dass es sich bedecken wird mit einer Flur von Schönheit, das dürfen wir vermuten, weil Gott Sie will. Und so viel glaube ich jetzt von Ihnen zu kennen: Es wird ein Wunderbares. Denn es hat an gutem Willen bei Ihnen nie gefehlt, und die Sehnsucht, die Sie hierher getrieben hat, endlich lieben zu dürfen, wird sich fortsetzen. Ein reicheres Leben wartet auf Sie.«

Auf diese Weise entdecken wir, wieviel an Widerstand, wieviel an Angst die Botschaft von der Gnade überwinden muss, gerade bei denen, die ihrer am meisten bedürfen. Genau so ist die Abwehrhaltung der Schriftgelehrten in den Tagen Jesu zu verstehen. Jesus stellte alles in Frage, worauf sie ihr Ich gestellt hatten. Einen solchen Mann konnten sie nur als eine tödliche Gefahr begreifen. Deshalb mussten sie ihn umbringen. Das Schicksal Jesu selber wird überhaupt erst verständlich, wenn man die Psychodynamik des Gnadenangebots inmitten einer gottlosen und gnadenlosen Welt vor Augen hat, und das kann man heute in der Psychotherapie an jeder Stelle mitverfolgen. Dass es die Pastöre, die Prediger, die Exegeten auf den Kathedern nicht tun, liegt nur daran, dass sie sich die wirkliche Erfahrung Jesu seit Jahrhunderten im Umgang mit seelisch Kranken ersparen.

Herr Drewermann, durch die Gnadenlehre Martin Luthers bekommt der Einzelne sicherlich mehr Freiheit. Der Einzelne wird frei von Zwängen, von Gesetzen. Aber er wird doch auch stärker in die Verantwortung genommen.

Beides gilt in strengem Maße. Indem Luther davon ausgeht, dass der Mensch – durch den Druck der Angst, füge ich hinzu –, selbst wenn er in philosophischem Sinne Freiheit besitzt, gar nicht frei sein kann, indem sich seine eigene Freiheit in Angst jenseits von Eden in Unfreiheit verformt, ergibt sich auf dem Hintergrund der Gnadenlosigkeit, dass er einer absoluten Zuwendung Gottes bedarf, um allererst frei zu werden, – um mit sich identisch zu sein, könnte man psychologisch auch sagen, so dass er die Verfügungsgewalt über sich selber wieder bekommt und nicht ganze Teile seiner Psyche ihm entfremdet bleiben.

Karl Rahner, ein bedeutender katholischer Theologe, konnte deshalb davon sprechen, es sei die Gnade selber die befreiende Freiheit unserer Freiheit. Man hat ihm entgegengehalten, das sei eine unnötige Verkomplizierung einfacher

Sachverhalte. Aber die Formulierung Rahners trifft den Punkt genau. Die »befreiende Freiheit« ist, dass Gott sich uns zuwendet und damit ermöglicht, dass unsere Freiheit sich selber zu riskieren wagt. Ansonsten fürchten wir greadezu, frei zu sein. – Wir müssen nur daran denken, wie viele Fluchtbewegungen in die Masse, ins Objektive, in die Entindividualisierung durch Gehorsam im Kollektiv uns nahe liegen. Die Erinnerung an die zwölf Jahre des so genannten Dritten Reiches mit ihrer Massenpsychologie ist in diesem Zusammenhang fast überflüssig. Es ist ja bis in die Gegenwart so: wann riskiert schon jemand mal die eigene Meinung, die eigene Person, das eigene Gewissen? Es ist viel einfacher, sich anzugleichen wie ein Chamäleon an die Farbe des Untergrunds. Dann ist man unauffällig, setzt sich keinem Beutegreifer aus, lebt bequem und in Sicherheit. Es kostet viel, den Mut zu gewinnen, ein Individuum zu sein. Und das liegt natürlich mit im Kern der so genannten Rechtfertigungslehre. Die einzelne Person hat ihre Berechtigung. Die persönlich gelebte Existenz ist das, was Gott will. Dazu gehört das persönliche Gewissen. Aber dass es sich getraut, die eigene Mündigkeit zu begreifen und zu ergreifen, dazu gehört ein Vertrauen, das es hinweg hebt über die Angst. Sonst wird es genau daran: an seiner eigenen Freiheit, scheitern. Insofern ist Gnade Ermutigung zum Selbst-Sein in Vertrauen.

Wiedergeburt in Gnade

Und Gnade Ermutigung, sein Gewissen stark, positiv und durchaus durch eigene Festigkeit zu praktizieren und zum Tragen zu bringen, gegen den Strom zu schwimmen?

Da ist Luther absolut der Beweis für die Richtigkeit seiner Lehre, dass ein solches selbstbestimmtes, freies Leben kraft der Gnade Gottes möglich ist. Luther hat sich anders nie verstanden, als dass er, getragen von Gott, das ist und wurde, als was er nach außen hin erscheint. Der Reichstag in Worms und das Auftreten Luthers dort ist anders überhaupt nicht verständlich.

Ohne seine Gewissensstärke.

Jetzt aber wohlgemerkt Gewissen nicht im ethischen Sinne als Anleitung: Ich muss dies und das tun. Umgekehrt. Das Gewissen kommt überhaupt erst in die Entscheidungsmacht, indem er darauf vertraut, dass Gott Recht hat und den Einzelnen bestärkt und rechtfertigt als Mensch und Person.

Vielleicht lässt sich das noch einmal an der Vorstellung von der Taufe, die Sie eben erwähnten, deutlich machen, wenn man sie als eine wirkliche Erwachsenenerfahrung nimmt. Jesus lernt am Jordan, mit der Botschaft von der absoluten Güte Gottes in die Dörfer Galiläas zu gehen und dort zu verkünden, dass wir doch Gottes Kinder sind, seine Söhne, seine Töchter, versöhnt mit Gott. Wenn das zur Glaubensüberzeugung wird, wäre die Nachbildung im Sakrament der Taufe in der Tat ein echter Neubeginn, eine realsymbolische Wiedergeburt. Im Italienischen nennt man das Taufen im übrigen auch »das Kind zu einem Menschen machen«. Das ist ein bisschen kurios für uns in Deutschland, aber es ist sehr kirchlich gedacht: Jemand, der nicht wirklich lebt aus der Erfahrung, getragen, akzeptiert und bedingungslos geliebt zu sein, wie es ein jedes Kind in den Armen seiner Mutter erwartet, kann eigentlich nur leben wie ein wildes Tier, wie ein Ausgesetzter, von kreatürlicher Angst verwüstet. Er wird die Freiheit der Humanität gar nicht entdecken. Und ein solcher Zustand wäre normal, außer man spricht ihm einen Namen zu, der seine Existenz dahin erläutert, als diese individuelle Person geliebt, gemocht und wertgeschätzt zu sein. – Eltern tun genau das normalerweise gegenüber ihrem Kinde; aber Eltern haben ihre Grenzen, sie haben manchmal schwache Nerven, sie stehen selber unter Druck. Alles, was Eltern vermitteln können, ist daher wie ein Verweis auf einen Hintergrund, der das Beste, was sie ihrem Kind schenken möchten, im Absoluten gewissermaßen garantiert. Unter diesem Vorzeichen wird die Taufe zu einem Neubeginn in Gnade, jenseits aller Eingrenzungen und Schranken. Man kommt buchstäblich geistig noch einmal neu zur Welt, wie Jesus es in dem Nachtgespräch mit Nikodemus hervorhebt (Joh 3,3). Man streift die Gnadenlosigkeit der Normalität ab und richtet sich auf in einem neuen Bewusstsein des Vertrauens und der Güte. Man streift, wie Paulus sagt, den alten Menschen ab und wird ein neuer Mensch (Röm 5,12–21).

Plädieren Sie für eine Erwachsenentaufe?

Es ist das, was da geschieht, überhaupt nur Erwachsenen verständlich. Kierkegaard konnte mal sagen: es werde in der Christenheit schon dadurch alles falsch, dass wir das Anliegen Jesu gewissermaßen in einen Brief verwandeln, den wir selber nie öffnen, aber gerne weiterreichen an die Kinder. Das Christentum wird auf diese Weise ein bloßes Erziehungsmittel. Die Eltern selber glauben eigentlich an gar nichts mehr, außer, dass das Christentum nützlich dafür ist, die Kinder in irgendeiner Weise bei der Stange zu halten. Deshalb tauft man sie so früh es geht, weil es eigentlich für das Erwachsenenleben gar nichts mehr bedeutet. Im Erwachsenenleben kommt natürlich so etwas wie Gnade absolut nicht vor, aber es gibt immerhin ein paar schöne Geschichten und Feiertage, die man den Kindern weiterreichen kann, damit sie kulturell identifizierbar bleiben. Aber: kein Kind wird je verstehen, wieso ein grässlich Gekreuzigter uns hätte erlösen sollen. Wenn man einem Kind, meinte Kierkegaard, das Bild Napoleons zu Pferde vorlegt und daneben das Bild des Gekreuzigten, so ist doch klar, was ein Kind wählen wird und was es selbst sein möchte. Die Kreuzigung Jesu ist etwas, das nicht die Kinder angeht, das aber die Erwachsenen unbedingt betrifft. Statt dessen dreht man das ganze Verhältnis um; man schenkt den Kindern ein schönes Kreuzchen als Schmuckgegenstand, und was gemeint ist, muss man dann gar nicht mehr begreifen. Was wir eben sagten, trifft aber zu: Es ist die Gnade selber, die alle die Widerstände der Unlebendigkeit, des erstickten Lebens, der unterdrückten mörderischen Gefühle, hervorlockt und die all die Widerstände bis hin zur Kreuzigung Jesu provoziert.

Wir behaupten bürgerlich ganz einfach, die Menschen seien frei. Philosophisch behaupten wir – gegen jede empirische Erfahrung –, dass das so sei, aber die Menschen sind nicht frei. Käme jemand, der wirklich sich frei mit seiner Person unter ihnen bewegt, wie Jesus es tat, – den bringen sie um. – Es gibt heute viele Arten, einen Menschen zu kreuzigen. Das ist immer dasselbe: Man verträgt einen wirklich freien Menschen nicht. Denn ein solcher wäre ja die dauernde Erinnerung daran, wie man selber hätte seit langem schon leben können und müssen. Besser ist da scheinbar, man wartet, was die Kirche sagt, was der Staat sagt, was die nächste Gesetzgebung verordnen wird. Warum auch soll man selbst entscheiden? Doch eben das ist Freiheit, dass man genau das kann: selber entscheiden. Den Mut dazu gewinnt man einzig im Vertrauen, selber sein zu dürfen.

Angst oder Vertrauen

An dieser Stelle können wir das Ganze gut zusammenfassen. Wenn Luther meint, wir sollten nicht auf die Handlungen schauen, sondern auf die Person hinter der Handlung, auf den Täter hinter der Tat, so könnten wir das sogar scholastisch formulieren: Menschen handeln, wie sie sind. Das Tun folgt dem

Sein, »agere sequitur esse«, lautet ein thomistischer Grundsatz. Das heißt: Menschen können überhaupt nur so handeln, wie sie sind. An gerade diesem Punkte aber zeigt sich, dass die Gnade den Menschen in seinem ganzen Sein verändert. Das ist ein Kernstück, das in der sogenannten Kontroverstheologie katholischerseits nie wirklich begriffen wurde. Der Mensch, argumentierte man katholischerseits, kann doch nicht in seinem Sein sich verändern, er ist doch, wie er ist, er wird doch nicht durch die Gnade allererst von einer Kaulquappe zum Homo sapiens. Die katholische Theologie denkt und argumentiert bis heute metaphysisch, seinshaft, ontisch; wenn sie vom Wesen des Menschen, von seiner Natur spricht, meint sie seine seinshafte Verfasstheit. Von daher ist es ihr vollkommen unverständlich, dass sich durch die »Sünde« »Adams« der ganze Mensch verändert haben soll, – er ist doch nach wie vor ein Mensch, geschwächt vielleicht in seinen sittlichen Fähigkeiten, aber doch nach wie vor ein Mensch. Man hat nie beachtet, dass der Protestantismus seit Luthers Tagen ganz anders: existenziell, vom Menschsein spricht. Das ganze Sein des Menschen wird deformiert in Angst und in Verzweiflung. Nichts mehr stimmt. Wie wir in der Paradiesgeschichte sahen: alles, was einmal Segen war, wird umqualifiziert zum Fluch, das »Gute« selbst wird »böse«.

Plötzlich kann man sich an Augustinus erinnern: »Die Tugenden der Heiden sind nichts als große Laster.« Worte wie diese klingen vollkommen ungerecht. Natürlich gibt es wunderbare Taten bei den Heiden. Wie also kann Augustinus nur so etwas sagen? Er meint aber genau dies: dass nichts richtig ist und bleibt vor dem Hintergrund der Gnadenlosigkeit der Angst. Sie macht im Feld der Gottesferne das Beste zum Schlimmsten und verformt die edelsten Antriebe, Motivationszusammenhänge und Charakterzüge im Menschen in das Gegenteil des ursprünglich Gemeinten und Gewollten. Gerade das beschreibt ja Paulus dann im Römerbrief und gerade das wird von Luther auch entsprechend aufgegriffen. Das Sein des Menschen bekommt ein umgekehrtes Vorzeichen gegen sich selber; um die genannte menschliche Existenz müssen wir eine Klammer setzen, über deren Inhalt das Vorzeichen entscheidet – Vertrauen als Pluszeichen, Angst oder Verzweiflung als Negativzeichen. Alle Werte, die in der Klammer stehen, bekommen einen andern Inhalt, je nach dem Vorzeichen. Der Glaube oder das Vertrauen in Gnade entscheidet über alles, was Menschen sind, nicht metaphysisch-ontisch über ihr Sein als Menschen, doch existenziell über die Art ihres Menschseins, ihres Daseins, ontologisch. Die Psychoanalyse könnte uns diese Umqualifizierung im Erleben angstgeplagter Menschen lehren, die Existenzphilosophie könnte mit ihrer Phänomenologie der Uneigentlichkeit uns das lehren; das aber sind lauter Zünfte, die von der katholischen Theologie bis heute gemieden werden wie die Pest oder wie der Teufel das Weihwasser meidet.

Wie der Teufel das Weihwasser, – darauf kommen wir noch im Zusammenhang mit dem Fegefeuer zu sprechen. Aber mir kommt noch die Frage, Herr Drewermann, warum fällt es den Menschen so schwer, an der Gnade, an der unbedingten Zusage Gottes, nicht zu zweifeln? Ist das die Suche nach der greifbaren Heilsgewissheit? Ist der Mensch im Grunde so etwas wie der ungläubige Thomas, der Christus greifbar haben möchte?

Das ist ein entscheidender Punkt, weil alle Religionen mit Zeichen arbeiten, die den Glauben bezeugen sollen. Die Begriffe Signum und Sacramentum hatten wir schon. Wenn Menschen einander begegnen, reden sie mit Zeichen,- sie bewegen die Hände, sie strahlen in ihrer ganzen Körperlichkeit etwas aus, das Zuwendung oder Abwendung signalisiert. Auch die Sprache von Gott braucht demgemäß Zeichen und Symbole. Die Frage ist nur, wie sie wirken. Sie können so wirken, dass sie

Angst binden an die Garantie eines Inhalts, der für objektiv gewiss gesetzt wird. So ist es im katholischen Modell. Dann ist die Angst zwar subjektiv aufgelöst, aber sie ist auf ewig verfestigt. Man wird abhängig vom Ritual, man findet nicht zur persönlichen Freiheit. Man ist ein Sklave im Kontext der lehramtlichen Vorgaben, man ist ein gutes Kirchenmitglied, aber eben dadurch ist man genau das Gegenteil von dem, was Luther wollte, als er von der »Freiheit eines Christenmenschen« schrieb. Die gleichen Zeichen können indessen völlig anders wirken im Vertrauen. Dann sind sie so offen und so frei wie in der Begegnung zwischen Mann und Frau, die in der Liebe einander einen Strauß Blumen oder eine Schachtel Pralinen schenken. An diesem Geschenk hängt nicht die Liebe, aber sie kann ausdrücken, dass man den anderen wunderbar findet und wünscht, dass er sich freut, weil seine Gegenwart die größte Freude im eigenen Leben ist.

Von der Erlösung der Liebe

Nebenbei gesagt, die Verformung der innigsten Verhältnisse in der Beziehung auch nur von zwei Menschen ist etwas, das Luther natürlich auch gesehen hat. Die katholische Kirche hat für die Zerbrochenheit von Eheleuten auf Grund ihrer metaphysischen, psychologiefernen Denkweise bis heute nicht das nötige Verständnis. Dabei deuteten wir schon an, wie sich auch die Beziehung von Adam und Eva jenseits des Sündenfalls deformiert (Gen 3,16): Man kann nicht mehr einander lieben, wenn man das Vertrauen, liebenswert zu sein, in die Perfektheit der eigenen Erscheinung setzen muss. Dann ist jeder Augenblick der Schwäche ein Angriffspunkt für fremde Kritik. Dann muss man mit Feigenlaub oder Fellröcken herumlaufen, und immer hat man etwas zu verbergen. Schwächen darf man sich dann nicht mehr leisten: dann ist man als Mann nicht potent genug, um liebenswert zu sein, dann ist man als Frau nicht schön genug, um liebenswert zu sein. Das Bindegewebe könnte schwächer werden, und dann verliert man die Liebe des Mannes – der sucht sich eine Jüngere; so etwas glauben wirklich viele Frauen in unserer Gesellschaft. Es ist ständig Angst am Werke, also auch als Angstfolge eine ständige wechselseitige Erniedrigung. Um nicht schwach zu erscheinen, muss man stark sein; und also entsteht jetzt mitten in der Intimität auch nur des Lebens von zwei Menschen wieder ein erbarmungsloser Konkurrenzkampf. Und das wird sogar als erster Fluch von Gott selber in Genesis 3 ausgesprochen: Der Mann soll herrschen über die Frau (Gen 3,16). Das ist der Einzug des Patriarchalismus in eine gnadenlose, peinlich gewordene Intimität. Die Frau ist abhängig vom Mann, damit sie Kinder gebären kann, und selbst das wird für sie schmerzhaft sein und ihr Leben in eine Art von Ersatzreligion der Fruchtbarkeit verwandeln. Ihre Gebärfähigkeit, der Segen ihrer Mutterschaft, verformt sich in ein Opfer, das sie bringen muss und das sie immer weiter von sich selbst entfremdet.

Wenn wir einmal annehmen, ein solcher Zustand wäre die Voraussetzung für das Zusammenleben zweier Menschen in der Ehe, hätte doch Luther völlig recht: Die Liebe selber muss erlöst werden. Die einfachsten Verhältnisse auch nur im Zusammenleben von zwei Menschen bedürfen der Erlösung. Wirklich heiraten, könnte man jetzt sagen zugunsten der katholischen Kirche, so dass es ein Sakrament wird, können wirklich nur Getaufte. Eine solche Aussage machte plötzlich Sinn, wenn wir Taufe in dieser Weise interpretieren und das Sakrament der Ehe als Zeichen eines neu gefundenen Vertrauens in die Nähe Gottes sehen. Nur gerade das geschieht nicht in der katholischen Theologie. Man setzt die »Erlösung« von der »Sünde« wieder rein ontisch auf Grund der (Kinder)Taufe als eine fertige Gegebenheit voraus und spricht sofort moralisch und kirchenrechtlich über die Angelegenheiten der

Liebe, die allererst zuinnerst durchgearbeitet werden müssten. Jeder Eheberater kann uns erzählen, wie schwer das ist, was die Bibel simpel voraussetzt, wenn sie sagt: um zu heiraten müsste man Vater und Mutter verlassen haben (Gen 2,24). Dahinter stehen eine Menge Fragen: Wann kommen Menschen von den psychischen infantilen Bindungen und der Wirkung der Imagines ihrer Eltern dahin, den anderen so wahrzunehmen, wie er selber ist? Er ist nicht so großartig, wie man als Kind die eigene Mutter gesehen hat, aber er ist eine wunderbare Frau, ein wunderbarer Mann. Gott sei Dank ist der andere vielleicht doch kein Engel, sondern »nur« ein Mensch. Doch eben deshalb kann man mit ihm viel besser leben. Manchmal *ist* er auch ein Engel, ganz sicher, aber bei aller Suche nach der Mutter, nach dem Vater, wird es jetzt möglich, dass man dem anderen in seinen Eigenarten und Begrenztheiten gerecht wird. Plötzlich ist man mit ihm unterwegs nach einem Ziel, das gemeinsam gefunden werden muss in jener absoluten Zugewandtheit, die man Gott nennt. Selbst hinter der Erwartung der kindlichen Geborgenheit in den Händen der Mutter äußern sich die ersten Sehnsüchte im Religiösen, es möchte im Absoluten das bereits verwirklicht sein, was jedes Kind auf seinem Lebensweg von Anbeginn an braucht.

Dann ist die Ehe ein Versuch, einander von dieser immer schon vorausgesetzten Liebe so viel zu schenken, wie man kann. Es gibt allerdings keine Garantie dafür. Dass ein Priester den Bund der Ehe eingesegnet hat, mag ein Sakrament sein, aber es bietet keine Garantie für irgendetwas, wie jeder wissen kann. In jedem Falle muss die Freiheit im Vertrauen wechselseitig zurückgeschenkt werden, und beten kann man füreinander, Gott möge uns begleiten. Alle Bilder, alle Zeichen in der Kirche werden dann ein solches Gebet auf einer Brücke, über die man geht, um hinüber zu gelangen. Das weiß der Protestantismus wirklich: Die Kirche mit allem, was sie tut, ist kein Selbstzweck. Die Kirche als Gemeinschaft von Vertrauenden kann nichts garantieren, sie kann sich nicht anmaßen, wie der Katholizismus in absoluter Entscheidungsmacht zu bestimmen, dieser oder jener sei ein Heiliger. Wir wissen es nicht. Es kann vor Gott alles ganz anders aussehen. Wir können uns nur bei der Hand nehmen und wissen, wie gebrochen wir unterwegs sind hin zu einer Güte, die uns am Ende umfangen und empfangen wird.

Gott erlaubt uns immer wieder einen Neuanfang.

Unbedingt. So wie in jenem Brief Luthers an seinen Freund Philipp Melanchthon: »Jeden Morgen können wir in die Welt nur gehen im Vertrauen, dass Gott uns vergeben wird« – sogar das schon, was wir noch gar nicht getan haben. Wir werden niemals die Vollendeten sein. – Da herrscht auch nicht mehr der Glaube, dass die Kirche eine Societas perfecta sei, wie Kardinal Bellarmin gemeint hat. Die Protestanten wissen: die Kirche ist genauso sündhaft wie die Menschen, aus denen sie besteht. Aber das Vertrauen in Gott, den ganz Anderen, jenseits der bürgerlichen Welt und jenseits der Natur, lässt uns unterwegs sein. Und das ist Kirche: eine Gemeinschaft von Menschen, die einander leben lassen – in ihren Schwächen.

Die Ablassfrage und das Fegefeuer

Von daher können wir ein Stück weit noch erläutern, was Luther leidenschaftlich bekämpft hat und was er doch im ganzen missverstanden hat: die Lehre vom Fegefeuer und vom Ablass. Luther hat bekanntlich begonnen, Reformen in der katholischen Kirche zu verlangen, weil er Anstoß nahm an der Ablasspredigt Tetzels in Sachsen. Wir haben schon beschrieben, warum diese Geldeintreiberei mit dem Schüren von Furcht vor einem schrecklich strafenden Gott Luthers wütenden Protest erforderte. So etwas durfte nicht durchgehen. Aus der Angst des Menschen einen Schacher zu machen, mit dem Bischöfe sich ihre Ämter einkaufen und die Marmorblöcke beim Bau des Petersdoms zusammenkommen, – so etwas kann und darf man christlich nicht hinnehmen. Da hatte Luther unbedingt recht. Doch mit ihrer missbräulichen Praxis hat die katholische Kirche die mögliche Wahrheit ihrer Lehre vom Fegefeuer bis zur Unkenntlichkeit verstellt. Wenn wir uns aber einmal im katholischen Sinne daran erinnern, was mit dem »Fegefeuer« eigentlich gemeint sein könnte, würde es auf eine wunderbare Darstellung dessen hinauslaufen, was Gnadenlehre auch bedeuten kann.

Bisher haben wir immer davon gesprochen, dass wir selber nur leben können, wenn Gott uns vergibt. Und das tut er ja. Aber das hindert nicht, dass viele Folgen unserer Fehltaten in der Welt sind, und wir können sie nicht von uns selbst her zurückrufen. Jetzt stellen wir uns einmal mit katholischen Augen vor, dass es Seelen gibt, die im Jenseits als Verstorbene mitansehen müssen, was sie am Unglück anderen hinterlassen haben. Da sind lauter solche wirklich argen Dinge vorgekommen. Viele davon haben wir überhaupt nicht bewusst wahrgenommen. Wir haben unter Umständen schon dadurch Fehler begangen, dass wir nicht da waren, wo wir hätten da sein müssen. Wir fehlten, und das war ein Fehler. Wir haben uns überhaupt nicht Rechenschaft darüber gegeben, was es bedeutet hat, dass wir nicht da waren, wo wir aus den Augen des anderen hätten da sein müssen, in den eigenen Augen aber gar nicht da sein wollten. Jetzt plötzlich bekommen wir das zu sehen. Denn in der Nähe Gottes werden wir sehr hellsichtig. Wir fangen an, mit Gottes Liebe uns selber zu betrachten und die ganze Welt; mit mal können wir nur froh sein, dass uns nicht – mythisch gesprochen – der Teufel holt für das, was wir jetzt sind. Wir leiden an diesen unseren begangenen Fehlern unglaublich. So mag man sich die Lage der armen Seelen im

Fegefeuer vorstellen: Sie wissen, dass sie von Gottes Nähe nie mehr getrennt sein werden, aber mit Gottes Augen schauen sie ihr eigenes Leben und dessen Folgen an, und da gibt es keinen besseren Trost, als dass andere in die hinterlassenen Lücken treten und endlich das Fehlende kompensieren. Das wäre für sie der wichtigste Trost. Es gäbe andere, die übernähmen stellvertretend das, was an Schäden hinterlassen wurde. Das wären jetzt im Jakobusbrief die guten Werke, die zu bringen wären (Jak 2,18).

Statt dass wir juridisch-moralisch an dieser Stelle, wie in der katholischen Dogmatik bis heute üblich, Verdienst und Verlust nach göttlicher Gerechtigkeit gegeneinander verrechnen und eine »Schatz der Kirche«, einen Thesaurus ecclesiae, einlagern und buchhalterisch verwalten, sollten wir uns simpel diese Psychodynamik des Trostes einer Seele vergegenwärtigen, die unter den eigenen Schädigungen und Versäumnissen beim Anblick anderer leidet. Ihre wichtigste Entlastung ist es, wenn ein anderer übernimmt und wiedergutmacht, was sie selbst durch eigene Fehler an Schäden hinterlassen hat. Nur so könnte eine »arme Seele« zur Ruhe kommen. Nur so wäre Versöhnung möglich. Einzig dies bedeutete das Ende ihres Fegefeuers.

So verstanden wäre es das beste, solche so genannten ersatzweisen »Ablässe« zu leisten, weil dann die Betreffenden selber wüssten, dass nichts mehr nachzuleisten ist und nichts mehr nachzuarbeiten ist. Zur katholischen Lehre gehört im übrigen auch, dass die so genannten »armen Seelen« im Fegefeuer von sich her nichts mehr tun können. Das ist erneut eine goldrichtige Lehre, wenn man sie nur einmal ernst nähme. Man möchte dringlich etwas tun, um endlich das Verlorene zu retten, aber man kann es nicht! Nur andere können es! Und wenn die es denn wirklich täten, ergäbe sich überhaupt erst, was wir Kirche nennen. Dann hätten wir stellvertretend eine Wiedergutmachung aller begangenen Schuld in einer Welt der Güte und Gnade. Wenn *das* »Ablass« wäre, kann man damit natürlich nicht Pfründe schachern, aber man könnte eine Gemeinsamkeit der Menschen untereinander fördern, die im Tode nicht getrennt wird.

»Alles ist Gnade«

George Bernanos war wohl derjenige Dichter in Frankreich der – im Erbe von Blaise Pascal und den Jansenisten – die Gnadenlehre fast in lutherischer Prägung mitten im Katholizismus ausformuliert hat. Bernanos wollte eigentlich beweisen, dass die Psychologen methodisch unrecht haben. Alle Psychologen wollen die Menschen stark machen, und wenn ihnen das gelingt, nennen sie es calvinistisch Gnade. Bernanos aber dachte umgekehrt. Er war verliebt in die Schwäche der Menschen; und dass sich in dieser Schwäche der Menschen die Größe der Gnade Gottes erweist, wie es bei Paulus steht (2 Kor 12,9), ist der Inhalt sämtlicher Romane bei Bernanos. »Die begnadete Angst« zum Beispiel. Das ist die Geschichte einer Schwester, die vor allem eine geradezu neurotische Angst hat; aber als sie in der Französischen Revolution zum Schafott geführt wird, ist sie die einzig Mutige. Ein ähnliches schildert Bernanos in dem Buch, das die Pastöre vor vierzig Jahren durch die Bank alle lasen: »Tagebuch eines Landpfarrers«. Dieser Roman aus den 30er-Jahren des 20. Jahrhunderts schildert einen Mann, der, gezeugt von einem Säufer, schon genetisch geschädigt zur Welt kommt und in vielerlei Angst lebt; Albträume suchen ihn heim bei Nacht, wie er an der Wand klebt und langsam in die Tiefe rutscht. Aber gerade dieser Priester ist es, der in seiner Angst eine Frau versteht, die ihren Sohn hat sterben sehen und die verzweifelt ist an Gott. Mit ihr redet er eine Nacht lang, dass es nicht stimmt, wie die Leute sagen: es gibt eine Welt hier der Lebenden und drüben der Toten. Es gibt, spricht er, nur

eine einzige Welt, in der wir in Liebe für immer zusammenge-
hören. Das tröstet die Frau. Sie stirbt am Morgen, und man
wird sagen, sie sei gestorben durch psychische Überforderung.
Doch für den Landpfarrer ist sie aufgenommen in Gottes
Gnade.

Diese Kontraste zwischen physisch-psychisch gesund und
geistig-religiös gerettet sind für Bernanos entscheidend zum
Verständnis der menschlichen Existenz. Das ist großartig in
seiner Klarstellung, doch es gibt darin auch ein Bedenkliches.
Es ist für den Katholizismus vor allem in Frankreich kenn-
zeichnend geblieben, dass er etwa in der Action Catholique
immer wieder Gnade gegen Natur gestellt hat. Worum wir uns
hier in diesem Gespräch gerade am meisten bemühen, ist demgegenüber zu zeigen, dass die Natur selber außerhalb der
Gnade bis zur Zerstörung verformt wird, doch dass sie in der
Gnade wieder zu sich selber aufwächst. Anders wären zum Beispiel die Heilungswunder Jesu im Neuen Testament völlig un-
begreifbar. So aber käme beides zusammen, und wir könnten
auch Bernanos in seiner Intention unterstützen. Sein Roman
vom »Tagebuch eines Landpfarrers« endet mit den Worten:
»Alles ist Gnade.« Es ist eines der Bücher, das im übrigen
Papst Benedikt XVI. sehr geliebt hat wie kaum ein anderes,
und man kann gut verstehen warum.

Man müsste allerdings zur Integration des Bewusstseins der
katholischen Kirche »Gnade« und »Natur« in eine existenzielle Einheit zusammenbringen, statt sie auf zwei verschiedenen Seinsebenen von »Natur« und »Übernatürlichem« vonei-
nander zu trennen. Auch im Protestantismus klingt das oft so,
dass die natura corrupta, die verderbte Natur, durch die Gnade
überwunden werde. Das klingt sehr kämpferisch. Mit den Bildern der Erlösung oder der Rettung oder des Umgreifenden
hingegen müsste man sagen: Die in Angst verwüstete Lebensweise des Menschen wird in einem Raum verstehender Güte
geheilt. Ein solches therapeutisches Bild ist viel versöhnender

und kommt dem, was Jesus tatsächlich getan hat, unmittelbar nahe. Die Natur, die natura corrupta (protestantisch) oder die gefallene Natur, die natura lapsa (katholisch), wird geheilt. Sie ist krank geworden, und sie wird geheilt. Allein schon dass wir die so genannte Sünde nicht länger als Gebotsübertretung betrachten, sondern als Krankheit, als Leiden an sich selber, als ein Schmerz, der darauf wartet, umgeformt zu werden in ein Empfinden für sich selber, in ein Empfinden von Glück, von Einverständnis, von Übereinstimmung mit sich selber, hieße, was Jesus im Neuen Testament tat, in der Interpretation der Gnadenlehre Luthers in unserer Zeit korrekt zu verstehen und aus den geschichtlichen Verformungen zu befreien.

Zum Abschluss dieses Komplexes »Gnade« noch einmal zugespitzt gefragt: Ist auch in der Gnadenlehre die protestantische Theologie an einem Punkt stehen geblieben und hat dazu beigetragen, dass dieser Begriff »Gnade« eben in dieser Welt nicht mehr wirkt.

Ich glaube ja. Es hat sich zwischen katholischem und protestantischem Dogmatismus dahin polarisiert, dass die Protestanten in angegebener Weise von der natura corrupta sprechen, von der Natur, die zerstört und verdorben ist, während die katholische Theologie nur von der natura lapsa redet, von einer Natur, die gefallen ist und die man lediglich wieder aufheben muss. Im Protestantismus muss man sie wiederherstellen. An solchen Begriffen kann man sich jahrhundertlang aufreiben und wechselseitig sich mit Rechthabereien überziehen. Am Ende werden dreißig Jahre Krieg von 1618 bis 1648 unter anderem darum geführt, wer die richtige Gnadenlehre vertritt. Es werden Hunderttausende getötet, es werden zwei Drittel der Menschen Europas dabei umkommen, aber es geht um die Rechtfertigung in der Gnadenlehre, worum auch sonst? Perverser lässt sich Theologie nicht handhaben. Nur es zeigt sich, was daraus wird, wenn man intime, persönliche Erfahrungen zwischen der Person des Menschen und der Person Gottes ins Dogmatische umformt; wenn man Symbole der Seele in Heilshandlungen der Kirche umformt, die als Gnadengarantie verwaltet werden; wenn man das Innere veräußerlicht; wenn man das, was der Person des Einzelnen gesagt wird, in den Apparat des Kirchlichen aufhebt. An diesen Brechungen reibt sich alles. Und freilich, wir haben betont, wie die Gnadenlehre selber ihre Widerstände schafft, wenn man beginnt sie zu verstehen; doch das ist etwas anderes, als sich in dogmatische Lehrsysteme zu flüchten und damit alles zu verweigern, was im Grunde ins Leben der Menschen vordringen möchte.

Was ist dann Kirche?

Kann man sagen, dass mit der Gnadenlehre, mit der Rechtfertigungslehre Luthers das Individuum stärker betont wird, während in der katholischen Kirche die Gemeinschaft, die Heilsgemeinschaft im Vordergrund steht?

Das gehört zweifellos zur Grunderfahrung des Protestantismus. Angst individualisiert. Angst kann eigentlich zunächst nur der Einzelne haben – wie ein Huhn, wenn ein Raubvogel über ihm schwebt, darin die individuelle Gefährdung seines Lebens spürt, die als Angst erfahren wird. Eben deshalb gibt es für die Person des Geängsteten hilfreich auch nur das Gegenüber einer anderen Person, die als Trost und Hilfe das nötige Vertrauen ermöglicht, um damit zu leben. Andernfalls flüchtet man sich in die biologisch vorgeformten Angstsicherungsmechanismen. Eine davon haben wir soeben besprochen: das ist die Flucht in Stärke, in Konkurrenz, in Machtgewinn durch Überlegenheit. All diese Mechanismen lassen sich hochtreiben in Szenen, die wir noch im Raum des Politischen werden aufgreifen müssen. Doch jetzt ist zu sagen: genauso wie die

Angst individuiert, genauso individuell ist das Vertrauen. Es kann nur gelebt werden in persönlicher Dichte. Im Kollektiv wird es vertan. Da wird die Angst erstickt und das Vertrauen überflüssig. Da wird das Individuelle eingeebnet.

Und das ist in der katholischen Kirche der Fall?

Diese Gefahr ist in der katholischen Kirche längst realisiert. Man hat dort die Mündigkeit des Individuellen eigentlich nicht gewollt. Darum hat man die Aufklärung vor 250 Jahren weitgehend verschlafen, die mit der individuellen Freiheit des Individuums und seiner Autonomie begann. Kants berühmte Schrift »Was ist Aufklärung?« gab zur Antwort, die Aufklärung sei »die Herausführung des Menschen aus selbstverschuldeter Unmündigkeit«. Was sagte vor über 100 Jahren Sigmund Freud dazu? Die Religion, die er im Katholizismus Wiens kennenlernte, erschien ihm als eine kollektive Zwangsneurose. Er wünschte der Menschheit von morgen einen besseren Bewusstseinszustand und arbeitete schon einmal analytisch, so gut er konnte, daran, ihn zu erreichen, und zwar gegen eine Kirche, welche die persönliche Entfaltung, Mündigkeit und Liebesfähigkeit nicht wirklich will, ja nicht einmal versteht. So viel steht fest: Die ganze Kirche würde sich ändern, ließe sie zu, was Menschen wirklich befreit. Das ist keine Revolution, die man im grünen Sinne von oben nach unten verordnet – das wird auch Papst Franziskus bei all seinem guten Bemühen nicht gelingen. Das kann nur wachsen in einem Erlaubnisraum, der sich von innen regeneriert und zum Leben emporwächst. Dass man es nicht erstickt, wäre schon das Beste. Die Vermutung und Hoffnung habe ich, dass der jetzige Papst Franziskus genau das begreift. Er tritt nicht vor die Kardinäle hin als neuer Gesetzgeber, er schreibt ihnen nicht vor, jetzt rechts schwenk Marsch, er lässt wachsen, und das allein ist schon sehr viel.

Und wachsen lassen heißt auch, eine Vielfalt zulassen.

Gewiss, die Vielheit des Individuellen ist wie eine Frühlings-
wiese, so bunt. Es ist das Wissen des Protestantismus, dass nur
von innen her alles in der menschlichen Realität erlöst werden
muss und kann. Wie wir gerade sagten: Sogar die Ehe, die Intimität von zwei Menschen, bedarf der Erlösung in Angstfrei-
heit. Sie ist überhaupt nur zu schließen zwischen Menschen,
die bildlich gesprochen durch die Taufe dem Abgrund der
Hölle und des Teufels entronnen sind, – die der Verzweiflung
entstiegen sind, sagen wir jetzt besser, weniger mythisch. Und
so ginge es ja weiter. Die Familie müsste sich ausbreiten in den
gleichen Erfahrungsraum des Vertrauens hinein. Auf jeder
hierarchischen Schaltungsebene der Gesellschaft und ihres
Zusammenlebens könnten und müssten wir die gleichen Kon-
trollstellen durchlaufen. Wie arbeitet sich Gnade durch, dass
sie ins Kollektive hinein wirkt? Erst das ließe dann so etwas
entstehen wie eine Kirche, wie die Civitas Dei, von der Augustinus träumte als einer Gegenordnung zur Wirklichkeit. Eine
solche Kirche ist erst einmal unsichtbar, und das, was wir real
vor uns haben in Gestalt der kirchlichen Institutionen, ist allenfalls ein Versuch zwischen Wahrheit und Irrtum, etwas von
der Botschaft Jesu durch die Zeit zu tragen. Man kann sie nicht
im Kollektiv als »Kirche« heiligsprechen und schon gar nicht
wie die katholische Kirche sagen: Wer an uns glaubt, der ist bei
Christus, denn wir sind ja der fortlebende Christus. Nach 1500
Jahren Kirchengeschichte konnte Luther dazu tatsächlich nur
sagen: »Hol euch der Teufel! Wenn ihr das wirklich glaubt,
dann könnt ihr nicht einmal mehr umkehren, dann versteht ihr
gar nichts.« – Unvermeidlich stellt sich da die Frage, wie man
so viel Borniertheit zu verstehen vermag. Auch dafür hätte ich
manche Erklärungen, aber das diente mehr der Interpretation
des Katholizismus als dem Verständnis Martin Luthers.

Aber das heißt: Man müsste einen schwierigen, langwierigen Prozess zulassen.

Der Katholizismus müsste begreifen, dass er christlich nur wird, wenn er endlich die reformatorischen Ansätze Luthers durch die Tore von Sankt Peter einlässt. Anders geht das wirklich nicht. Der Protestantismus steht am Anfang der Neuzeit. Er artikuliert alles, was da beginnt: die Entdeckung des Individuums, die Entdeckung der Unschuld der Natur im griechischen Sinne, die Widersprüche, die im Menschen leben, die Notwendigkeit der Gnade in Christus, – es ist ein ungeheurer Aufbruch, der sich in Luther artikuliert. Und an all dem vorbei kann man doch nicht weiter mittelalterlich in die Neuzeit marschieren und alles mit dem Dogma abschmettern, was als wirkliches Lebensangebot dringlich integriert gehört. Es ist tatsächlich eine Tragödie, dass wir heute zwei verschiedene Konfessionen haben. Dieser Zustand zerreißt die Menschen zwischen Glauben und Wissen, zwischen Denken und Fühlen, zwischen Person und Institution, zwischen Individualität und Mitgliedschaft. Es geht ein Riss zwischen Bewusstsein und Unbewusstem durch die Seele eines jeden. Am Ende haben wir einen Protestantismus, der in einer Weise glaubt, dass man keine Inhalte mehr darin vermutet, und einen Katholizismus, der alles Mögliche glaubt, ohne dass man Leben darin vermutet. Man hat am Ende zwei Stiefel, mit denen man passend zueinander niemals gehen kann.

Herr Drewermann, braucht so ein Prozess sowohl von Katholizismus und Protestantismus und von der gesamten Christenheit vor allen Dingen eine Haltung der Demut?

Man sollte einander zuhören, natürlich. Wenn Demut hieße: Gehorsam im Horchen auf den Anderen, käme man unmittelbar weiter. Das ist ein guter Ansatz überhaupt bei jeglichen

Konfliktlösungen geworden, was da in der psychotherapeutischen Gesprächsführung geradezu methodisch geübt wird und was Marshall Rosenberg in der »Gewalfreien Kommunikation« anempfohlen hat: Man sollte sich, meinte er, bei allem, was der Andere sagt, gerade wenn es widersprüchlich zu werden droht, immer fragen: Was für ein Interesse hat er? Was für ein Bedürfnis steht dahinter, wenn er das sagt? Dann erst begreift man, was der Andere wirklich sagen möchte. Das Paradox ist, dass Menschen meist etwas anderes sagen, als was sie wirklich meinen. Aber man kommt dahinter, wenn man sich vorstellt, was denn der andere mit dem Gesagten erreichen möchte, was für ein Bedürfnis sich darin ausspricht. Wenn man das findet und für den anderen mitartikuliert, gibt es in aller Regel einen raschen Weg zur Versöhnung.

So wäre es gar nicht so schwierig, sich anzuhören, was Luther hätte sagen wollen, was sein Bedürfnis war. Die ganze Zeit reden wir von der Angst, die ihn umtrieb, von der Gnade, an die er sich zu halten suchte, von dem Gefühl, endlich gerechtfertigt und gerettet zu sein. Bis zu seinem Priesteramt war er auf dem Weg gewesen, endlich bei Gott das Richtige zu tun. Er hat die Texte der katholischen Kirche hin und her interpretiert, aber die Angst hat sich nie beruhigt, bis er dies entdeckte: Nicht durch die Gesetzeswerke, allein durch Vertrauen! (Gal 2,16) Das war der dritte Punkt seiner großen Theologie in den drei Kondensationspunkten. So wie die Bibel spricht, kündet sie von einer Gnade, die, wer sie im Glauben annimmt, als Erlösung und Errettung (als Rechtfertigung) erfährt.

Sie haben gerade einen interessanten Begriff gebraucht, nämlich »Interesse«. Man darf nicht bei Gesprächen zur Versöhnung von Machtinteressen geleitet sein. Wenn wir nun auf den 31. Oktober 2017 schauen – kann das zu einer Demonstration von Machtinteressen werden?

Natürlich kann das so wirken. Untergründig wird immer bei verfassten Institutionen wie den katholischen und protestantischen Kirchen die Furcht vorhanden sein, wie die beiden Konfessionen sich einander begegnen. Besteht nicht insgeheim doch der Versuch, den anderen über den Tisch zu ziehen? Was etwa würde passieren, wenn ein Papst nach Wittenberg oder auf die Wartburg oder nach Eisenach käme? Johannes Paul II. hat das wirklich vorgehabt, um den Protestanten an ihren Gründungsstätten zu demonstrieren, dass alles Reden von Christus letztlich nur möglich ist in Zustimmung zur katholischen Kirche und in Einheit mit ihr, – die fromme Wallfahrt eines Pilgers zugunsten einer klerikalen Heim-ins-Reich-Maßnahme. Oder, was wäre passiert, wenn der jetzige Papst Franziskus am 600. Verbrennungstag von Jan Hus, am 6. Juli 2015, nach Konstanz gekommen wäre? Hätte er die scheinbar Verlorenen, die Nachfolger der böhmischen Hussiten, in seine Institution rückgruppieren wollen, oder hätte er sich wirklich auf die anders, aber glühend an Christus Glaubenden zubewegt? Das wäre die Frage gewesen.

Darum hat eine solche örtliche Annäherung in jedem Falle einen gewissen Symbolcharakter. Aber selbst zum katholischen Begriff eines Sakramentes gehört, dass das Zeichen mit Worten begleitet wird, die es kommentieren. Und das könnte wirklich etwas Wichtiges sein: wenn wir einen Papst hätten, der sagt: »Ich gehe auf Martin Luther zu. Wir haben ihn verleugnet. Wir haben ihn verketzert. Wir haben ihn mit der Bannbulle als unkatholisch ausgegrenzt. Wir haben nie richtig zugehört. Er aber hatte uns etwas zu sagen, das steht im Evangelium, das steht in den Paulusbriefen, das *ist* die Kirche. Und unabhängig davon verraten wir uns selber. Nicht Luther hat uns verraten, wir, wenn wir nicht auf ihn hören, verraten uns. So stehen die Dinge, und deshalb komme ich jetzt zur Wartburg, wo er die Bibel übersetzt hat, für euch, die Deutschen. Deutsch kann ich nur mühsam lesen, obwohl ich lange in

Deutschland war, aber er hat es im Deutschen übersetzt für alle Menschen – durch das Wunderwort ›Gnade‹«.

Franziskus redet ständig von Barmherzigkeit, was doch nur eine feierliche Umschreibung von Gnade ist. Er meint der Sache nach dasselbe: Ein jeder Mensch braucht eine Güte, die ihn versteht. Wenn *das* gemeint ist, gibt es keine Differenz mehr zwischen Luther und dem Papst. Wohlgemerkt nicht, weil er, Bergoglio, der Papst Franziskus ist, sondern weil er ein Mensch ist, und ebenso Luther: nicht weil er ein Denkmal ist, sondern weil er ein Mensch vor 500 Jahren war, der wiedererscheint in allen, die am Boden liegen heute. Die alle brauchen genau dasselbe, ob oben oder unten. Dann hätten wir keine konfessionelle Spaltung mehr, dann wir hätten wir nur noch Menschen, unterwegs in derselben Not zum gleichen Ziel.

Herr Drewermann, nun kommt der Papst zu dem Jubiläum am 31. Oktober 2017 nicht nach Wittenberg oder auf die Wartburg, sondern er besucht den Lutherischen Weltbund im schwedischen Lund. Was sagen Sie dazu?

Es ist wie alles interpretierbar, und es bedarf der Interpretation. Selbst wenn der Papst nach Wittenberg ginge, müsste er es so artikulieren, dass sinngemäß das Vorgeschlagene dabei zu hören wäre. Johannes Paul II. hatte diese Idee, nach Wittenberg zu gehen. Das hätte zweifelsohne bedeutet, die machtvolle Reintegration der abgefallenen Protestanten in den Schoß der Kirche Roms zu betreiben; die Botschaft hätte gelautet: Man hört am besten auf Luther, wenn man jetzt gleich auf den Papst in Rom hört; dann versteht man in allem wieder richtig, was Christentum ist. Er, der Papst von Rom, bringt euch das jetzt zurück nach Wittenberg. Dieses päpstliche Possenstück ging, Gott sei Dank, nicht durch. Man begriff, dass da lediglich wieder eine Begegnung dem Zweck der Machtausdehnung in geistlicher Absicht dienen sollte. Ob es in Lund etwas ganz Anderes geben wird, steht dahin. Ich habe die Vermutung und sogar die Hoffnung, der Papst werde mit seinem ständigen Appell an Barmherzigkeit sagen, dass diese seine Botschaft auch und gerade die Kerninhalte der lutherischen Reformation wiedergibt und dass sie überall auch im Protestantismus wach ist, und dass dies ein Element im Protestantismus darstellt, das nicht fern von Rom ist, sondern auch in Rom anzutreffen ist, und das also überhaupt nicht trennt, sondern gemeinsam ist und bleibt.

Andererseits treffen wir gerade in Lund und in anderen skandinavischen Ländern einen Episkopat an, von dem um 1850 Søren Kierkegaard schon meinte, »es kann Christus nicht tragen, weil es ein verordnetes Staatskirchentum ist«. Man ist Christ, weil man als Staatsbürger in Dänemark, Schweden, Norwegen zur Welt gekommen ist. »Darum, mein lieber Leser«, schrieb Kierkegaard, »hast du der Christen heute so viele wie Heringe im Öresund.« Man hat das Christentum naturalisiert. Ähnlich wie im Judentum: Man hat eine jüdische Mutter, dann ist man Jude, dann ist man Teil des auserwählten Volkes. Mehr braucht man nicht. Man hat einen christlichen Vater, dann ist man Christ. Man wird ja auch getauft. Doch das alles bedeutet, christlich gesehen, gar nichts, es gehört einfach dazu, dass man Staatsbürger ist. Es ist ungefähr so wie ab 391 im antiken Rom: das Christentum wird zur Staatsreligion, und wer Bürger in Rom sein will, muss Christ sein. Beides ist austauschbar. Religion ist nichts weiter mehr als verwaltete Macht. – Wenn es so steht und von den Bischöfen vor allem in den nordischen Ländern, im Anglikanismus in England oder auch in Lund von den skandinavischen Bischöfen im Lutherischen Weltbund, so verwaltet wird, hat man ein riesiges Problem: Man hat nicht gleich einen Kirchenstaat, wie in Rom oder eine Staatskirche wie in London, aber man hat etwas Vergleichbares. Auch die dortigen Bischöfe sind als erstes Staatsangestellte.

Die Frage bleibt: Wo gibt es einen Ort, an dem man die ungelebten Träume endlich leben kann? Den Traum vor allem des Jesus von Nazareth, ein Reich Gottes sei da, in der Erfahrung einer Gnade, die niemanden mehr verstößt? Man bräuchte sich nicht zum Triumphans ornatus in der Kathedrale zu Lund zu entwickeln. Es genügte, ein Mensch zu sein, der menschliche Gefühle zulässt.

3. Allein durch Glauben (*sola fide*)

Sola Fide (allein durch Glauben) ist natürlich der dritte Kernbegriff in Luthers Theologie, in Luthers Rechtfertigungslehre. Das höchste in jeder Religion, in jeder christlichen Religion ist der Glaube, der Glaube, der uns durch das Evangelium geschenkt wird.

Glauben als Vertrauen

Und schon sind wir mitten im Problem. Was heißt lutherisch Glaube? Wir sagten bereits, dass Glaube in unserem deutschen Sprachgebrauch ständig in griechischer Weise interpretiert wird als inhaltsgebundener »Glaube, dass«; so glauben wir, dass bestimmte Tatbestände existieren, die wir nur leider (noch) nicht überprüfen und ins Wissen bringen können. Natürlich hat auch das Christentum Inhalte mit einer bestimmten Bedeutung. Wenn aber die Rede im lutherischen Sinn von Glauben geht, ist nicht an erster Stelle das »Glauben, dass« gemeint, obwohl Luther selbst das oft betont. Beispiel: Die Kreuzigung Christi hat uns erlöst von unseren Sünden, – das ist ein Inhalt, der als »Dass«-Aussage geglaubt werden soll. (Vgl. Röm 15,10) Viel entscheidender aber ist, dass sich darunter unsere eigene Existenz wandelt von Angst zu Vertrauen. Vertrauen ist das rechte Wort, um lutherisch »Glauben« zu übersetzen. Dieses Wort verwendet er auch selber immer wieder, und es ist keine Frage, dass es so gemeint ist. Wenn wir vorhin noch sagten, dass das ganze menschliche Dasein, das Sein selber, verformt, korrumpiert werden kann durch die Dynamik der Angst, beschreibt umgekehrt eine gläubige Existenz das genaue Gegenteil. Dazwischen liegt, was wir Erlösung oder Neuanfang, Wiedergeburt oder die Gestalt des neuen Menschen nennen. Es ist die Umwandlung der Vorzeichen vor der Klammer von minus in plus, buchstäblich die Durchkreuzung der Verneinung, die in der Angst gefühlt wird. Und damit bekommen all die Inhalte in unserem Leben eine neue Wertigkeit. Das geschieht im Glauben. Es kehrt Freiheit zurück, wo bis dahin Zwang herrschte. Es kehrt Mündigkeit zurück, wo bis dahin nur Abhängigkeit im Untertanengehorsam herrschte. Es kehren Gefühl und Innerlichkeit zurück, wo bis dahin ein nur veräußerlichtes Reglement war. Es tritt die eigene Persönlichkeit ins Leben, wo bis dahin nur Gruppenangleichung zu finden war. Kurz: Wir können durch den Glauben, so verstanden, alles eben negativ Gesagte jetzt positiv gegenbesetzen.

Nur: Statt den Begriff Glauben so zu interpretieren und aufzugreifen, hat die katholische Kirche sich in ihren dogmatischen Auseinandersetzungen immer wieder an jenem schon erwähnten Begriffsunterschied fest gemacht, den ein lateinisches Wortspiel ausdrückt: Es gibt die fides quae creditur, den Glauben, welcher geglaubt wird, – das bezieht sich auf den Inhalt. Und es gibt die fides qua creditur, den Glauben, mit dem geglaubt wird, und das bezieht sich auf die Haltung des Glaubenden, – von Fiduzialglauben (von lat. Fiduzia – Vertrauen) sprach man deshalb und sah darin das Wesen des Protestantismus. Richtig bleibt: Luther wollte, dass wir die Inhalte der christlichen Botschaft so glauben, dass sie zum Antrieb werden, die eigene Berechtigung im Leben zu glauben und anzunehmen. Wenn das so ist, ist es kein leerer Glaube, es ist vielmehr gerade die Form von Vertrauen, die man an der Seite

Jesu in Bezug zu Gott lernt und in welcher das ganze Leben sich verändert.

Sola fide solus Christus.

Richtig. Es gilt: solus Christus, oder solus Deus, – der christliche Glaube ist absolut theozentrisch an der Seite Jesu. Im Johannes-Evangelium heißt es einmal: Wer mich sieht, sieht den Vater (Joh 14,8–9), man könnte auch sagen, der lernt Gott überhaupt als väterlich wirklich kennen. Diesen Blick auf einen väterlichen (mütterlichen) Hintergrund der Welt vermittelt Jesus, und deshalb ist seine Botschaft so entscheidend. So interpretiert sie auch Paulus.

Man hat in den Auseinandersetzungen mit dem Protestantismus immer wieder katholischerseits bemängelt, dass von Gott als dem extra nos gesprochen wird, von Gott als dem ganz Anderen, so hat Karl Barth gesagt. Gott ist das, was wir ganz sicher nicht sind (er ist wesenhaft außerhalb von uns, extra nos lateinisch). Von dieser Überzeugung her hat man gemeint, es werde gerade im Protestantismus die Exteriorität, die Externalität, mithin die Veräußerlichung des Religiösen auf einen neuen Höhepunkt getrieben. Doch das genaue Gegenteil ist richtig.

Im Protestantismus gibt es zwei Blickweisen, die im Umgang mit sich selbst über alles entscheiden: Ein Mensch in Angst wird seinen Blick nach innen richten, auf sich selber, auf die Lebenssicherungsmittel. Das ist die natürliche Weise, auf Angst zu antworten: Was kann ich denn jetzt machen? Angst verführt zur Egozentrik, man kreist nur noch um sich selber, man schaut nur noch nach innen. Und davon, meint Luther, lässt sich nur sprechen als dem Zustand der Gottferne, der Gnadenlosigkeit. Das ist protestantisch »die Sünde schlechthin«: eine Angstgetriebenheit, in der die Menschen Pirouetten tanzen nur um die eigene Bewegungsachse, wie Kinderkreisel, die mit der Peitsche angetrieben werden. Erlösend daraus könnte nur sein, dass man von sich endlich weg schaut, dass man hin schaut auf Gott. Aber dann muss man wissen, dass Gott nicht ein Teil unserer selber ist, dass sich in ihm ganz sicher nicht eine neue Quelle der Angst auftut, sondern dass er das Gegenüber eines absoluten Vertrauens ist. Gott sei Dank, ist Gott nichts inmitten dieser Welt, die ängstigt, nichts inmitten unserer eigenen Psyche, die verängstigt ist; Gott ist ein Gegenüber, das endlich so sich aufrichten lässt, dass alles sich darunter in der Angst beruhigen kann.

Søren Kierkegaard hat auf seine Weise diesen Wechsel der Perspektive von Angst in Vertrauen einmal so interpretiert, um die Erbsündenlehre zu deuten. Er meinte, es sei im Leben jedes Menschen so, dass im Moment, da man sich seiner selbst bewusst wird und die eigene Situation inmitten dieser Welt begreift, Angst ausbricht; die größte Angst sogar sei die vor der eigenen Freiheit. Man weiß nicht mehr, was richtig und falsch im Sinne dessen ist, wozu man berufen ist; man spürt die Möglichkeit des Bösen in sich, und diese Möglichkeit wird in der Angst zu einem hypnotisierenden Strudel. Man trägt eine Verantwortung, mit der man kaum umgehen kann. In Angst ist es ganz normal, sich wie jemand zu verhalten, der auf einem hohen Turm steht: Eigentlich will er die Welt genießen, er schaut sich um, aber dann schaut er in die Tiefe, und er fängt an schwindelig zu werden. Das ganze Gleichgewichtssystem gerät durcheinander. Denn je mehr Angst er hat, sieht er nach unten, so wie wenn der Sicherungspunkt, den er in der Ebene vermutet, in der Tiefe läge. Es zieht ihn hinab. Das Gleichgewichtssystem ist an der Horizontalen ausgerichtet, jetzt aber wird der Fixpunkt die Vertikale, und mit mal fängt die Welt an sich zu drehen. Überlässt man einen Menschen in dieser Lage seiner Angst, wird er mit Sicherheit abstürzen. Der ganze Prozess ist absolut unvermeidbar. In Angst muss das so kommen, und so, mit Blick auf die Geschichte vom

»Sündenfall« (Gen 3,1–7), verläuft die Geschichte eines jeden Menschen. Kierkegaard aber fragt salopp: »Wie, wenn er nach oben geschaut hätte?«, und will damit sagen: Es wäre doch auch möglich, die Hände zu sehen, die sich über uns breiten, und wir wären nicht Verlorene.

Das genau ist in den Augen Luthers das, was man Glaube nennt: die Veränderung der Blickrichtung. Mit mal begegnet man Gott als dem Rettenden, denn es gibt gar keinen Grund mehr, vor dem Abgrund Angst zu haben. Mit mal erscheint, gemessen an der Möglichkeit des Glaubens, die Angst sogar als etwas Vorwerfbares, denn es war ja nicht nötig, dass man so geängstigt war, wenn man entdeckt hat, wer Gott ist. Am Ende, rückblickend, wird die Gnade zu dem Grund, die zurückliegende Durchängstigung der ganzen Existenz als wirkliche Sünde zu interpretieren.

Auch das ist ein Paradox, bei Paulus genauso wie bei Luther: Man erkennt die Schuldverhaftetheit des Daseins überhaupt erst als Geretteter. Dann erst versteht man, wer man war, indem man erkennt, wer man hätte sein können, indem man es gerade geworden ist.

Das protestantische »Extra nos« ist also gerade nicht das Entfremdende, sondern es ist das zur Eigentlichkeit Befreiende. So lautet protestantisch der Grundgedanke, und das katholische Missverständnis dieser Auffassung kann kaum größer sein. Umgekehrt besteht protestantischerseits ein schwerwiegendes Missverständnis darin, dass die psychologische Beschreibung dessen, was im Erleben der Gnade im Menschen sich abspielt, Gott verleugnen könnte. Fälschlicherweise sehen manche protestantische Theologen auch in der psychologischen Durcharbeitung von Angst oder in der Psychotherapie zu Vertrauen eine Art Konkurrenz zu ihrem eigenen seelsorglichen Bemühen, und sie argwöhnen, es komme beim Blick nach innen auf die seelischen Vorgänge erneut zu der In-sich-Verkümmertheit des Herzens (zu dem cor incurvatum in se ipsum, lateinisch), das sie als Inbegriff der Sünde betrachten. Doch diese Deutung geht an der Wirklichkeit weit vorbei. Der Blick nach innen ist therapeutisch ja nur notwendig, damit man die Regeneration, die in der Gnade sich vollzieht, auch wirklich erlebbar und wirklich macht. Das verleugnet nicht Gott, es bringt ihn zum Vorschein, und zwar da, wo er überhaupt nur zum Vorschein kommen kann: im Inneren des Menschen.

Luther nennt den Glauben »das Werk« der Gottesverehrung.

Genau. Glaube heißt so viel wie, dass wir endlich zulassen, wozu wir berufen sind. Die ganze Schwierigkeit ist: Wir müssen die Werkegerechtigkeit aufgeben, weil sie nichts weiter als ein Produkt der Angst ist. Psychoanalytisch gesprochen ist sie das Produkt eines endlosen Minderwertigkeitsgefühls, das durch den Zwang zur Überkompensation in ständigem Scheitern sich selber vertut; sie ist ein Turmbau zu Babel, der immer wieder in Unvollendbarkeit und Selbstzerstörung zusammenbrechen wird. Wirkliches Wachsen ist ein ganz anderes. Denn das bedeutet, sein eigenes Maß zu finden und die eigene Form von innen her sich gestalten zu sehen.

Versöhnung von Christentum und Humanismus

Das im übrigen ist jene Vorstellung von Menschlichkeit, die in griechischer Schönheit mitten in der Renaissancezeit wieder aufblühen mochte. Begriffe man dies, so hätte man eigentlich auch keinen Grund mehr, zwischen Gnadenlehre und Humanismus in Luthers Art Streitgespräche anzufangen. Man könnte Erasmus in seinem Anliegen würdigen und verstehen. Was wollte denn Erasmus mit seinem »Lob der Torheit«? Er führte einen Katalog des närrischen Lebens auf, um zu zeigen, wie normal die sogenannten Laster, Perversionen und Verwirrungen in unserem Alltagsleben sind. Doch theologisch nun, von Luther her, ließe sich sagen: Wir erklären, dass Menschen genau so sein müssen, wenn sie Angst haben, aber daran lässt sich mit moralischen Invektiven nichts ändern. Natürlich, wir können die Laster lächerlich machen, doch dann haben wir wieder nur Menschen, die sich schämen, und sie werden mit Sicherheit noch viel energischer so weitermachen. So hilfst du niemandem, Erasmus. Aber wenn wir zum Beispiel begreifen, was Eitelkeit ist, wie reden wir dann mit jemanden, der davon geplagt wird? Gewiss, wir können eine Frau am Putztisch im Handumdrehen karikieren. Wir können aber auch einmal sehen, wie viel Angst in ihr lebt. Sie fühlt sich verachtet schon für geringfügige Kleinigkeiten: ihre Augen sind nicht geheimnisvoll genug, ihr Busen ist nicht groß genug, ihre Taille ist nicht dünn genug – das alles kann und muss man ausbessern. Aber die Angst geht mit, selbst wenn alles ausgebessert wäre. Es gibt keine Sicherheit, denn: das Alter gräbt sich ein! Es hört nie auf. Aber muss man um eine Jugend kämpfen, die jeden Tag weiter in die Ferne rückt? Wenn *das* Eitelkeit ist, wie hilft man dann einem Menschen, glauben zu können, er sei schön genug?« – Die einfachste und wichtigste Antwort lautet: Weil ich ihn lieb habe, ist er schön genug. Es gibt überhaupt keinen schöneren Menschen in meinen Augen. Es ist eine bloße Einbildung, nicht schön genug zu sein, und sie beleidigt nicht nur die Geliebte, sondern auch den Liebenden. So verhielte es sich. Wenn man einem anderen glauben kann, dass er wirklich ein Liebender ist, hört die Eitelkeit von selber auf, ist sie doch nur das Bemühen um eine Liebenswürdigkeit, die sich längst erfüllt hat.

Und in der gleichen Weise könnten wir jetzt jedes Laster, jede Tugendabweichung abarbeiten. Da ist etwa die Eifersucht. Auch sie können wir sogleich bis zum Gelbfärben der Haut karikieren. Ovid war ganz groß darin, und Erasmus ebenso in seinem »Lob der Torheit« von 1509. Es ist so leicht, sich über die Fehler der Menschen lustig zu machen und sie als Tragikomödien auf die Bühne zu bringen. In dem, was er meinte, hatte Erasmus vollkommen recht. Doch Spott hilft niemandem, weil er von innen her nicht versteht und nur von außen das Groteske portraitiert. Wirklich helfen kann tatsächlich nur eine gütige, verständnisvolle, einfühlende Betrachtungsweise. Sie wird gerade dem Eifersüchtigen sagen: »Du legst einen falschen Maßstab an dich selber an, du machst erneut Kain und Abel zu deinem Schicksal. Du misst dich an deinem Bruder, der scheinbar besser dasteht. Aber du bist doch du selber. Gott hat nie gewollt, dass du dein Bruder wirst oder deine Schwester. Er wollte dich, und wenn du versuchst, das zu leben, was du bist, so ist keinerlei Eifersucht nötig, dann bist du, wer du bist. Und das ist es, was Gott sehen möchte.«

So ist die praktische Wirkung lutherischer Gnadenlehre. So ist es, wenn ein Mensch anfängt zu glauben: er gewinnt in Gott ein Stück Selbstvertrauen. Ich weiß: Selbstvertrauen ist für protestantische Ohren ein ganz gefährlicher Begriff, weil er schon wieder danach klingt, ein Mensch verdanke sich selber, er vertraue sich selber, er erlange jetzt im Heideggerschen Sinn Erschlossenheit und Entschlossenheit durch den eigenen Selbstentwurf. Das alles wäre in der Tat nicht lutherisch, aber so ist es auch nicht zu verstehen. Glaube ist nicht der Mut eines Kindes, das zu pfeifen beginnt, wenn es in den dunklen Keller steigen soll. Zum bloßen Mutigsein langt ein preußischer Charakter. Da gilt: Gefahr erkannt – Gefahr gebannt; da marschiert man los in Tatendrang und Kraft. Glaube ist etwas ganz anderes.

Der Gang über das Wasser

Wenn wir ein wunderbares Bild wollen für das, was Glauben heißt, könnte man das 14. Kapitel im Matthäus-Evangelium als Beispiel nehmen (Mt 14,22–33). Da sehen die Jünger des

Nachts, während Sturm geht, Jesus auf sich zukommen, und sie fürchten ihn wie ein Gespenst. Dann aber begreifen sie, dass das ihnen so Fremde Jesus selber ist; alles geschieht wie in einem Albtraum, der in den Nächten, mitten in der Angst, die Rettung vorbereitet. So in dieser Szene. Als Petrus hört, es ist Jesus, steigt er aus dem Boot und will auf ihn zugehen. Doch dann begibt es sich, dass er den Sturm hört und den Wellengang sieht, und er bekommt Angst, und er versinkt. – Dieses mythische Bild bietet eine treffende symbolische Beschreibung für das, was für unser ganzes irdisches Leben gilt. Sehen wir nur die Welt, die uns umgibt, wird sie uns aufsaugen, dann ist sie selbst ein haltloser Abgrund, der uns verschlingt. Denn mit dem Blick nur in die Welt haben wir hundert Gründe, bei dem, was wir betrachten, die Angst noch weiter sich aufschaukeln zu lassen. Oder aber es kommt zu dem, was wirklich rettet: Petrus geht weiter zu auf seinen Herrn, und der ergreift seine Hand und sagt: Was bist du doch ein wenig Glaubender, griechisch: ein *Oligopistos*. Dass wir schauen in die Augen des Mannes, der vom anderen Ufer her – aus der Transzendenz des Extra nos, müsste man jetzt protestantisch sagen – auf uns zukommt, ist die ganze Rettung. Die Welt bleibt, was sie ist, die Wogen bewegen sich weiter, der Wind dröhnt weiter in unseren Ohren, aber es ist die gleiche Welt, die uns trotz allem hinüberträgt, wenn wir auf Christus in Vertrauen zugehen.

Das ist das Gegenbild aller Angst.

Ja, Glauben bedeutet, inmitten einer Welt, die, rein immanent betrachtet, eine Stätte unendlicher Angst ist, die Augen auf das Rettende vom anderen Ufer zu richten. Deshalb ist das »Extra nos« protestantisch das alles Entscheidende, das Hinaufschauen zu der Hand, die über uns ist und die uns behüten möchte, die uns anleitet, den Blick in den Abgrund aufzugeben, weil er hypnotisch selber in die Vernichtung zieht.

Auch das sollten wir begrifflich klären. Wenn die protestantische Theologie von der Natur des Menschen spricht, meint sie im Grunde das, was in den Paulusbriefen *Fleisch* genannt wird. Das ist der Mensch, alleingelassen mit sich, wie er scheinbar von Natur aus ist, nämlich außerhalb des Vertrauens auf die Gnade Gottes, außerhalb des Glaubens. Dann kann er sich nur in den Mechanismen drehen, die bereits in der Tierpsychologie im Erbe von zweihundert Millionen Jahren Säugetierevolution vorbereitet sind, vorangetrieben jetzt aber durch die Verunendlichung des menschlichen Bewusstseins. Da wird alles, was den Tieren einmal hat helfen können, situativ ins Unendliche gesteigert. – Ursprünglich etwa war Konkurrenz einmal ein Kommentkampf zwischen zwei Männchen, um ein Weibchen zu erringen; in der menschlichen Geschichte aber ist daraus ein Kampf der Superlative zwischen den Großmächten geworden, der möglicherweise bis zur völligen Zerstörung der bewohnten Erde führt. Die Verunendlichung der Angst im menschlichen Bewusstsein hört nie auf. Oder aber wir setzen an die Stelle der Angst Vertrauen; dann aber dürften wir nicht mehr in die uns umgebende Natur schauen, sondern wir müssten die Gestalt Jesu sehen, wie er vom anderen Ufer her auf uns zukommt. Das wäre das Rettende, dass wir die Hand sehen, die sich ausstreckt, unsere eigene zu ergreifen.

Für Luther ist das so viel wie sich ergreifen lassen. Auch daraus hat man dann kontroverstheologisch gemacht, das sei ein fauler Glaube, das sei eine leichte Gnade, das sei im Grunde eine Passivität des Nichtstuns, da müsse man sich ja nur noch treiben und von Gott tragen lassen. Die katholische Kritik hat immer wieder so geklungen. Aber sie geht völlig in die Irre. Die Voraussetzung solcher Einwände besteht in der Annahme, dass Menschen ein großes Wohlgefallen an natürlicher Faulheit besäßen. Das ist aber nicht der Fall. Wenn Menschen erst einmal zu sich selber erwachen, wenn sie sich geliebt fühlen, wenn sie sich wirklich angesprochen fühlen, haben sie ein ganz starkes Motiv, auch richtig und intensiv zu leben. Jeder Lehrer in der Schule weiß das. Wenn ein Kind erst einmal empfindet, dass der Lehrer es mag, dass der Lehrer ihm zutraut, tüchtig zu sein, hat es einen starken Grund, auch wirklich zu lernen. Mag sein, da war bisher ein Schüler, der eigentlich gar kein Motiv zum Lernen verspürte, aber nun verliebt er sich in eine Klassenkameradin, und schon um nicht sitzenzubleiben, damit er die Freundin in der Klasse nicht verliert, setzt er sich auf den Hosenboden und lernt so fleißig wie nie.

Der Lehrer

Aber der Lehrer gibt Anleitung, er hilft, und das wäre nun meine Frage: Braucht nicht der Glaubende auch Hilfe zum Glauben, die ihn führt, also sprich, doch so eine Art Lehramt, eine Vermittlungsposition?

Das hat Luther sogar selber immer wieder gefordert. Spätestens nach seiner Heirat 1525 prägt sich diese Dreiheit aus: Kirche, Elternhaus, Schule. An die Fürsten schreibt er und bittet darum, christliche Schulen einzurichten. Er will den Schulkindern insbesondere das Studium der Bibel ermöglichen, wie Philipp Melanchthon es mit enormen Anstrengungen und großem Erfolg organisiert hat. Melanchthon begründete eine Schulform, die bis vor kurzem noch als humanistisches Gymnasium lebendig war und in der rein bildungspolitisch eine höchste Annäherung von Reformation und Humanismus stattfand. Und welche Chancen lagen und liegen darin! Man müsste nur einmal die Bibel mit den Augen griechischer Tragödiendichter lesen, und wir könnten die christliche Erlösungslehre konkretisieren an dem Wissen der Griechen um das schicksalhafte Verhängnis des menschlichen Daseins. Dass all das nicht oder zu wenig geschehen ist, ist wirklich ein Unglück der Kulturentwicklung im so genannten christlichen Abendland gewesen und geblieben.

Mit anderen Worten: Es braucht einen Lehrer. Doch dieses Wort muss man jesuanisch hören, 23. Kapitel bei Matthäus: Niemand von euch lasse sich »Lehrer« nennen – Meister, Rabbi, Doktor –, ein einziger ist euer Lehrer, der im Himmel ist (Mt 23,10). Das steht da wirklich im Evangelium als klare Ablehnung der Rabbinen. Es geht dann in der Kritik sogar noch heftiger weiter: Die Rabbinen halten in den Händen den Schlüssel zum Himmelreich, aber sie selber gehen nicht hinein, und sie lassen keinen hinein (Mt 23,13–14). Das sind Worte, die endgültig bis zum Kreuz hin die Gegensätze formulieren, die sich zwischen dem Propheten Jesus und den theologischen Dozenten seiner Zeit schon damals aufgetan haben. Luther möchte, dass von Gott gelehrt wird. Auch Paulus sagt das: Man kann nicht zum Glauben gelangen, ohne dass er verkündet wird (Röm 10,14). Man glaubt dem Wort Gottes, – ein Zentralbegriff im Protestantismus. Gott redet mit uns, und dieses sein Wort anzunehmen ist Glaube. Allerdings: Gott redet ins Herz des einzelnen Menschen; er redet durch die Heilige Schrift, wie Augustinus im Garten die Stimme eines Kindes hörte »nimm und lies«. Doch das Hören kann nur richtig sein, wenn wir tun, was Jesus auch getan hat: Er hat Gesandte (die »Apostel«) in die Dörfer Galiläas geschickt, die ihn voraus verkündigten und seine Ankunft vermitteln wollten. Genau das sollte weiterhin geschehen. Die Frage ist jetzt nur: Was sind das für Boten, die Gott sendet? Welche Lehrmeister tun sich da hervor? Das wird eine spannende Frage zwischen Katholiken und Protestanten. Erinnern wir uns: über hundert Jahre vorher schon hatten Jan Hus und John Wyclif die Debatte über die Frage eröffnet: Was ist ein Apostel? Wer ist ein wirklicher Lehrer im christlichen Sinne? Das kann doch nur jemand sein, der Jesus in seinem Leben selber mitbringt, der ihn in seiner Existenz verkörpert, der so geprägt ist von Christus, dass es sich in anderen weiter ausprägt.

Das gilt auch für den normalen Priester.

Gewiss, das sollte auch für jene gelten, die in der katholischen Kirche als Verkünder auftreten. Laut Kirchenrecht darf im Gottesdienst als Verkünder nur tätig werden, wer zum Diakon, am besten zum Priester geweiht wurde. Laien haben keinerlei Vollmacht, im Gottesdienst das Wort zu ergreifen. Das ist auch heute noch so. Man tut sich sogar sehr schwer mit den Hilfsangestellten, den Pastoralassistenten, die ja keine geweihten Priester, noch nicht einmal Diakone sind. Trotz des großen Priestermangels bei fünf zu versorgenden Pfarreien durch einen einzigen Priester lässt man zum Beispiel an Christi Himmelfahrt keinen Pastoralreferenten auftreten. Besser ist, man lässt den Gottesdienst ausfallen, als dass man eine Laienpredigt an die Stelle der amtlich befugten Predigt des Priesters setzt. Natürlich ist es gut, das hätte auch Luther allemal gesagt, dass man theologisch gebildet ist, wenn man die Bibel auslegen will, sonst ist eine ordentliche Lehre nicht möglich. Das Gegenteil hat er geradezu schreckhaft bei den Schwärmern vor Augen, bei den Wiedertäufern in Münster zum Beispiel. Da macht jeder, was er will, und er hat in Wahrheit keine Ahnung, wie man korrekt die Bibel liest. Aber eine theologische Ausbildung ist etwas anderes als eine sakramentale Amtsvollmacht als Kleriker.

Natürlich hat in den letzten 500 Jahren die Exegese über Luther hinaus Riesenfortschritte gemacht, um viel korrekter, als das im 16. Jahrhundert möglich war, historisch die Bibel zu lesen, – ein Deutungsansatz, der methodisch erst im historischen Bewusstsein des 19. Jahrhunderts möglich und in den Tagen Luthers so gut wie unmöglich war. Man las die Bibel in Luthers Tagen wirklich als dogmatischen Steinbruch, man holte sich, wie aus antiken Tempeln, die Trümmerstücke, die man gerade brauchen konnte, um das eigene Lehrgebäude zu errichten. Man war damals noch nicht imstande, den Werdegang der Bibel selber historisch mit- und nachzuvollziehen. Aber dass theologische Bildung, dass zum Beispiel Griechisch und Hebräisch nötig sind, um korrekt das Wort Gottes in der Bibel zu lesen, war Luther selbstverständlich und seinem Freund Melanchthon genauso. Also kann nicht einfach jeder als Lehrer auf seine Weise auftreten und verkünden, was ihm gerade einfällt.

Ein Problem bleibt freilich für Luther bestehen: Es gibt die Prophetie, es gibt die Gottesunmittelbarkeit der persönlichen Existenz. Was machen wir zum Beispiel mit Petrus Waldes? Der war kein studierter Theologe, sondern ein einfacher Tuchhändler. Oder was machen wir mit Franziskus? Auch der war kein studierter Theologe, nur eines Tuchhändlers Sohn. Sie alle lasen die Bibel und lebten sie. Und das war ohne Zweifel die beste Art, Jesus zu verkünden, die unter Menschen möglich ist. Die Lehre bei einem nur theologisch Gebildeten kann von der Sache selber weit entfernen, und dann sind wir wieder bei dem Jesuswort: »Nur einer sei euer Lehrer, Gott« (Mt 23,10).

Ich sage es jetzt einmal so, wie Kierkegaard es formuliert hat: Es gibt christlich gesprochen nur den Hinweis auf den einen Lehrer, der Christus ist. Mit anderen Worten: Alle anderen christlichen Lehrer sind das nur Mittelbare. Das Unmittelbare ist Christus selber. Und nur als eine solche Brücke, die sich nicht selbst im Wege steht oder versperrt, kann christliche Lehre stattfinden im Dialog zwischen Ich und Du. Was sich dann abspielt – streng lutherisch: in Richtung der Zuversicht, des Vertrauens, im Grunde grundlos bei Gott akzeptiert zu sein, gerechtfertigt zu sein in der eigenen Existenz –, ist die ganze Verkündigung des Christentums. Dadurch ändert sich alles im menschlichen Leben, so dass es sich von allein befreit, humanisiert, entfaltet, entneurotisiert und aufwächst zu seiner Schönheit, Geradheit, Gesundheit und Menschlichkeit.

Und es braucht kein Sakrament der Priesterweihe.

Es braucht kein Sakrament der Priesterweihe, denn dann hätten wir ja wieder die Absicherung, dass jemand nur von Amts wegen das Richtige tun kann und wird, nicht weil er diese bestimmte Person ist, sondern weil er in Amtsgnade eine besondere Vollmacht besitzt, die ihm vom Ortsbischof verliehen wurde, der wieder vom Papst in Rom eingesetzt wurde. Vor allem Vorstellungen dieser Art bilden bis in unsere Tage hinein den Gegenstand der Kontroverstheologie oder, wie man beschwichtigend, doch nicht in der Sache weiterführend sagt: der ökumenischen Theologie. Wir sagten schon: Für Joseph Kardinal Ratzinger, Vorsitzender der Glaubenskongegation unter der Ägide von Johannes Paul II., war es sonnenklar, dass die Protestanten sich in einem defizitären Modus des Christseins befinden, eben weil sie keine geweihten Priester haben. Mit anderen Worten: Ein evangelischer Pastor kann sonntags vormittags im Gottesdienst machen, was er will, er kann ein Abendmahl mit den Gläubigen feiern, – es ist alles ungültig. Vielleicht legt er die Bibel richtig aus, besser womöglich als der Pastor in der katholischen Kirche, aber das Abendmahl kann er nicht gegenwärtigsetzen. Er mag dieselben Worte sprechen wie der katholische Priester, aber er steht nicht in der Sukzession, in der Reihenfolge der Ordination der katholischen Kleriker, denn er ist nicht von einem katholischen Bischof eingesetzt. Und das entscheidet über alles. Er besitzt keine Amtsvollmacht. Er hat daher nicht die Vollmacht, die Nähe Christi unter den Zeichen von Brot und Wein gegenwärtigzusetzen. Daher ist es denn auch jedem Katholiken verboten, des Sonntags in die evangelische Kirche zu gehen anstelle des katholischen Gottesdienstes. Es ist im Grunde eine Todsünde, denn der Besuch der Sonntagsmesse ist ein strenges Kirchengebot. So unterschiedlich ist es, wie man in dogmatischem Sinne katholischer- und protestantischerseits glaubt. Die Personalisierung, die Verinnerlichung, die in der ganzen Anlage der lutherischen Theologie angetroffen wird, erlaubt keinen Rückzug mehr in eine Beamtenschaft, die in sich selber die verwaltete Praxis garantierter Gottesgnade in Sakramentenform repräsentiert. Wenn Glaube so ist, wie Luther ihn erläutert, nämlich eine Einstellung der Person, dann ist die Nähe Gottes auch nur in einer Person spürbar, die glaubt.

Luther hat die Abendmahlslehre bekanntlich mehr oder minder so stehen lassen, dass sie dem Katholizismus ganz nahe kommt, aber er hat die Priester als Kirchenbeamte mit besonderen göttlichen Amtsgnaden und Vollmachten nicht mehr gebraucht. Die Konsequenz daraus hat eigentlich Calvin gezogen. Verwandelt wird im Abendmahl ja nicht eigentlich Brot und Wein, verwandelt werden die Menschen in der Gemeinde, die sich formt um die Zeichen der Gegenwart Christi in Gestalt von Brot und Wein. Dann gilt der Jesus-Satz: Wo auch nur zwei oder drei in meinem Namen zusammen sind, so wie ich es gemocht habe, so vertrauensvoll in Liebe, da bin ich mitten unter ihnen (Mt 18,22). Und das kann sich auch zeigen, indem man isst und trinkt, indem man Jesus begreift als Grundlage des Zusammenlebens, als Nahrung, die nötig ist, um durch den Tag zu gehen, als Freude, die man braucht, um nicht in Traurigkeit zu versteinern. Dazu ist keine Beamtenschaft mehr nötig, wohl aber lebendige Menschen. Die Zeichen freilich bleiben nach wie vor die gleichen. So käme es zu einem Abendmahl, doch ohne eine eigene Beamtenschaft. Denn:ein Mann, der glaubwürdig ist in seiner Person und der weiß, wovon er redet, ein solcher ist völlig hinreichend. In diesem Sinne ist jeder Priester. Luther kann tatsächlich sagen: »Eine Frau, die die Windeln ihres Kindes wäscht, betet besser als der Priester am Altar.« Wenn wir eingangs sagten, von Luther werde

der Unterschied zwischen Profanem und Sakralem niederge-
rissen, so zeigt sich dies in solchen Äußerungen am klarsten.
Luther kann geradezu lästerlich reden vom katholischen Gottesdienst: da braucht man Bienenwachskerzen, Weihrauch ist
nötig, die Orgel erschallt, ein feierlicher Ornat muss her – das
ist das Große beim Erscheinen eines katholischen Pastors; die
Frau hingegen, die nur den Schmutz aus den Kleidern ihrer
Kinder wäscht, bedeutet gar nichts. Es ist aber genau umgekehrt: Gott ist bei der Frau am Waschtrog. Da wird erlebt, was
Liebe und Gnade ist; diese Frau also ist die wahre Priesterin,
denn sie vermittelt zwischen ihrem Kind, dem sie mit ihrer Zu-
neigung Vertrauen ermöglicht, und Gott, auf den alles Vertrauen im letzten sich bezieht.

*Die Frau hat Martin Luther zu seiner Zeit auch nicht aufgewertet
in dem Sinne, dass er ihr eine Verantwortung am Altar, sozusagen
eine Vorsteherinnenfunktion, zugebilligt hätte.*

Das stimmt. Luther war in dem Sinn wenig sozialrevolutionär.
Er war individuell und verinnerlicht genug, um die sozialen
Konsequenzen seiner eigenen Botschaft an manchen Punkten
sichtbar im Ansatz zu begreifen, aber er war kein großer Orga-
nisator, und er hat seine eigenen Anliegen in politischem Sinne
nie wirklich konsequent durchdacht. Das bleibt ein Problem
des Protestantismus. Zwischen Thomas Müntzer und Martin
Luther zum Beispiel gibt es in der Frage von Arm und Reich
geradezu notwendigerweise eine Kontroverse, die nie zu einer
Synthese geführt hat. Was die Stellung der Frau angeht, hat
Luther immerhin ein Beispiel gegeben, indem er die zwölf
Ordensschwestern, die der Ratsherr Leonhard Koppe 1523 in
Torgau aus dem Kloster gerettet hat, aufnahm und eine der
Flüchtlinge, Katharina von Bora, unmittelbar nach dem Ende
der Bauernkriege 1525 geheiratet hat. Eigentlich wurde Ka-
tharina von Bora von einem jungen Mann in Nürnberg ge-

liebt, und sie hätte gute Chancen gehabt, sich mit ihm zu verheiraten, aber das wurde dem Liebhaber wiederum verboten: Eine dem Kloster Entsprungene darf man als Katholik nicht lieben und ehelichen. Auf diese Weise kam dann Luther dazu, sich zu Katharina von Bora zu bekennen. Es war keine romantische Liebesehe, – man muss nur die Bilder der beiden sehen. Aber ihr Verhältnis war geformt im Vertrauen auf Christus, das ohne Frage; es war eine Ehe, wie Luther sagte, »dem Teufel zum Trotz«. All die Ängste und die Skrupel, die Luther gerade gegenüber diesem Schritt in sich aufgenommen hatte, konnten endlich wegfallen. In einem Brief an seinen Vater schreibt er: »Hans, das hast nicht du, das hat Christus gemacht. Der Papst macht nur Puppen.«

Die Schwimmbewegung des Unendlichen

Eigentlich tut Luther mit dem Schritt zur Heirat etwas, das sein Vater immer schon gewollt hat. Er kehrt scheinbar zurück ins Bürgerliche, aber genau das tut Luther in Wahrheit überhaupt nicht. Er kehrt als Gläubiger in diese Welt zurück, das ist etwas ganz anderes. Er ist gerade nicht bürgerlich verspießert. Kierkegaard wird später sagen: »Das ist der Unterschied. Ein Gläubiger macht die Schwimmbewegungen des Unendlichen mitten im Endlichen«; von sich selbst gesteht er: »Was die Schwimmbewegungen des Unendlichen sind, weiß ich. Ich komme mir vor wie am Gürtel aufgehängt. Ich mache dauernd die Schwimmbewegungen des Unendlichen, aber ich komme nicht ins Wasser, ich schwimme nicht im Endlichen gehalten im Unendlichen.« Der wirklich Gläubige bewährt den Glauben im wirklichen Leben und theoretisiert nicht existenzphilosophisch an sich selbst vorbei. Luther wollte genau das mit seiner Heirat erreichen. Kierkegaards Schwimmbewegungen des Unendlichen ähneln demgegenüber fast schon dem katholischen Zölibat. – Alles in diesen Fragen kann dialektisch sein, und man muss wieder schauen auf die Person, um zu sehen, was wirklich passiert. Es gibt keine Theorie darüber im Allgemeinen: es kann etwas an sich ganz richtig und doch völlig falsch sein.

Oder war Martin Luther in diesem Punkt noch katholisch geprägt?

Er hat den Katholizismus mit seinem zölibatären Priestertum selber und beispielhaft für alle Zeiten im Raum des Christlichen überwunden. Das ist ein enormer Entwicklungsschritt. Was dazu gehört, dass ein ordinierter Priester, ein vereidigter Ordensmann, seine Gelübde hinter sich lässt und am Ende nichts weiter sein möchte als ein Ehemann im Segen Gottes, das kann ich wirklich in Begleitung vieler Schicksale dieser Art schildern. Es ist unglaublich, wie weit und schwierig solch ein Weg sein kann. Er ist, im Bilde gesprochen, fast so lang wie der Auszug Israels aus Ägypten; der dauerte vierzig Jahre für eine Strecke, die man auch in zehn Tagen hätte ablaufen können, und alles dauerte so lang, weil Angst immer wieder den Weg verstellte. Luther hat mit seinem Schritt exemplarisch gezeigt, was es heißt, im Glauben sich von Christus getragen zu fühlen. Er hat zweifellos auch gemerkt, wie schwierig das ist. Man kann ja auch in die Einsamkeit der Klosterzelle fliehen und hat es dann wunderbar einfach: Man studiert die Bibel, man legt sie aus, man lernt noch besser Hebräisch in den sprachlichen Nuancen, – es kostet all das existenziell eigentlich gar nichts. Man wird dabei sogar ein angesehener Dozent. Doch darf man das? Augustinus war imstande, seine Rhetorenstelle in Rom aufzugeben, als er Christus kennen lernte. Er wollte nicht mehr die Eitelkeit des Dozenten bewahren. Luther ist Dozent in Wittenberg geblieben, aber das spricht nicht gegen ihn. Seine Tischreden freilich sind manchmal sogar ursprünglicher als die weiteren Auslegungen von Bibelstellen und die Festlegungen in bestimmten Zeitfragen. Luther predigt jeden Tag in der Marienkirche zu Wittenberg, und man spürt den Druck, das, was er begonnen hat, in neuen, immer neuen Traktaten zu rechtfertigen. Diese Traktate gewinnen zunehmend an Schärfe und machen es immer schwerer, jene Gnade, die er glaubt, auch in gnädigen Worten zu vermitteln und zu leben. – Die Blumen, die da wachsen in den immer kürzer werdenden Strahlen der Sonne, rollen ihre Blätter ein zu Stacheln, schon um nicht von der Tageshitze ausgesaugt zu werden, um sich das bisschen Lebensenergie noch möglichst zu bewahren. So könnte man die Geschichte Luthers vor allem in den dreißiger/vierziger Jahren des 16. Jahrhunderts in einem Bild beschreiben.

Die Frage lautet dann wieder: Wie kann man Glauben so lehren, dass er nicht in sich selbst verhärtet, dass er nicht zur Angriffswaffe wird, dass er nicht zum Rechthaben im dogmatischen Sinne dient, dass er nicht zum Prügel wird, den anderen ins Unrecht zu setzen, sondern dabei bleibt: Gnade ist ein Weg, den anderen in seiner Eigenart zu umfangen, ihn verständnisvoll leben zu lassen in seinem Sonderweg, ihn zurückzubringen zu sich selber. – Ein Vorschlag: Wenn Sie so beharrlich von den Sakramenten sprechen, die sich vom Besitz eines beamteten Standes abheben, sollten wir dringend noch von der Notwendigkeit der Glaubensvermittlung durch Symbole sprechen.

Aber ich wollte vorhin noch fragen: Ist für Sie – Sie werden es mit Ja beantworten – Martin Luther ein Vorbild im Glauben?

Ich denke schon. Es ist allerdings die Frage grundzulegen, die Karl Jaspers einmal mit Blick auf die wesentlichen Menschen gestellt hat: Alle, die groß sind im Raum des Geistes, in der Kulturgeschichte, haben ihre Zeit bei weitem überragt. Die Frage ist, was wir mit ihnen in der Gegenwart anfangen. Wir können ihnen die Zeitgebundenheit vorwerfen, wir können uns einbilden, darüber hinaus zu sein, und in der Tat: wir wissen vieles sehr viel besser, wir können das, was sie waren, relativieren, und wir können dabei ganz leicht übersehen, dass wir auf ihren eigenen Schultern die Größe erreicht haben, zu der wir meinen, uns hinaufgearbeitet zu haben. Doch es ist nicht nur historisch ein Unrecht, aus Parametern der Gegenwart beckmesserisch die Vergangenheit benoten zu wollen. Der Aufbruch selber, der in Luther geschieht, verlangt eine Annäherung der eigenen Existenz an ihn. Also: wer im Dozentenstand als Kirchenhistoriker herumsortiert, in welchen Zusammenhängen Luther groß oder klein war, begreift nicht, wer Luther wirklich war. Jemand, der die eigene Existenz im Vertrauen Gottes, auf Sein oder Nichtsein, aufs Spiel gesetzt hat, der die verordnete Kirchenwahrheit, die er hätte befolgen sollen, energisch genug angegriffen hat, um das ganze Schleppnetz der Kirche aus den trüben Gewässern der Zeit herauszuziehen, ein Mann, der mit unglaublicher Energie das, was er von Gott als Auftrag spürte, versucht hat, gegen alle Widerstände zu leben, der kann erwarten, dass, wer immer sich mit ihm beschäftigt, in seinem eigenen Leben etwas Ähnliches zu unternehmen sucht; das zu tun, wäre die notwendige Angleichung an Luther, aber nicht in historischer Distanz ergründen zu suchen, was im Jahre 1525 »wirklich«, das heißt: dokumentarisch belegbar, sich ereignet hat. – Also zum Beispiel: War es richtig, mit Erasmus sich so auseinanderzusetzen, wie Luther es getan hat? Wir sagten ja schon: aus heutiger Sicht hätte man den Diskurs auch anders führen können. Gerade um Luther zu entsprechen, könnte man sich vorstellen, dass wir heute in seinem Sinne so sprechen wie vorgeschlagen. Doch Luther konnte das eben nicht, *das* ist historisch so gewesen. Doch was folgt daraus? Eben dies: dass man Luther nur richtig versteht, wenn man ihn weiterentwickelt und ihm die Worte schenkt, die er damals weder haben mochte noch konnte.

Das Gebet

Nun zeigt sich der Glaube im Dialog des Einzelnen mit Gott, aber auch vielleicht im gemeinsamen Gebet oder im einzelnen Gebet. Was hat denn das Gebet, das Glaubensbekenntnis, bei Luther für einen Stellenwert?

Luther hat, wie gesagt, nicht durch Zufall 1513 schon seine Vorlesungsreihe in Wittenberg mit dem Kommentar der Psalmen begonnen, des Gebetbuchs Israels. Für Luther ist Gebet etwas ganz Wesentliches. Vielleicht kann man das noch einmal verdeutlichen. Für Luther hätte in seiner Zeit Gebet ganz sicher auch bedeuten können, vergegenständlicht Gott anzuflehen, dies und das endlich zu tun, oder dies und das unbedingt zu verhindern, oder dies und das eben nicht zu tun. Luther ist ein Kind seiner Zeit, und zur Hälfte ist er immer noch im Mittelalter befindlich. Wir können aber auch Luther in der Frage des Gebetes verinnerlichen. Vertrauen in Gott heißt, dass es eigentlich egal ist, was im einzelnen geschieht. Wenn es in Gottes Händen liegt, dann müsste man mit Eduard Mörike sprechen: »Herr, sende was du willst, ein Liebes oder Leides. Mir ist genug, dass beides aus deinen Händen quillt.« Tatsächlich ist das eine Gebetslehre, wie wir sie auch im Neuen Testament finden (Lk 10,38–42; 11,1–13). Immer wieder wird theologisch zum Thema Gebet die Szene Jesu in Gethsemane beschworen. Da fleht Jesus den Himmel an, es möge der Kelch des Leides an ihm vorübergehen (Lk 22,39–49). Aber dann erzählt die Legende bei Lukas, dass dieses Gebet in gewissem Sinne nicht erhört wird, oder richtiger: man müsste gerade im lukanischen Sinne sagen: Es wird erhört. Denn es kommt ein Engel zu Jesus und stärkt ihn. Und das ist die Art der Gebetserhörung:

Die meisten Menschen sind in Kirchenzucht immer noch gewohnt zu beten, dass dies und das konkret sich nicht ereignen oder doch ereignen möge. So ist es normal. Auch Jesus lehrte im Neuen Testament den Worten nach ganz ähnlich: »Alles, um was ihr bittet, wird Gott euch erfüllen. Klopft an, und es wird euch aufgetan, bittet, und es wird euch gegeben werden« (Lk 11,9–10). Und Jesus erzählt Gleichnisse, wie einer dem anderen mit seinem Betteln auf die Nerven geht, bis dass er schon aus lauter Ärger, um den Kerl loszuwerden, tut, was dieser will. Und er will damit sagen: »Wenn das bei euch, die ihr böse seid, schon so ist, was wird dann erst bei Gott, der doch gut ist, passieren? Bittet, und er hört euch.« (Lk 11,11–13). In einem Psalm heißt es sogar einmal: »Ehe ein Wort auf meine Lippen kommt, kennst, Herr, Du es ganz.« (Ps 139,4)

Gegenüber solchen fast gegenständlichen Erfüllungsverheißungen ist die Gebetserläuterung von Bedeutung, die Lukas vornimmt. Lukas greift das Wort Jesu auf: »Gott wird euch alles erfüllen, worum ihr ihn bittet.« Doch dann ergänzt er: »Er wird euch seinen Geist geben.« (Lk 10,13) Das ist, wenn man so will, die beste Predigt zu Pfingsten. Die Gebetserhörung Gottes besteht nach diesen Worten darin, dass wir beginnen, in Jesu Art zu denken, so dass unser Vertrauen so stark wird, dass wir spüren: egal, wie es kommt, werden wir aus Gottes Hand nicht mehr herausfallen. Das ist eine Gebetserhörung in Vertrauen, die durch nichts mehr irritiert werden kann. Und dieses Vertrauen aus der Hand eines Engels befähigt Jesus, nach Golgatha zu gehen. Er hätte noch im letzten Moment im Ölberggarten fliehen oder anderweitig ausweichen können. Er hat das nicht getan, und er hat gemeint, das auch nicht tun zu sollen. Alles kommt jetzt, wie Gott es will. Es wird Schreckliches passieren, aber auch dann wird es der Wille Gottes sein. Nur deshalb kann Jesus dann im Lukas-Evangelium im 23. Kapitel sterbend sagen: »In deine Hände gebe ich mich ganz« (Lk 23,46), ein Zitat aus dem 31. Psalm, dem Jesus noch die Anrede hinzufügt: »Lieber Vater.«

Der Tod: als Sünde Sold oder als Auffahrt zum Himmel

Das ist also die Gebetserhörung Jesu von Gethsemane, auf Golgatha. Für Luther wird mit dem Tod Jesu am Kreuz die Menschheit nicht nur von aller Sünde, sondern auch vom Tod erlöst. Auch das ist eine Chiffre, die bei Paulus eine große Rolle spielt und die verdient, dass sie in dem Zusammenhang der Glaubensthematik noch ein Stück weit angesprochen wird. Man hat Paulus so verstanden, auch in den Tagen Luthers, im Grunde im katholischen Katechismus bis heute, dass der Tod der Sünde Sold ist (Röm 5,17). Das steht bei Paulus, und daraus hat man gefolgert, dass das Sterbenmüssen eine Strafe für die Sünde sei, indem Gott dem Menschen die ursprünglich vorgesehene präternaturale Gabe der Unsterblichkeit zur Strafe vorenthalten habe. Die biblische Erzählung klingt tatsächlich so: Gott bestraft den Menschen, indem er ihn aus dem Paradies weist, damit er nicht noch zusätzlich vom Baum des Lebens isst und sich dadurch Unsterblichkeit erwirbt (Gen 3,22). Von daher hat man gemeint, die Sünde sei der Verlust der Unsterblichkeit des irdischen Lebens, zu welcher Gott den Menschen im Grunde berufen habe. Wer so denkt, macht jedoch eine fantastische Naturgeschichte auf. Er übersieht vollkommen, dass der Tod ein notwendiger Teil der irdischen Existenz ist. Das ganze Leben entwickelt sich ausgespannt zwischen Geburt und Tod. Die Sterblichkeit ist als Programm bereits in jedes Genom eingeprägt. Es ist nicht vorstellbar, dass es ein Leben gibt, das den Tod hier auf Erden nicht kennt.

Umso wichtiger ist es, dass wir die Sprache des Paulus vom Tod innerlich nehmen, so dass wir den Begriff der Sünde im Sinn von Verzweiflung und Tod verstehen. »Tod« ist ein Leben, das gar keines mehr ist, indem es gegen den Tod ständig ankämpft in Angst, weil es Gnade nicht glaubt. Aber dann kondensiert sich in der Nähe Jesu alles auf die Frage: Wie akzeptiert man die Wirklichkeit des Todes? Was passiert, wenn er immer näher rückt und die dunkle Wand der Verneinung unserer irdischen Existenz sich immer näher schiebt? Wie bekommt man eine Perspektive durch den Tod hindurch?

Diese Frage kann man vielleicht festmachen am Tode Luthers selber am 18.2.1546 in Eisleben. Er war in den letzten Jahren und Monaten von Krankheit und Schmerzen aller Art gezeichnet, zudem wurde er bestimmter Erbstreitigkeiten wegen in seinen Geburtsort gerufen. Er galt dort als Autorität. Er soll dort Dinge regeln, die von wirtschaftlichem Interesse zwischen unversöhnlichen Kontrahenten sind, aber er kann es nicht. Er schreibt in einem seiner letzten Briefe an Philipp Melanchthon: »Philipp, in Babylon konnte keiner den anderen verstehen, hier in Eisleben will keiner den anderen verstehen.« Luther stirbt darüber, und man findet auf seiner Nachtkonsole ein Zitat des römischen Dichters Horaz: »Wir sind Bettler.« Und in eigner Handschrift fügt er hinzu: »Das ist wahr!« Mit diesem Gefühl der Schwäche und des Unvermögens, mit diesem festen Vertrauen in den Beistand Gottes, überlässt Luther sich seinem Schöpfer. Die Frage des Bettlertums, die er sich da stellt, gilt vor allem der Frage seiner Verkündigung. Er hat gesät, er hat zu säen versucht, aber war er ein guter Sämann Gottes? Was ist dran an seinem ganzen Wirken? Er weiß es nicht. Gott muss es wissen. Dabei bleibt es.

Wenn Sterben bedeutet, eine Hoffnung zu haben, dass Gott uns wie Petrus über das Wasser hindurchführt durch die vermeintliche Verneinung unserer irdischen Existenz, dann ist es doch möglich, dass sich unser Leben zu der wirklichen Einsicht einer Liebe öffnet, die keinen Untergang mehr kennt und die alle Menschen miteinander verbindet. Das wäre die Seligkeit bei Gott, ein Gebet, das niemanden mehr ausssschließt, sondern alle einlädt zu der Gemeinsamkeit eines Hymnus ohne Ende, eines Lobpreises auf Gott, der durch das ganze Dasein geht. Das hieße Sterben in Vollendung, im Gebet. Es wäre genau das, was Lukas in der Szene von Golgotha beschreibt. Und die Vermutung habe ich, gerade das hätte sich bei Luther erfüllt: Ein heidnisches Zitat des Horaz, bezogen auf sein eigenes Leben als Verkünder des Evangeliums, in einer Bilanz, die sich über dem Abgrund der Angst und der Armut in dem Vertrauen öffnet, dass Gott seine Hand ausstreckt, uns zu ergreifen und zu erheben in seine Welt, – ist es nicht vorstellbar, dass Gott einen so Glaubenden in dieser Weise zu sich nahm?

Der Tod ist unser Aufstieg zu Gott. So darf, so kann man es sehen am Sterbebett Luthers in Eisleben. Wir haben heute sein Sterbebett als Museum eingerichtet, wir haben seine Totenmaske, wir sehen das Bild von einem Mann, der wie verformt da liegt. Aber aus dem, was Luther mit Paulus das »Fleisch« genannt hätte, erhebt sich jetzt der Geist des Vertrauens, dass alles, was war und wie es war, bei Gott steht. Wenn das Himmelfahrt ist, ist es ein Erheben der Seele über den Abgrund. Erst dann begreift man das 1. Kapitel der Apostelgeschichte, in dem erzählt wird, wie Jesus auffährt zum Himmel vor den Augen seiner Jünger, und man schaut auf zu ihm und kehrt mit diesem Bild zurück in diese Welt. Dann steht es im Vertrauen fest: Gnade ist wirklicher als Gewalt, Vergebung größer als Schuld, Liebe stärker als Hass. Und diese Botschaft geht jeden an. – Jemand, der es nicht aus der Bergpredigt lernt, könnte es auch lesen bei dem chinesischen Weisen Laotse: »Es ist das Wasser stärker als der Stein und das Niedrigere größer als das Erhabene und der Geist des Tales das Bergende und Tragende.« Es wäre uns plötzlich der Himmel so nahe, wie wir ihn brauchen: im Leben, wie im Sterben.

Ein Leitgedanke Luthers, der die ganze Festigkeit im Glauben eigentlich ausdrückt, heißt: So jemand mein Wort hält, wird er den Tod nicht schauen.

Das ist ein wunderbarer Satz aus dem Johannes-Evangelium (Joh 5,24; 11,25–26). Man muss sich vorstellen, wie hypochondrisch Luther an sich selber leiden konnte, wie Krankheiten und Selbstzweifel, die ihn stets begleitet hatten, sich verstärken mochten, in welchen apokalyptischen Dimensionen er – parallel zu den Graphiken Dürers – Geschichte zu deuten imstande war. »Er wird den Tod nicht schauen.« Das bedeutet: es gibt eigentlich gar keinen Tod, und das physische Sterben ist nur ein Moment auf dem Weg an der Seite Jesu zu Gott hin. Der Glaube ist eine Form, die Nähe, die Begleitung Gottes in der Liebe gegenwärtig zu fühlen. Sähen wir es so nicht, hätten wir sogleich die Daseinsverformung in Angst wieder vor uns, den permanente Kampf ums Dasein, den brutal-natürlichen struggle for life im darwinistischen Sinne bis in die Sozialgefüge hinein. Dann lebt der eine vom Sterben des anderen, und es überlebt nur, wer dem jeweils Sterbenden auf den Kopf tritt, um sich noch ein bisschen an der Kesselwand, an der er hinabrutscht in das Maul des Todes, festhalten zu können, in der Hoffnung, vielleicht noch einen Moment lang aufsteigen zu können. So ist kein wirkliches Leben. Das ist die Lebensform des »Fleisches«, des nur kreatürlichen Menschen bei Paulus. Es ist klar: Wirkliches Leben im Glauben besteht darin, dass der Tod kein Tod ist und wir in das Licht hineinwandern, das durch die Schattenwand des Todes einen Moment lang aus den Augen geraten kann, das aber nie die Ewigkeit verstellt. Das wäre die Gabe des Glaubens, wie sie im Johannes-Evangelium sich mit Jesus verbindet. Wie man durch den Tod hindurchgeht, das lehrt er.

Tatsächlich schildert denn auch das 4. Evangelium Jesus als jemanden, der wie aus der Jenseitswelt zu uns hineinspricht. Nicht die Worte des historischen Jesus werden da aufgegriffen, sondern die Worte des Christus, der in den Abschiedsreden am Throne Gottes bereits für uns betet, die wir noch hier auf Erden sind (Joh 17,9–19). Wenn wir dieses Gebet vernehmen, gibt es keine Trennung mehr zwischen Toten und Lebenden, zwischen Jenseitigen und Hiesigen, es gibt nur noch die Gemeinsamkeit der Liebe.

Der Atheismus der Moderne und sein Widerspruch im Menschlichen

Herr Drewermann, zum Abschluss unseres Themas »Glauben – Sola fide« folgende Frage: Der Glaube ist die Voraussetzung für Herrscher, für die Glaubenden, einen gnädigen Gott zu finden, überhaupt von Gnade zu reden. Ist das eigentlich nur in einer Gesellschaft möglich, die glaubt? Heißt das – weiter gedacht – im Atheismus ist so etwas wie Gnade, Glaube an einen gnädigen Gott, eigentlich gar nicht möglich?

Das wird eine wichtige Frage, weil der Atheismus sich wie von selber in der Neuzeit vorarbeitet, wesentlich verursacht durch das unzureichende Vermögen der christlichen Theologie, die sogenannte Schöpfungswirklichkeit an sich heranzulassen. Man ist theologisch daran gewöhnt, auch nur den Gedanken, es könnte ein Gott im Himmel nicht sein, damit zu widerlegen, dass doch die Offensichtlichkeit der Welt Gott und seine Herrlichkeit über den Kausalsatz beweist. Nichts kommt von nichts (ex nihilo nihil fit, lateinisch); die Welt existiert, also hat sie einen Schöpfer. Der ist Gott. Man hat sogar noch 1870 auf dem 1. Vatikanischen Konzil diese These zum katholischen Dogma erhoben: Gott ist beweisbar mit den Mitteln der Vernunft, und zwar – in Quellentexten des Konzils steht – durch den Kausalsatz. So eindeutig wollte man katholischerseits Gott und den Schöpfungsglauben gegen den Atheismus setzen. Aber in dieser Gegenüberstellung wirkt es genau umgekehrt. Die Religionskritik scheint recht zu behalten, wenn sie erläutert, Religion sei nichts weiter als der Ausfluss von Unwissenheit den Naturgesetzen gegenüber und von Angst in Gestalt von hilfloser Magie. Naturwissenschaft und Technik erübrigten deshalb zunehmend die gesamte Religion. In genau dieser Form kommt das Stunde für Stunde in unseren heutigen Schulen an. Es besteht vom Bibelglauben im Religionsunterricht zu den naturwissenschaftlichen Fächern keine vernünftige Brücke mehr, umso weniger, als man die Bibel auf eine Art liest, die in den Tagen Luthers schon dabei war, sich nach und nach aufzulösen. Immer noch nimmt man, was da steht, als objektive, historisch-faktische Gegebenheit. Die Wunder, die in der Bibel berichtet werden, haben demnach historisch stattgefunden zu haben. Die Himmelfahrt Jesu beispielsweise hat sich historisch vierzig Tage nach Ostern, so wie in Apg 1,9–11 geschildert, vollzogen, oder man glaubt nicht. Das Grab war am Ostermorgen leer (Joh 20,1–10), oder es hätte keine Auferstehung stattgefunden.

An diesen Punkten sind die Heranwachsenden in der Schule schon gespalten zwischen dem, was sie im Chemie- und Biologieunterricht lernen, und dem, was sie im Religionsunterricht hören. In der Festlegung des kreationistischen Dogmas verkündet der christliche Schöpfungsglaube ein Weltbild, nach dem die gesamte Entwicklung des Universums, des Planetensystems, des Lebens auf dem Planeten Erde, sich nach einem Masterplan Gottes gestaltet und vollendet hat. Vorsehung Gottes deutet man damit naturphilosophisch als Interpretation des Gesamtverlaufs der Wirklichkeit. So im Religionsunterricht. Die Stunde drauf werden dieselben Kinder vor die sichtbare Erkenntnis gestellt, dass es in der Evolution keine solche Vorsehung gibt. Die Evolution ist blind. Sie arbeitet mit einem unendlichen Maß an Quälerei, an Zufällen, an Absurditäten. Wenn ihr ein bewusst konzipierter Plan zugrunde läge, müsste man den Urheber eines solchen Planes verbrecherisch nennen. Schopenhauer bereits konnte sagen: »Kein Teufel hätte sich eine solche Welt besser ausdenken können.« Also haben die Atheisten den Fortschritt der Erkenntnis und die Praktikabilität der angebotenen Folgerungen für das Verhalten auf ihrer Seite.

Und doch: Die Frage der Religion stellt sich umso dringlicher: Wie gehen wir mit den Menschen um, wenn sie nichts weiter sein sollen als ein Produkt der Materie und als ein Teil des Austauschs von Geld und Ware in der Ökonomie? Gnade kann und darf es da nicht geben, und auch Moral und Justiz können und dürfen mit Gnade nichts im Sinn haben. Das hat sogar Immanuel Kant vor 230 Jahren bereits deutlich gemacht. Wenn ein Staat existierte, schrieb er, der einen Mörder zum Tode verurteilt hat und der Staat würde sich heute Nachmittag auflösen, stünde er heute Vormittag noch in der Pflicht, sein Urteil zu sprechen und zu vollziehen. Gerechtigkeit kennt keine Ausnahmen. Es gibt da absolut keine Gnade; so ist es juristisch konsequent gedacht und moralisch ebenso. Das Beste, was der Humanismus zu bieten hat, ist die Verinnerlichung des moralischen Sittengesetzes und, darauf basierend, eine vernünftige Gesetzgebung, welche die Willkür des einen begrenzt an der Willkür des anderen. In diesem Raum ist Gnade absolut ein Fremdwort. Sie mag privat mal hier und da als Ausnahme von der Rechtsordnung gehandhabt werden, jedoch als öffentliche Ordnung ist sie illegitim und illegal.

Hinzu kommt die Ausbeutbarkeit des Menschen. Wir schauen uns um, und wir finden ein unglaubliches, politisch und wirtschaftlich vorangetriebenes Konkurrenzmotiv am Werke, um das Bruttoinlandprodukt wachsen zu lassen. Allein schon der wechselseitige Kampf der Unternehmer gegeneinander soll die Wirtschaft vorantreiben, und das tut er ohne Zweifel, allerdings auf eine beängstigende Weise. Ich sehe nicht, wie eine Welt menschlich werden könnte, in der man die ganze Welt in die totale Ausbeutung der Natur und der Arbeitskräfte hetzt, in der man den Zeitfaktor endlos beschleunigt, weil Zeit Geld ist, in der man die Menschen zu nichts weiter verzweckt als zu Produktion und Konsum und in der man darüber hinaus noch Spekulationsgeschäfte des Geldkapitals offshore auf Geheimkonten ansiedelt. Es herrscht eine korrupte Verlogenheit im Umgang mit menschlichen Begriffen. Und wie da hinein die Botschaft Jesu bringen? Den Glauben an Gnade?

Ich weiß es nicht anders, als dass Luther in *dem* Punkt völlig recht hatte: Man muss ausgehen von der menschlichen Wirklichkeit. Um den Menschen zu entängstigen, kann man ihm nicht die Fratze der Natur und die Brutalität des blutverschmierten Antlitzes der Menschheit zeigen. Er braucht ein anderes Gegenüber, ein völlig anders, mit Karl Barth gesprochen, ein ganz anderes, ein absolutes Extra nos. Erst von daher kann man in diese Welt zurückkehren, so wie die Jünger nach der Himmelfahrt Jesu in die Stadt, in der man Jesus tötete, nach Jerusalem, zurückfanden (Apg 1, 12).

Wenn man so will, gibt es keinen Beweis für Gott. Jedoch, es gibt die drei kantianischen Postulate: Selbst die Moral kann sich nur unter der subjektiven Voraussetzung von Optionen, von Postulaten, von Denkvorstellungen und Glaubenssätzen erhalten, die über das entscheiden, was wir als Menschen sind. Die Naturwissenschaft hat für keine der Bedürftigkeiten des Menschen eine plausible Auskunft. *Freiheit* zum Beispiel ist kein Begriff, der in den Naturwissenschaften zugelassen wäre. Eine Ethik ohne Freiheit aber ist ein Unding. Wir müssen mithin das Wichtigste in unserem Leben als subjektive Voraussetzung der Möglichkeit des Sittengesetzes postulieren: die Freiheit. – Und weiter: wie sollen wir moralisch leben, wenn es keinen Sinn macht, sich moralisch zu vervollkommnen? Irgendwann kommt der Tod, und er wird uns ganz sicher als unvollkommene Wesen antreffen. Kant meinte deshalb, wir müssten die *Unsterblichkeit der Seele* postulieren, da hier auf Erden sich niemals etwas vollendet. Um daran zu glauben, dass es sich lohnt, an der eigenen Reifung mitzuarbeiten sowie an der

Reifung der Menschheit, brauchen wir eine Perspektive ins Unendliche. – Und dann zum Dritten, die *Gerechtigkeit*. Wir sehen, wie ihr idealer Anspruch und die faktische Wirklichkeit einander ständig widersprechen. Im Raum der Natur ohnehin, da ist der Begriff Gerechtigkeit sinnlos und wesensfremd; aber auch in der menschlichen Geschichte wird er eher widerlegt als bestätigt. Erfolgreich zu sein und dabei unschuldig zu bleiben ist nicht nur ein schweres Stück, sondern, wie sich zeigt, fast unmöglich. In der Politik haben wir alle möglichen Tricks, um die Menschen an der Nase herumzuführen, und das müssen wir sogar machen vermeintlich aus Verantwortung. Wir haben für alles eine Rechtfertigung. Damit Moral, Gerechtigkeit also, und empirische Realität übereinstimmen könnten, müsste man die *Vorstellung eines unendlichen Gutes*, also Gottes selber, postulieren, meinte Kant. – Wenn man diese nur scheinbar komplizierten Gedankengänge existenzialisiert, ist ihnen auch und gerade im Sinne Martin Luthers vollkommen zuzustimmen. Kein Wunder: Der aufgeklärte protestantische Philosoph Kant übersetzte lediglich in seine Denkkategorien, was als Erfahrung im 16. Jahrhundert bereits gefühlt und gewusst wurde: Man kann sich menschlich zur Menschlichkeit nur öffnen, man kann sich selber als Mensch nur zurückgewinnen jenseits der Angst in einem Vertrauen, das sich in Gott festmacht. Und diese Notwendigkeit ist der einzige, wirklich plausible Hinweis auf Gott. Wir können ohne Gott so wenig leben wie die Blumen ohne Sonne.

Und was heißt das für die Theologie heute?

Sie müsste damit aufhören so zu tun, wie wenn sie in Konkurrenz mit den Naturwissenschaften alles besser wüsste, als hätte sie immer im voraus schon die letzte Lösung, die leider die Naturwissenschaften noch nicht hätten. Mit einer solchen Einstellung macht man Gott zum Lückenbüßer für die vorläufigen Nullstellen unseres Wissens. Man macht damit aus Gott ein jagdbares Tier, das man von Lichtung zu Lichtung treibt. Mit jedem Fortschritt der Naturwissenschaft hört dieser Glaube ein weiteres Stück weit auf. Aber wenn man zeigt, wie notwendig es ist, an Gott in einem Sinn zu glauben, den jeder versteht, auch unabhängig von seiner kirchlichen Enkulturation, dann muss man anknüpfen an dieser unbedingten Sehnsucht und Voraussetzung der Gnade, und Gnade setzt eine absolute Person voraus, die wir mit allem Denken und Fühlen glauben können.

Also hat Luther eine unwahrscheinliche Aktualität für unsere heutige Zeit?

Unbedingt. Knüpfte man bei Luther so an, wie er sich selber sogar in der Philosophiegeschichte vermittelt hat, steht er am Anfang der Neuzeit für einen Weg, den wir, ohne es genau zu reflektieren, in der ganzen Zeit seither gegangen sind, um wieder an dem Punkte anzukommen, an dem wir begonnen haben. Das ist deshalb paradox, weil wir es heute mit dem methodischen Atheismus der Naturwissenschaften und dem praktischen Atheismus in Wirtschaft und Politik zu tun haben. Luther hatte es zu seiner Zeit mit den Türken, mit dem Islam, mit dem Papismus und mit vielen anderen Strömungen zu tun. Aber die Themen, um derentwillen wir auf die Auseinandersetzung mit Luther heute eingehen, haben sich nur scheinbar verschoben. In Wirklichkeit geht es nach wie vor um diese Kernbegriffe: Angst und Vertrauen, Gnade und Erlösung, Leben und Tod.

Die Notwendigkeit von Symbolen

Luther hat im Grunde die Kernbegriffe der christlichen Botschaft herausgearbeitet, sie vom Beiwerk befreit und hat damit auch viele Figuren, Symbole, den ganzen Reliquien- und Heiligenkult beispielsweise beiseite geschoben, um das Zentrum des Glaubens deutlich zu machen. Symbolen wie dem Kreuz zum Beispiel begegnen wir an vielen Stellen, aber es wird oftmals nicht mehr verstanden.

Das ist sehr wichtig, wonach Sie fragen. Wenn wir schon sagen, Gott hat aufgehört, im philosophischen Sinne beweisbar zu sein, müssten wir hinzufügen: Wir vertun die ganze religiöse Sprache, wenn wir sie dogmatisch fixieren, wenn wir sie in rationale Kategorien pressen und systemgebunden ausformulieren, so dass sie als Unterrichtsgegenstand nur zum Nachsprechen, zum Kommemorieren taugt. In Wahrheit haben wir es mit Erlebnisformen zu tun. Und über solche kann man nicht anders reden als in der Sprache der Dichter.

Ein wesentlicher Unterschied zwischen dogmatischer und dichterischer Sprache im Raum der Religion liegt schon darin, dass dogmatisch geschulte Theologen die Bibel selber in eine Art Kriegsbuch verwandeln. Sie machen aus ihr, wie gesagt, einen Steinbruch für ihre dogmatischen Lehren, und diese sind von vornherein dazu bestimmt, die Unterschiede in den einzelnen Lehren immer genauer zu differenzieren. Wie unterscheidet sich der Glaube an Gott bei den Christen von dem Glauben der Juden und bei denen vom Glauben der Muslime und bei denen vom Glauben der Buddhisten – es hört nicht auf. Im Grunde lehrt jede Religion in verfasster Form ihre Theologen, herauszufinden, warum es ein unendliches Glück ist, dass sie gerade diesem Kulturraum in dieser Religion schon von Geburt an zugehören. Man kann Gott gar nicht genügend dafür danken. Aber so missversteht man Gott, der doch der Vater aller Menschen ist und der alle Religionen dazu bestimmt hat, sich auf den Weg zu ihm zu machen. Die Botschaft von der Gnade ist allgemein menschlich, weil sie etwas artikuliert, das jeder Mensch braucht und versteht. Sie appelliert an eine Erfahrung, die jeder machen kann. Insofern kann man sie überhaupt nicht einschnüren in ein Dogma, das man etwa gegen den Gesetzesglauben der Juden setzt. Es ist eine Form, den Menschen in seiner Hilflosigkeit tiefer zu betrachten, als es moralisch oder juridisch möglich wäre, ihn tiefer zu verstehen und zu umfangen, als es normalerweise nötig scheint. Insofern ist die Botschaft von der Gnade eine Einladung an alle, aber sie ist vollkommen untauglich dazu, irgendjemanden auszuschließen. Es ist wie in den Tagen Jesu: Man setzt sich an den Tisch mit denen, die am meisten Hilfe brauchen, und was man ihnen dabei vermitteln kann, sind Zeichen, die ermutigend sind angesichts aller möglichen Zweifel.

Die Sprache der Religion kann eigentlich nur dichterisch sein in dem Sinne, dass sie Symbole nutzt. Es ist ein schlimmer Fehler, dass aus lauter Angst die Symbole selber wieder als Tatsachenaussagen dingfest gemacht werden.

Insbesondere die Bibel redet ständig in Symbolen, in kostbaren Symbolen, von der Jungfrauengeburt bis hin zur Himmelfahrt, dazwischen die Wundererzählungen wie der Seegang Jesu oder seine Auferstehung. Es sind unglaublich intensive Symbole meist im Einklang sogar mit den Überlieferungen in der Religionsgeschichte der Völker, sich aufführend in der menschlichen Seele und uns beschwörend, den Inhalt dieser Bilder in unserem Leben zu vollziehen. Statt dessen machen wir theologisch aus den symbolischen Deutungen menschlicher Erfahrungen und geschichtlicher Ereignisse dogmatische Faktenbehauptungen in der Vergangenheit und geraten damit in Widerspruch zu jeder vernünftigen Logik, indem jetzt ständige Verstöße gegen die Naturordnung als das eigentliche göttliche Wirken zu konstatieren sind. Wir missverstehen die eigenen Texte, die in ihren Erzählgattungen bestimmte Radien der Wirklichkeit deutend beschreiben, aber ganz sicher nicht Informationen über bestimmte historische Tatsachen wiedergeben wollen, und zwingen dann die Menschen zu einem Glauben, der an jeder Stelle in den Aberglauben oder in den Unglauben führen muss. Umso wichtiger wäre es, die Bilder als solche zurückzugewinnen. Doch das setzt erneut eine vernünftige Synthese mit der Psychoanalyse voraus, mit der Art, wie man dort Träume als Offenbarung des Menschen lesen kann. Wieder kann man sehen, dass Menschen anders träumen, je nachdem, ob sie gepeinigt werden von Angst oder ob sie des Nachts friedlich im Vertrauen einschlafen. Selbst die Träume sind andere, selbst die Symbole bekommen einen anderen Wert, je nach den Vorzeichen von Angst oder Vertrauen. Ob die Symbole der Seele in die Unterwelt weisen oder zum Himmel, das entscheidet sich zwischen diesen beiden Polen des Daseins. Dass die Symbole so offen bleiben, dass sie von Vertrauen geleitet uns den Weg zum Himmel weisen, das wäre ihre Funktion, aber nicht ihre Verfestigung in Angst.

Man muss nur einmal sehen, wie in *Antwort auf den Tod* in all den Tagen der Menschwerdung Symbole eingesetzt wurden. Die Prähistoriker und Paläontologen vermuten, dass wir in dem Augenblick zu Menschen wurden, als der Tod uns zum Problem wurde. Und dann muss es schon in den Jahrhunderttausenden der Eiszeit ein Trost gewesen sein, am Himmel zu sehen, dass es Sterne gibt, die niemals untergehen, und andere, die auf der Nordhalbkugel sichtbar am Firmament immer wiederkommen. Es muss ein Trost gewesen sein, zu erleben, wie man aus toten Steinen Feuer schlagen kann; Wärme also und Licht gebiert sich aus dem völlig Unlebendigen. Es müssen von Alters her solche Erfahrungen Bilder, Symbole geformt haben, die den Glauben bestärkten, dass der Tod nicht der Tod sei, sondern nur ein Durchgang in ein anderes größeres Leben. Die Wiederkehr der Blumen im Frühling ist ebenfalls ein solches Bild: Der Winter ist nicht das Ende, sondern nur ein Übergang. Das Entscheidende dabei aber ist die wachsende Personalisierung in der Kulturgeschichte: In den Vegetationsriten sind alle Bilder noch eingegrenzt in die vegetativen Zyklen der Natur. Es kommt jedoch nach und nach dahin, spätestens ab dem 6. Jahrhundert vor Christus, auch den Gang der Natur zu personalisieren und dem Einzelnen eben die Unsterblichkeit zuzutrauen, die man in der Natur als Symbol, aber auf der Ebene der Gattung zum Teil auch als Wirklichkeit erfahren kann. In all den Punkten sind die Symbole das Mittel, in die steinernen Wände, die uns umgeben, Lücken zu schlagen, die zu Fenstern für das Licht der Unendlichkeit werden. Solche Symbole brauchen wir, und nur in dieser Sprache lässt sich Religion ohne Zwang und Gewalt vermitteln. Nur dann lädt die religiöse Sprache ein, so wie die Dichter es tun.

Wir bräuchten nur Shakespeare zu zitieren, dessen Jubiläum wir gerade feiern, um das zu verdeutlichen. Im »Kaufmann von Venedig« wird Shylock einmal von Portia, die sich als Richterin verkleidet hat, gesagt: »Das Wort der Gnade steigt vom Himmel nieder gleich dem Regen auf die Erde unter ihr, zwiefach gesegnet: Sie segnet den, der gibt und der empfängt. Das Zepter ist das Zeichen wohl der Macht, vor dem wir Achtung finden und Respekt, doch Gnade ist das Attribut der Gottheit selbst. Und umso höher steht ein Thron dem Himmel als Gnade neben ihm. Darum bedenke dies, dass unser keiner ohn' Schuld erfunden ward. Wir alle beten um Gnade. Drum sollte dies Gebet uns lehren, auch der Gnade Werk zu tun.«

Ist das Religion? Ist das Dichtung? Es ist eine Sprache, die um 1600 erklang und die unvergänglich durch die ganze Welt dringt.

Letzte Frage dazu: Sie plädieren für ein anderes Lesen der Bibel, die Bibel als Literatur. So weit war Martin Luther natürlich nicht. Für ihn war doch die Heilige Schrift so etwas wie eine vom Himmel gefallene Glaubens- und Verfassungsurkunde der Kirche.

Das war so und ist historisch nicht zu leugnen. Das historische Lesen der Bibel hat eigentlich erst mit Baruch Spinoza im »Theologisch-politischen Traktat« begonnen. Das ist über hundertfünfzig Jahre später als Luther, und wurde dann im 19. Jahrhundert natürlich unumkehrbar. Wir müssen bei Luther nicht an dem Punkte stehen bleiben, an dem er historisch stand, aber wir können erklären, wie die Neigung zur Gewalttätigkeit im religiösen Bekenntnis verankert ist, wenn die Rede von Gott selber aus dem Symbolischen heraustritt und sich dogmatisch verfestigt. Dann sind die Differenzpunkte, die Streitpunkte, das wachsende Auseinanderdriften und das aggressive Aufeinanderzubewegen in den Glaubensrichtungen unvermeidbar. Genau das ist eine Tragödie, die in allen Traditionen stattgefunden hat und stattfindet, auch im Christentum, aber gerade da ist sie besonders illegitim. Jesus hat nie in der Sprache der Schriftgelehrten die Gesetze ausgelegt, nie in der Sprache der Theologen von Gott geredet. Er hat wie ein Dichter in der Form von Gleichnissen gesprochen. Daraus kann doch den Theologen nur die Idee werden, dass eine Aussage nicht falsch ist, nur weil sie dichterisch ist. Was für ein Banausentum wäre denn die Meinung, dass nur das eine wahre Aussage sein könne, was sich in Raum und Zeit als objektives Faktum informativ bestätigt, alles andere sei Lüge. Wie denn: Eine Legende lügt, Märchen lügen, Träume lügen, weil sie nicht die objektive äußere Realität informativ vermitteln? Das Umgekehrte ist richtig: Die Bilder enthalten Wahrheiten, die ins Leben tragen und das Leben deuten, und zwar zu jeder Zeit an jedem Ort, bei jedem Menschen.

III. Religion und Gesellschaft

Herr Drewermann, kommen wir zum Thema »Politik und Martin Luther«. Martin Luther erlebte die Angst vor den Türken. Die Türken standen vor Wien, und die Türken waren für ihn Sendlinge des Teufels. Und er erinnerte sich an Daniel 7: Darin sei den Türken der Sieg wider die Christen und die Heiligen angekündet.

Das ist eine merkwürdige Exegese Luthers, aber es hält sich in dem düsteren Weltbild, mit dem er die menschliche Geschichte betrachtet hat, und es ist durchaus biblisch gedacht: Es muss manchmal zum Schlimmsten kommen, ehe es besser wird. Es ist eine Art Katastrophentheorie, die insbesondere der Straftheologie des deuteronomistischen Geschichtswerks im Alten Testament eigen ist. Die Türken sind für Luther, wie für Jeremia Nebukadnezar, der König von Babel, der Hammer Gottes, um das Christentum noch einmal neu zu schmieden. Indem er so denkt, übernimmt er allerdings die Gewaltpolitik aus dem alten Orient als Strafinstrument Gottes. Darüber macht er sich eigentlich gar keine Gedanken, weil ihm das als selbstverständlich vorkommt. Man denkt in der Bibel so, man denkt im ganzen Abendland so, und Luther hat damit kein Problem. Es ist aber ein großes Problem.

Man muss vorausschicken, dass Luther nicht nur Angst vor den Türken hatte, er hatte als erstes Angst vor Papst und Kaiser. Er steht unter päpstlich-kaiserlichem Bann. Eigentlich gehört er totgeschlagen. Dass das nicht längst passiert ist, liegt am Schutz der Fürsten. Diese Tatsache bringt freilich die ganze reformatorische Theologie Luthers auf einen Weg, der innerlich nicht ohne Brechungen auskommt. Im Bilde gesprochen, hat Luther eine Lunte gelegt, die ihm recht bald unter Wasser geraten ist, noch bevor sie anfing zu lodern und die

Explosion zu zünden, die darin angelegt war. Luther hat erlebt, dass sein Anliegen von den Fürsten gegen Papst und Kaiser geschützt werden musste. Und daraus hat sich wie selbstverständlich der Gedanke entwickelt, dass es Eines sei, das menschliche Leben in jedem einzelnen zu ordnen, aber ein ganz Anderes, große Gruppen von Menschen zu ordnen, zu verwalten und vor dem Niedergang ins Chaos zu bewahren, und gerade davon erlebt er in seinen Tagen die Menge. Erfahrungen wie diese lassen ihn zurückgreifen auf die Zwei Reiche-Lehre Augustins, die im Grunde schon hilflos begonnen hat, aber das ganze Mittelalter, dem Luther doch zugehört, zutiefst geprägt hat.

1. Augustins Zwei Reiche-Lehre

Wir sagten schon: Um 410, als Alarich und die Westgoten Rom in Brand stecken, schreibt Augustinus über den Gottesstaat, und er erlebt zwei Welten unversöhnlich im Widerspruch. In der Kirche versucht man die Gnade Gottes zu leben, – man darf Augustinus ehrlich glauben, dass er das so gemeint und gewollt hat. Und auf der anderen Seite erlebt man die Barbarei, die Unkultur, die Inhumanität, die Wüstenei, die auch im Menschen liegt, und die setzt sich politisch durch. Rom ist am Ende; neue Staaten werden gegründet, aber sie unterscheiden sich nicht wesentlich von dem, was immer war. Sie sind irdische Staaten, sie bilden die Civitas terrena, und schon deshalb unterliegen sie dem, was bibeltheologisch als »erlösungsbedürftig« gekennzeichnet ist.

Wie die Bibel über die menschliche Macht denkt, zeigt sich in Matthäus, Kapitel 4 und in Lukas Kapitel 4: Erzählt wird dort, wie Jesus auf dem Berg der Versuchung vom Teufel versucht wird, indem der Satan ihm beim Anblick der gesamten Welt alle Reiche der Erde zu Füßen legt, wofern er nur niederfällt und ihn anbetet. Weltherrschaft kann man demnach haben, sofort und auf der Stelle, wenn man niederkniet und seine Seele dem Teufel verkauft. So einfach ist das. Nur, dass Jesus genau dieser Versuchung widerstanden hat. Es wäre ein Teufelspakt, den man da schlösse, wenn man sich an die Macht verkaufte. – Das ist ein fast romantisches Motiv: Man kann viel Geld haben, man kann reich werden, man muss nur die eigene Seele an den Bösen verhökern. Das ist es, was Augustinus beim Sprechen von der Civitas terrena vor sich hat und was als Problem bestehen bleibt, – allenfalls dass die Idee der Theokratie des Königtums Salomos sich im abendländischen Kaisertum fortsetzt und den Konflikt seit Konstantins Tagen überlagert.

Also müsste man beginnen, mit Augustinus die Frage des Verhältnisses von Civitas terrena und Civitas Dei neu zu diskutieren: wie verhält sich die staatliche Ordnung der Völker zu der Ordnung Gottes? Augustinus sieht sich außerstande, er unternimmt nicht einmal den Versuch, zu zeigen, wie das Gottesreich in die Civitas terrena hinein wirkt, um sie zu durchdringen, wie also geschieht, was Jesus wollte: in die politische Wirklichkeit hinein die Gnade Gottes zu bringen zur Veränderung der Welt. Es ist genau das, was eigentlich auch Luther will.

Für Augustinus ist es sonnenklar, dass da zwei konträre, am Ende freilich auch komplementäre Ordnungen bestehen, die man nebeneinander stehen lassen muss und die am besten daran tun, dass sie sich nicht wechselseitig ins Gehege kommen. Demnach haben wir jetzt im nachkonstantinischen Zeitalter einen christlichen Kriegsdienst, wir haben Christus als Kriegsgott, der schon in der Schlacht 312 an der Milvischen Brücke zugunsten Konstantins über seinen Kronkonkurrenten Maxentius gesiegt hat; also haben wir ein Christentum als Staatsreligion. Das alles müssen wir dulden, weil wir ja erlöste Christen sind, die zwar das alles mitmachen, aber doch nicht so sind, wie es scheint. Wir sind im Grunde – ja, was nun? – Christen im Zustand der Entfremdung, der Heimatlosigkeit, des Exils, aber immer noch in dem Bewusstsein, wie die Welt eigentlich sein müsste, wenn in ihr Gott regieren würde. Doch diese Kritik des christlichen Bewusstseins an der sozialen, politischen und ökonomischen Realität schlägt niemals durch. Man findet zwischen Apokalypse 13, wo der Staat Roms identisch ist mit der Hure Babylon, und Römer 13 mit dem Satz: »alle Macht ist von Gott gesetzt« nicht die geringste Synthese. Es besteht ein reiner Widerspruch, erkennbar bereits in der Bibel selber.

Dabei könnte man über das Thema schon mit Augustin ganz im Sinne des lutherischen Grundsatzes: »musst du schauen auf die Person« ins Gespräch kommen. Es ist ja richtig: Alarich und die Westgoten haben gerade Rom verbrannt. Aber nun muss man mal schauen, warum sie das getan haben. Sie haben jahrzehntelang darum gebettelt, dass man sie ansiedelt in Frieden. Sie würden Steuern zahlen, sie würden für die Römer Militärdienst leisten, sie sind etwa hunderttausend Menschen, Frauen und Kinder, die Tausende von Kilometern auf der Suche nach Land, um dort zu leben, quer durch Europa gezogen sind. Sie möchten nur irgendwo im römischen Reich leben, an den Grenzen Roms, sie möchten nur leben dürfen, mehr nicht. Dafür haben sie alles getan. Sie haben Rom eigentlich nicht einmal wie üblich geplündert, sie wollten lediglich zeigen, was sie alles könnten, wenn man auf sie nicht hört. Aber in Ravenna hat man alles besser gewusst und gab sich reinen Machtschikanen hin, bis man die Westgoten aus Italien vertrieb. Jedoch, was Augustinus noch nicht ahnen konnte: später haben die Westgoten ein eigenes Reich in Spanien begründet, das über zweihundert Jahre lang Bestand hatte. Es war ein sehr friedfertiges Reich. Die Westgoten waren überhaupt keine Barbaren, sie waren nichts als Menschen, die leben mochten wie alle anderen. Was wäre Politik mit einer Gnadenlehre, wie Augustinus sie entwickelt hat, wenn sie im römischen Reich gegenüber hungernden Flüchtlingen, gegenüber den Westgoten, angewandt worden wäre? Rom wäre nie verbrannt worden, Rom hätte seinen Frieden haben können, wenn in die politische Praxis statt lausiger Machtkämpfe die Idee von der Gnade gegenüber Hilfsbedürftigen realisiert worden wäre. – Ambrosius von Mailand war der Lehrer des Augustinus, aber was wäre gewesen, er hätte einmal dargetan, wie man angesichts der germanischen Völkerwanderung Rom nicht militärisch verteidigt, sondern die Fremden aufnimmt und integriert? Das ist nicht geschehen, und nur weil es immer wieder nicht geschieht, widersprechen sich das Reich Gottes und das Reich der Welt. Aber dieser Widerspruch müsste durchaus nicht bestehen; man müsste nur zeigen, wie man in der Welt umso besser lebt, als man christlich lebt. An diesem Punkt müssten wir mit Augustinus auch Luther in die Pflicht nehmen: zu artikulieren ist, wie die reformatorische Gnadenlehre praktisch wird – für die Fürsten, für den Kaiser, für den Papst, im Angesicht der Türken, wo und wie auch immer.

Ich will noch einmal aus Luthers Text »Wider die Türken« zitieren. Da heißt es wörtlich: »Die Soldaten sind heutzutage eingefleischte Teufel, nicht bloß die Spanier, sondern auch die Deutschen.« Und über die Kriegsmittel sagt er dann: »Mehr als alle Waffen und aller Mut vermögen Buße und Gebet der Christen.« Aber Luther hat dann selber gemerkt, dass all seine Gebete fruchtlos blieben wegen der allgemeinen Unbußfertigkeit. Und dann sagt Luther wörtlich: »Gerne wollte ich, dass Karl den Türken zu Boden streckte. Das erbitte ich von Gott mit meinem höchsten Verlangen. Aber wenn ich bitte, so fällt mir meine Bitte wieder zurück, denn unsere Sünden sind zu groß. Wenn ich bitte, Gott möge Karl den Sieg gegen die Türken geben, so schreien mir unsere Sünde und Undankbarkeit entgegen.« Ich finde, das ist ein eindrucksvolles Dokument, weil es genau die Zwiespältigkeit zeigt, der glaubende Luther, der machtlos ist der praktischen Politik gegenüber.

Ja. Man muss freilich, um diese Stelle Luthers zu verstehen, noch einmal das gerade erwähnte Denken des deuteronomistischen Geschichtsbuches in der Bibel aus den Tagen des Jeremia sich vor Augen stellen. Das Problem Luthers ist erkennbar nicht die Gewaltanwendung, nicht das Totschlagen von beliebig vielen tausend Türken oder Christen. Das Problem Luthers ist der strafende Gott im Raum der menschlichen Geschichte. Und da kann es richtig sein, dass Gott den Türken auf uns loslässt, um unsere Schulden heimzusuchen. Unter dieser Prämisse bleibt das Gebet widersprüchlich. Auf der einen Seite möchte Luther, dass Karl das Christentum verteidigt. Nur: Tut er das wirklich? Was Luther nicht problematisiert, sind die Mittel, mit denen immer wieder Krieg geführt wird. Er hat in einer eigenen Schrift im Jahre 1526 vom »seligen Stand der Soldaten« geschrieben. Das heißt: dass Krieg geführt wird, gehört für ihn zur Normalität der Geschichte, es kann also auch nicht gegen Gottes Willen sein. Wenn das Ziel eines Krieges die Durchsetzung der Gerechtigkeit mit dem Schwert ist, muss es dem Fürsten erlaubt sein, Krieg zu führen. Das greift erkennbar zurück auf Augustins Hilflosigkeit gegenüber den Wirren der Zeit um 400 nach Christus.

Es ist für Protestanten bis heute eine große Schwierigkeit, ob man in der Staatsauffassung, die Luther formuliert hat, in dem Augustinismus der Zwei-Reiche-Lehre, nicht die Ursache sehen soll für die Hörigkeit der protestantischen Kirche gegenüber der Lokalmacht der Landesfürsten, des deutschen Kaisers, schließlich sogar des deutschen Führers. Man hat sich vor allem nach 1945 wieder danach gesehnt, in Jesus den Stifter eines Friedens zu sehen, der politisch die Gewaltlosigkeit zur Pflicht erhoben hat. Man hat den Pazifismus mit einer Reihe von Worten Jesu begründet. Man hat sich an die frühe Kirche erinnert, die sich mit Berufung auf die Botschaft Jesu geweigert hat, Kriege zu führen und Soldateska zu stellen. Man müsste an dieser Stelle Luther tatsächlich widersprechen.

Ich glaube wirklich, dass man nicht da stehenbleiben darf, wo Luther sich vor 500 Jahren befunden hat.

2. Gewaltlosigkeit als Botschaft Jesu – aber: die Todesstrafe und der Krieg

Der Grundgedanke ist relativ einfach. Gehen wir noch einmal von der Gnade aus, die Luther als das rettende Angebot Gottes an die Not der Welt herausstellt, und arbeiten wir damit den Status der Verlorenen durch, dann gleitet uns wie von selbst eine Praxis der Staatsgewalt aus den Händen, die weit verbreitet ist und auch im »christlichen« Abendland durch die Jahrhunderte bis in die jüngste Gegenwart hinein geübt wurde: das ist *die Todesstrafe*. Gegenüber dieser Praxis hat Luther selber nie ein Wort der Kritik geäußert. Sie war selbstverständlich, sie steht ja so auch in der Bibel (Gen 9,6), es ist im Gesetz des Moses an zig Stellen verordnet, wen man alles zur Strafe hinrichten muss. Also, wo soll das Problem sein? Wenn hingegen Gnade waltet, liegt hier ohne Zweifel ein riesiges Problem vor, denn wenn wir jetzt schon wissen, dass der Mensch gar nicht gut sein kann, einfach weil er will, was machen wir dann mit ihm, wenn er Verbrechen begeht, die er vermutlich auch selber nicht gewollt hat? Wie arbeiten wir dann sein Problem durch, und wieso können wir über ihn zu Gericht sitzen, womöglich im Staatsauftrag, und nach fertiger Jurisprudenz ihm ein Gleiches, wie er als Verbrecher selbst getan hat, zufügen? Vermehrt man damit nicht die Verbrechen, statt sie zu unterdrücken?

Plötzlich stehen wir davor, dass wir in jedem Gefängnis, in jedem Strafprozess, die Gnade, die Luther wollte, praktisch werden lassen müssen. Es ist für mich immer noch ungeheuerlich, dass wir die Lehre Luthers von der Knechtschaft des freien Willens, die er theologisch aufgestellt hat, ein halbes

Jahrtausend später immer noch nicht mit den Gedanken der Psychoanalyse verbinden, oder, wenn diese als exakte Wissenschaft abgelehnt wird, mit Hilfe der Neurologie plausibel machen. Das Absurdum existiert, dass die protestantischen Theologen – die katholischen ohnehin – an der Freiheit des Willens festhalten und keinen Grund finden, die heutige Strafpraxis in europäischen Gerichten im christlichen Abendland in irgendeiner Weise zu hinterfragen. Die Neurologen sind in dieser Frage bereits viel weiter. Die Neurologen fangen an zu glauben, wie sie es als Naturwissenschaftler müssen, dass es Freiheit gar nicht gibt. Sie analysieren Vorgänge im Gehirn und stellen fest: die Freiheit ist eine subjektive Einbildung. Das Gehirn legt sich zurecht, es sei der Schöpfer von Handlungen, die es überhaupt erst bemerkt, wenn sie im Grunde schon stattgefunden haben. Das lässt sich in Experimenten zeigen. Es lässt sich auch zeigen, dass entwicklungspsychologisch die Menschen schon in Kindertagen in einer Form geprägt werden, die den Freiheitsspielraum unglaublich einengt.

Wir können entlang der Embryologie, der Entwicklungspsychologie und der Psychoanalyse der ersten Lebensmonate zeigen, dass das Wertegefühl entsprechend der Gehirnentwicklung sich in Clustern aufbaut, also nicht zu jeder beliebigen Zeit vermittelt wird, sondern ungefähr im Zeitraum des achten Monats, nicht davor und auch nicht sehr viel später. Der Grund ist, dass in diesem Zeitabschnitt zum ersten Mal ein Kind beginnt zu begreifen, dass seine Mutter nicht ein Teil von ihm selber ist, aber auch kein fremdes Etwas, sondern dass sie eigene Gefühle hat, und dass es einen großen Vorteil bildet, sich in diese fremden Gefühle der Mutter hineinzufühlen. Es bildet sich zum ersten Mal eine theory of mind, es werden Gefühle gelernt, und das prägt alles Weitere. Das Vermögen, sich in den anderen einzufühlen, wird in der Hirnentwicklung in diesem Zeitraum vermittelt, so wie das Spracherlernen nur in einem bestimmten Zeitraum ohne große Anstrengung vermittelt wird. Wir könnten mit zwei Jahren ohne Mühe genauso gut Chinesisch wie Deutsch lernen. Heute ist das eine Strapaze ohnegleichen, – es ist wohl zu spät, wenn jemand in hohem Alter noch eine ostasiatische oder zentralafrikanische Sprache lernen möchte. Entscheidend ist jetzt, dass wir uns nur einmal vorstellen, dass ein Kind im Alter von acht Monaten im Waisenhaus war, es hatte Eltern, die gar nicht für es sorgen konnten. Das Kind wurde erst weitergereicht an Großvater und Großmutter, die aber auch beschäftigt oder voller Ärger waren, dass sie diese Plage jetzt noch aufzunehmen hätten, und so kam es ins Waisenhaus. Unter diesen Voraussetzungen haben wir später dann einen Menschen vor uns, der ohne Zweifel gefühlskalt ist, der sich nicht in andere einfühlen kann; und dann braucht man nur noch ein wenig Fantasie, sich vorzustellen, wie jemand, der unter solchen Umständen groß geworden ist, die Reaktionen anderer missverstehen wird, weil er ihre Gefühle nicht lesen kann. Was ist eine Bedrohung? Was will eine bestimmte Geste oder Handlung sagen? Eben noch waren wir dabei zu fragen: Wie interpretiert man Symbole? Jetzt sind wir dabei zu fragen: Wie gehen wir mit dem Ausdrucksverhalten von Menschen um? Darwin meinte, Gefühle seien nichts weiter als körpergebundene Sprache. Wir drücken im Körper aus, was wir fühlen, und das muss der andere sehen, um uns zu begreifen. Wer es aber nicht gelernt hat, Gefühle zu verstehen, wird immer wieder irritiert sein. Er wird sich also überhaupt nicht organisch einordnen können in die verwirrende Vielfalt undeutbarer Ausdrucksgebärden. Der Weg ins Abseits ist wie selbstverständlich vorgezeichnet.

Ich verkürze und verenge das Problem an dieser Stelle einmal fast ungebührlich, – aber die Aussage wird dadurch klar: Vom achten Lebensmonat an lief etwas schief. Und schon haben wir keine Anklage mehr, sondern die Artikulation einer schweren Not, eine Symptombeschreibung, die ein Maximum an Hilfsbereitschaft fordern würde. Vielleicht müssten wir sogar die Unmöglichkeit feststellen, überhaupt noch wirksam helfen zu können. Aber wir haben absolut kein Recht, zu verurteilen, – das sagen uns die Psychologen, das sagen inzwischen auch die Neurologen, nur den Theologen scheint gerade diese Einsicht zu urgieren überhaupt kein Anliegen. Wie aber kann man Gnadenlehre angesichts der Hilflosigkeit, womöglich eines Verbrechers, in den Gerichtssaal bringen? Und wie kann man dann, wenn die kollektivierte Todesstrafe, der Krieg, über die vermeintlichen Gegner Gottes und der Sittlichkeit ausgerufen wird, diese Politik und Praktik genauso hinterfragen? Denn wenn die Todesstrafe schon verboten ist, ist es der Krieg ganz sicherlich. Er ist nichts weiter als die kollektive Ausdehnung der Rechthaberei: »wir sind die Guten, ihr die Bösen, wir verdienen zu leben, und ihr müsst getötet werden, damit wir besser leben«.

3. Obrigkeit und Gehorsam

Nun hatte Martin Luther all die neurologischen Erkenntnisse, die wir heute haben und die Sie so brillant ausgebreitet haben, nicht zur Verfügung. Luther stand vor der Frage: Wie lässt sich das Verhältnis Untertan–Fürsten/Obrigkeit überhaupt regeln? Und er hat zu einer recht einfachen Lösung gefunden und gesagt: Der Untertan – so schreibt er im großen Katechismus 1529 – ist zum Gehorsam verpflichtet, auch einer ungerechten Obrigkeit muss er gehorchen.

Das hat er wörtlich aus dem Römerbrief Kapitel 13, von dem, wie gesagt, manche Exegeten wohl zu recht meinen, dieses Kapitel sei später eingeschoben worden, es sei keine Aussage Pauli, sondern man habe damit die Botschaft des Christentums in den römischen Staat hineingebogen. Luther jedenfalls hat die Stelle so vorgefunden, als ein echtes Pauluswort genommen und verbindlich gesetzt mit Berufung auf Augustinus.

Diese Linie ist wirklich nicht zu übersehen. Schon deshalb kann man Luther an dieser Stelle kaum Vorwürfe machen. Aber man müsste ihn weiterentwickeln. Wenn die Botschaft der Gnade gilt, kann Krieg nicht stattfinden, darf Todesstrafe nicht sein, sind die Handlungsinstrumente, die der Politik noch immer selbstverständlich scheinen, ein für allemal durch die Botschaft Jesu widerlegt.

Hätte Luther das nicht doch erkennen müssen?

Er hat es auf seine Weise an den Stellen versucht, wo es ihm möglich schien. Die politische Frage war für Luther im wesentlichen die Auseinandersetzung mit Thomas Müntzer, die Sozialrevolution, der Bundschuh (seit 1513) und der Bauernaufstand (1524–1525), es war das Chaos, das gewalttätig hereinbrach und die Ordnung zerfetzte. Da wusste Luther nicht anders, als dass Ordnung sein muss und dass das Schwert der Fürsten gar nicht gründlich genug wüten kann, bis endlich wieder Ordnung sei. Das schreibt er tatsächlich so. Er ist sogar noch stolz darauf. 1525: »Das Blut der Bauern klebt an meinem Hals.« So hat er »wider die räuberischen Rotten der Bauern« geschrieben. In scharfen Worten richtete er sich insbesondere gegen Thomas Müntzer. Luther meinte, es sei ein Verstoß gegen den Römerbrief, Kapitel 13, die Bauern aufzufordern, gewaltsam ihr Recht gegen die Fürsten zu erstreiten.

Dieser Widerspruch zwischen Luther und Müntzer ist im Protestantismus bis heute offenbar nicht ausgetragen. Die Frage bleibt: Wie kann man die Bergpredigt, wie kann man die Friedensbotschaft, wie kann man das Gnadenangebot Gottes in die Politik tragen? Das kann man nicht durch einen neuen Moralismus, indem man die Bergpredigt vergesetzlicht und sagt: Da aber steht es, und jetzt muss es sein. Nach dieser einfachen Logik wären die Pazifisten die Guten, und alle Militaristen wären die Bösen, – doch so einfach ist es nicht. Man muss verstehen, was in Menschen vor sich geht, dabei bleibt es. Dann freilich kann man erkennen, was aus Menschen wird, wenn man sie zum Soldatwerden abrichtet. Man muss trainieren, wie man Menschen tötet. Auf Befehl hin muss man das tun, wenn wir konsequent Luther folgen: Selbst wenn der Befehl ungerecht ist, müssen wir ihn trotzdem ausführen. Das alles sind Dinge, die christlich (und menschlich) nicht statthaben können. Je länger die Neuzeit sich entwickelt, je mehr entwickelt sich die verantwortliche Zuständigkeit der Einzelnen. Daher müssen wir die Botschaft Jesu stärker aktualisieren als das bei Luther geschehen ist.

Also beginnen wir, wie bei Augustinus und den Westgoten, hier jetzt bei Luther mit der Frage: Was wollten denn die Bauern? Es müsste im eigenen Ansatz Luthers gesagt werden: »Ihr Fürsten habt überhaupt kein Recht, auf sie einzuschlagen. Die Bauern sind eure Opfer. Es hat gravierende Folgen für das Leben der Bauern, wenn ihr so weitermacht. Ihr trampelt Menschen nieder, und ihr dürft euch dann nicht wundern, wenn sie anfangen, sich zu wehren. Die Bauern wollen lediglich mit einer Kuh im Stall zur Ernährung von Frau und Kindern leben. Wenn ihr das tangiert, indem ihr sie ausbeutet, flachlegt, und in jeder Form auspressen wollt, so dürft ihr euch über Gewalt nicht wundern.« Darüberhinaus würden wir heute sagen: Die ganze Herrschaftsform des Feudalismus ist strukturelle Gewalt, ist strukturelles Unrecht und verlangt Widerstand.

Doch umso wichtiger wird dann die Frage: Kann man im Namen der Bauern Widerstand gewaltfrei artikulieren? Dann müsste man zumindest probeweise, wie Thomas Müntzer, versuchen, mit den Fürsten zu reden, in christlicher Absicht, und ihnen zeigen, dass ihre gesamte Art, reich und arm zu polarisieren, ein glattes Unrecht am darniederliegenden Volke ist. Dann aber lautet gleich die nächste Frage: Was ist zu tun, wenn das alles kein Gehör finden sollte? Feststellen lässt sich: Christlich gehandelt wird hier in dieser Herrschaftsform nicht. Einen christlichen Staat gibt es überhaupt nicht, einen Grund, als Christen ihm zu folgen, gibt es daher ebenfalls nicht. Rechtfertigt das aber den gewaltsamen Aufstand? In dieser Frage bin ich mit Luther gegen Müntzer immer noch der Meinung: Gewalt widerlegt sich selber, sie schafft mehr Probleme als sie löst, sie ist immer unrecht, doch dieser Standpunkt müsste gelten bei den Aufständischen genauso wie bei der Staatsmacht; und an dieser Stelle muss man Luther widersprechen.

Die Spannungen, die mit einer solchen Prämisse formuliert werden, sind enorm. Wir müssen nur sehen, dass in der zweiten Hälfte des 20. Jahrhunderts keine Unabhängigkeitsbewegung gegen die Kolonialmächte, gegen Staaten des christlichen Abendlandes, ohne eine Phase blutiger Gewalt ausgekommen ist. Heute nennen wir das Terrorismus, damals nannte man es Freiheitsbewegung, Guerillabewegung, Aufstandsbewegung. In den 60er-Jahren sympathisierten weite Teile der Bevölkerung mit diesen Bewegungen. Man glaubte zu wissen dass sie recht hatten, man las Jean-Paul Sartres Vorwort zu dem Buch von Frantz Fanon »Die Verdammten dieser Erde«. Sartre schrieb damals, es kehre die unmenschliche Gewalt nach Europa mit dem Stolz der Unterdrückten zurück, unserer nicht mehr zu bedürfen. Aber kann Selbstbewusstsein nur durch Gewalt entstehen, indem wir das niedertreten, was uns niedergetreten hat? Das wäre jetzt die neue Frage: Ist eine Überwindung der Schändung menschlicher Rechte nicht doch und gerade entsprechend der Bergpredigt möglich, und zwar indem man das Unrecht überliebt, indem man in dem Schändenden doch wieder den Menschen sieht, der sich vielleicht nur auf furchtbare Weise vertut? Braucht nicht auch der militante und militarisierte Gegner eine Botschaft, die ihn erlöst von Macht und Arroganz und Reichtum? Eine solche Synthese zwischen Martin Luther und Thomas Müntzer wäre dringend nötig, doch sie wird nicht entfernt gesucht. Müntzer steht auf Seiten der Bauern, Luther auf Seiten der Fürsten, und beide zerreißen die Reformbewegung. Eigentlich ist das bis heute so geblieben.

Luther spricht jedermann das Recht zu, mit Dreschflegel und Sense oder was sonst zur Hand ist, den Antichristen, den Papst zu bekämpfen.

Das ist für Luther bei den Türken ganz genauso. Es ist für Luther bei den Juden ganz genauso. Das ist Luther in einer Form, in der es ihn auch gibt, aber in der man ihn vor sich selber schützen muss. Und das hat eben diesen Hintergrund: Man muss das, was er eigentlich sagen will, seine Gnadenlehre, so ernst nehmen, dass sie sich in die Wirklichkeit vorarbeitet und das politische Leben ändert. Das hat Luther selber im Raum der militärischen Gewalt, in der Behauptung der Fürstenmacht, in Fragen der juridischen Gewalt nicht einmal versucht. Das muss man zugeben. Und ärger noch, er hat ganz eindeutig und recht einseitig Partei ergriffen für die »gottgesetzte« Obrigkeit. Herrscht *die* von Gottes Gnaden, bleibt von dem, was mit Gnade mal gemeint war, nicht viel übrig. Da fordert Luther selbst den Einsatz von Gewalt. Dass er gegenüber den Türken nicht zum Kreuzzug aufgerufen hat, liegt, wie gesagt, daran, dass er die Strafe Gottes in dem Vordringen der Türken sah. Sonst hätte er vermutlich nicht den Augenblick gezögert, die Türken zu verteufeln, wie er es auch sonst getan hat.

4. Wider den Wucherzins

Es gibt immerhin einen anderen wichtigen Versuch, den wir aktualisieren sollten, in dem Luther sich sehr früh schon mit einer Frage beschäftigte, die höchst wichtig und in der gegenwärtigen Politik höchstaktuell ist – das ist die Wucherfrage, die

Zinsnahme auf Kapitaleigentum. Das beginnt schon 1519 mit einer kleinen Schrift, setzt sich 1524 fort mit einer Schrift über »Kaufhandlung und Wucher«, und endet mit dem mehr als streitbaren und umstrittenen Buch von 1543 »Über die Juden und ihre Lügen«. Luther sieht, dass der Transmissionsriemen sozialen Unrechts simpel darin besteht, dass Menschen, die Geld haben, unvermeidbar immer mehr Geld bekommen, indem sie es nur an Habenichtse, die es dringend brauchen, verleihen müssen, um diese über den Zinsfuß auszupressen. Das ist Usus. So macht man es in Antwerpen in der Bank, so macht man es in Amsterdam, so machen es die Fugger in Augsburg, so machen es die Welser, so wäscht eine Hand die andere. Die Fürsten machen mit, – man kann den Kaisertitel kaufen, wenn man nur Geld genug hat. Man muss dafür Kredite aufnehmen, wenn man es werden will, und dann muss man die Untertanen auspressen, um die Kredite zu bezahlen. Man kann auch Papst werden in Rom, wenn man genügend Geld hat. Oder Bischof von Mainz wie der Hohenzollernprinz Albrecht, der schon Erzbischof von Magdeburg war. All das, inklusive des Baus des Peterdoms, steht ja hinter der skandalösen Ablasspraxis, die Päpste wie Julius II. (1507) und Leo X. (1515) ausdrücklich genehmigen und in Umlauf bringen. »Nun fahre Gott da rein!«, denkt Luther, und er fährt selber da drein, indem er das Recht der Zinsnahme generell mit biblischen Argumenten in Frage stellt.

Das ist nun endlich wieder der Luther, wie man ihn sich wünschen könnte. Hier entwickelt er den Ansatz der Gnadenlehre rein fiskalpolitisch praktisch, rein bankentechnisch weiter zur Veränderung der Welt. Bravo Luther, müsste man denken. Dabei hat er für seine Auffassung zweierlei Zeugen. Zum einen: Aristoteles schon fand es in seiner »Politik« nicht richtig, dass man Zinsen nimmt. Aristoteles hat Geld als Tauschmittel definiert, so dass die Volkswirtschaftlehre auf den Kathedern bis heute noch in seinen Spuren geht, obwohl er mit seiner Theorie erkennbar unrecht hat. Ich diskutiere an dieser Stelle freilich nicht diese Geldtheorie selber, sondern nur, warum Aristoteles den Zins ablehnt. Für Aristoteles ist der Zins unnatürlich. Eine Ziege, wenn sie geschwängert wird, sagt er, kann Junge bringen, weil sie lebendig ist. Geld besteht aus Edelmetall und ist unlebendig. Geld kann sich nicht selber zeugen und sich selber vermehren, das kann nur etwas Lebendiges. Also ist die Zinsnahme unnatürlich, sie ist ein Widerspruch in sich. So Aristoteles.

Diese Ansicht gefällt Martin Luther natürlich gut, aber noch viel besser gefällt ihm die Predigt Jesu, und die bildet zum anderen den Hauptteil seiner Argumentation: Wenn du Geld hast, mehr als du brauchst, und du verleihst es an einen Habenichts, der es dringend benötigt, was nur in aller Welt bist du für ein Mensch, dass du Geld verleihst, nur um die Armut des anderen zu deinem Mehrverdienst auszupressen? Moses verbietet den Zins (Lev 25,36; Dtn 23,20–21) aus einem simplen Grund, den wir hoch rühmen: Ein Schuldenschnitt nach sieben Jahren (Dtn 15,1–6) beziehungsweise in dem 50. Jahr (Lev 25,10; 27,24), – alleine das schon wäre in unserer Zeit bei der Frage, was macht zum Beispiel Griechenland, ein goldener Weg.

Wir müssen im übrigen sagen, dass diese Vorschriften als ein Spezifikum des mosaischen Gesetzes hoch gelobt werden. Doch historisch trifft das nicht zu. Über zweitausend Jahre alte sumerische und babylonische Gesetze haben diese Regelungen bereits durchgesetzt, lange vor der Bibel. In Mesopotamien haben die Priester am Tempel schon erkannt, dass ein dauernd wuchernder Zins untragbar ist für die Betroffenen und der Gesellschaft gefährlich wird. Im Gesetz des Hammurabi 1800 vor Christus bereits wird ein Schuldenschnitt verordnet – für Insolvenzverfahren, würden wir modern sagen. Diese Anordnungen hat »Moses« sich lediglich zu eigen gemacht. Allerdings begründet in den Augen mancher Historiker gerade dieses Reglement die Tatsache, dass mächtige Staaten wie die Assyrer oder die Babylonier zugrunde gingen, dass das Volk Israel aber immer noch existiert. Es konnte sozial zusammenbleiben, weil der Sprengsatz der Kapitalvermehrung bei den Besitzenden über den Zinsfuß und die Ausbeutung der Armen über die Akkumulation von Kapital gestoppt wurde.

Kommen wir zur Gegenwart, Herr Drewermann. Die Kirchen, in Deutschland zumindest, verfügen sogar über eigene Banken, also Kirchen und Geld – nichts von Luther gelernt?

Nein, diesbezüglich überhaupt nichts von Luther gelernt, im Gegenteil, vieles ist bis zur Korruption geraten. Wir müssen uns nur die Geschichte des Banco Ambrosiano ansehen, die Geschichte von Calvi, ihrem Chef, den man ermordet unter einer Londoner Brücke gefunden hat, – seine Sekretärin sprang zeitgleich aus einem Fenster in Mailand. Calvi wurde ermordet, muss man denken, weil er im Koffer Nachrichten hatte, die, wenn er wirtschaftlich »hops« gehen würde, den ganzen Vatikan »hopsgehen« hätten lassen können – wegen Geldwäscherei, Drogenhandel, Korruption und Investitionen sogar in die Militärausgaben von südamerikanischen Diktaturen. Man lebt bis dato mitten im Vatikan auf großem Fuß. Man ist verflochten mit der Mafia, – all das ist sattsam bekannt, aber man führt eine Vatikanbank, eng verbunden mit dem Kirchenstaat. Nein, in diesem Punkte hat man von Luther nicht gelernt. Im Gegenteil, Banken haben heute ihre eigenen ökonomischen Usancen. Die Banken verwalten Geld und brauchen eine Mindestreserve von zwei Prozent, aber dann dürfen sie Kredite im Umfang des 50-fachen ausschreiben. Das heißt: Sie können das, was die Einleger, die Girokonteninhaber, die simplen Sparkunden oder Gehaltsempfänger, der Bank leihen, verfünfzigfacht als Kredite weitergeben, um gewaltige Geschäfte damit zu machen. Und die können sich spekulativ, wie wir wissen, zu jeder Blase vergrößern. Das alles müssen wir hier nicht schildern.

Die wesentliche Frage aber ist: Kann die Zinsnahme überhaupt erlaubt sein?

Der Standpunkt Jesu in dieser Frage ist, typisch für den Mann aus Nazareth, nicht sozialphilosophisch oder politisch motiviert, sondern rein menschlich konzentriert. Jesus will nicht eine Gesellschaft retten, die auseinander driftet, wenn sie sich zwischen Arm und Reich polarisiert, bis dass am Ende zehn Prozent der Oberschicht sechzig Prozent des Gesamtvermögens in der BRD inne haben. Jesus möchte simpel fragen, was wir für Menschen sind, wenn wir glauben, in Ruhe schlafen zu können, indem das Geld für uns zu arbeiten beginnt, weil ein anderer sich kaputt schuftet, auf dass wir fürs Nichtstun leistungslose Einkommen generieren, und das alles über den Zinsfuß. »Wenn du jemandem Essen gibst oder ihn einlädst; dann am besten den, der es dir sicher nicht vergelten kann,« sagt er, – ein solcher braucht ja deine Hilfe am meisten (Lk 14,12–13); und genauso, muss man denken, beim Ausleihen von Geld: denke nicht an Zinsgewinne, denke, wie dein Überfluss dem anderen helfen kann. »Ihr könnt nicht Gott dienen und dem Mammon« (Mt 6,24), heißt es in der Bergpredigt.

In diesem Sinn polemisiert auch Luther, so deutlich er irgend kann. Er zitiert die Bibel. Er benennt den Mammondienst. Er beschimpft den Wucher, den habgierigen Ansatz der ganzen Geldpraxis, und das tut er immer wieder, es zieht sich wirklich durch sein gesamtes theologisches Denken. Aber: Er kommt damit nicht einen Zentimeter voran. Eigentlich missversteht er inzwischen auch schon die Art, wie der Geldhandel bei den Fuggern, an der Amsterdamer Börse und den anderen Umschlagplätzen des Finanzkapitals funktioniert. Er übersieht vor allem, dass nach der Entdeckung Amerikas 1493 die unglaublichen Bestände an Gold und Silber gar nicht wesentlich in Europa ankommen, außer bei der Oberschicht, sondern in ganz großem Stil nach China verfrachtet werden. Der Ost-West-Handel wird damit begründet, und riesige Umschläge finden durch die erbarmungslose Ausbeutung indianischer Goldgruben und Silberminen statt. Für Luther ist der beginnende Kolonialismus, so weit ich gelesen habe, kein wirkliches Thema, aber gerade an dieser Stelle wäre natürlich seine Wucherkritik aufzugreifen und fortzusetzen. Was hindert die Entwicklung so genannter christlicher Staaten am Kolonialismus? Wie stoppt man die Geldgier in all den neu entdeckten Ländern? – Man entwickelte damals eine famose Ideologie zur Rechtfertigung der Sklaverei und der Ausbeutung ganzer Völker: weil die neu Entdeckten keine Christen sind, muss man sie als allererstes versklaven, damit sie Christen werden und der jeweiligen Staatsmacht, ob Spanier, Portugiesen, Italiener, Engländer, Franzosen, Gefolgschaft leisten. Sie sind als Nicht-Getaufte scheinbar gar keine Menschen. Der Rechtsgelehrte Sepúlveda wird am Throne Karls V. genau darüber diskutieren, und der Mönch Las Casas wird dagegen argumentieren und erklären: »Wir haben es als erstes mit Menschen zu tun, mit Geschöpfen Gottes, die wesentlich genau so sind wie wir. Sie haben auch eine Seele.« Aber dann ist der Spruch der Konquistadoren, der Kolonisatoren in Mexiko, vollkommen falsch: acabar con el alma del indio – die Ausrottung der Seele der Indianer sei die Vorbedingung ihrer Christianisierung; deshalb müsse man ihre Götzen verbrennen, ihre Bücher dem Feuer übergeben, ihre Tempel niederreißen.

Luther hat das alles wohl irgendwie mitbekommen, aber es war für ihn offenbar zu weit weg. Er hatte nur die schmale Perspektive: Was macht der Zinswucher? Aber an sich war das der richtige Ansatz zur Reform des ganzen Geldwesens, und es hätte auch einen hervorragenden Anlass bieten können, um von der Gnadenlehre her zu erläutern, was »Bekehrung« zu Christus für einen »Heiden« bedeutet: wie befreit man ihn innerlich von der Angst, die ihn an Fetische, Magie und Totems bindet, wie lässt sich seine eigene Persönlichkeit zur Freiheit hin entfalten, – es wäre das genaue Gegenteil der Zwangs»christianisierung« durch die Kolonialherren, die sich grausamer gebärden denn alle Götter.

Im Rückblick können wir das, was Luther sagen wollte, endlos weiterentwickeln. Doch konkret müssen wir jetzt darauf kommen, dass ein Geldsystem im Sinne Luthers eines ist, das den Zins nicht benötigt. Die Ökonomen werden demgegenüber sofort sagen, das Kapital sei ein scheues Reh, das man auf die Lichtung des Umtausches im freien Markt nur locken könnte, wenn es Sinn macht, dass man Geld verleiht. Beim Geldverleihen geht man des Konsums verlustig, den man gehabt hätte, wenn man das Geld für eigene Bedürfnisse ausgegeben hätte. Man geht auch des Gewinns verlustig, den man gehabt hätte, wenn man das Geld investiert hätte für lukrative Anlagen; und diese beiden Formen von Verlust beim Geldverleihen müssen prämiert werden. Es muss der Liquiditätsverlust über den Zinsfuß prämiert werden. So die Standardlehre im gesamten 20. Jahrhundert in der Volkswirtschaft.

Aber kommen wir doch wieder einmal zurück zu Luther. Mich bewegt nach Ihren Ausführungen die Frage: War Martin Luther ein Utopist? Denn nach seiner Meinung hat der Christ als einzige Waffe gegen eine gottlose Obrigkeit, gegen eine gottlose Gesellschaft nur das Wort. Ist das nicht utopisch?

Utopie ist ein gutes Wort. Im Jahre 1516, ein Jahr vor Luthers Thesenanschlag, erscheint in England die berühmte »Utopia« des Thomas Morus, ein großartiger Versuch, im Erbe von Platons »Staat« ein Gemeinwesen nach vernünftigen Prinzipien der Gerechtigkeit und der Sicherung aller einzurichten; es ist eine Fundgrube von bis heute gültigen Anregungen zu Weisheit und Güte im Politischen, – man denke nur an die Ausführungen von Morus zur aktiven Sterbehilfe; wären sie im Bundestag bei der Debatte über diese Frage kürzlich verlesen worden, hätte man wahrscheinlich die Gesetzeslage nicht im Grunde noch weiter verschärft. Und auch zum Thema Geld und Wucher steht dort vieles, was Luther aus der Seele gesprochen hätte. Allerdings argumentiert Morus nicht biblisch-theologisch, er entwirft eine Ordnung, die für alle, gleich welchen Glaubens, gelten soll.

Doch gerade an dieser Stelle wäre die Gnaden- und Erlösungslehre Luthers zu aktualisieren, die ja nicht an eine bestimmte Kirche gebunden ist, sondern einen jeden Menschen jenseits aller Religionsgrenzen betrifft. In Luthers Absicht hätte liegen müssen, zu tun, was Jesus versucht hat: sich die Frage zu stellen, wie man die Reichen von ihrem Reichtum erlöst. Das wäre eine psychologische Frage im Sinn all dessen, was wir über die Durcharbeitung von Gnade im menschlichen Leben gesagt haben. Warum hängen Menschen am Geldbesitz? Man kann Geld einsetzen, um sich persönlich Ruhm, Ansehen, Autorität, Berechtigung zu sichern. Man fühlt sich als ein Nichts, aber wenn man viel besitzt, gilt man in den Augen der Welt sehr viel. Und dieser Umstand kann nach Geld süchtig machen. Solche Überlegungen hätte Luther ohne weiteres verstanden, – die Kompensation von Minderwertigkeitsgefühlen durch eine gefüllte Geldbörse! Er hätte gesehen, wie gefährlich ein solches Lebenskonzept ist, und er hätte diese Gefahr christlich artikulieren können. Ein solcher Ansatz hätte ihn vor allem aus den moralischen Invektiven herausgehoben, die er dann gegen das Wucherwesen der Reichen führte. Was er im letzten vorbringt, sind rein moralisierende Argumente, mit all ihren Vor- und Nachteilen: Sie haben keinen psychologischen, keinen menschlichen Anknüpfungspunkt. Warum sind die Reichen so? Wie begegnet man den Kapitalisten? Wie begegnet man den Börsianern, den Geldhändlern in Florenz, in Antwerpen, in Amsterdam, in Augsburg? Wie geht man mit den Reichen um? Wie redet man zu den Fürsten, so dass sie sich verstanden fühlen und zumindest kein persönliches Motiv mehr haben, in Geld- und Machtgier fortzufahren?

Sehen Sie da eine Leerstelle bei Martin Luther?

Gewiss. Müntzer hat das gesellschaftliche Problem von Ausbeutung und Entrechtung der Bauern ohne Zweifel weit klarer und richtiger gesehen als Luther, und zwar auf dem Hintergrund der christlichen Lehre. Er ist mit seinen Mahnreden gescheitert und dann zurückgekehrt zu der Wut und der Empörung, die er von Anfang an schon in sich trug. Luther hat sich von der Unterstützung der Fürsten nie wirklich getrennt, selbst wenn er am Ende des Bauernkrieges 1525, erschrocken über das Ausmaß der Menschenschlächterei, der Willkür der Landesherren mit moralischen Vermahnungen Einhalt zu tun versucht hat.

Müntzer hat quasi sein Leben geopfert für seine Idee der Gerechtigkeit, der sozialen Gerechtigkeit. Er hat in der damaligen DDR immer noch als eine Art Vorbild gedient. Er war auf dem Fünfmarkschein der DDR abgebildet und hatte für den Marxismus eine bedeutende Funktion. Hat er da weiter gedacht als Luther?

Für die Idee der Marxisten war ohne Zweifel Müntzer ein sozialer Revolutionär in christlicher Absicht. Und man hat ihm in seiner Wirkungsstätte Mühlhausen ein glänzendes Museum errichtet, in dem man natürlich den Bauernaufstand als erste Bewegung der Revolution der arbeitenden Bevölkerung gegen den Feudalismus gesehen hat. Dafür stand mit guten biblischen Gründen Müntzer, und nicht Luther. Über diese Frage kann man lange diskutieren, aber das Ergebnis steht fest. Ganz ähnlich haben natürlich auch die Kommunisten in Prag Jan Hus interpretiert. Auch der war schon 100 Jahre zuvor ein christlicher Vorläufer der sozialen Gerechtigkeit. Aber etwas hat Luther ganz richtig gesehen: wenn Jesus von Gerechtigkeit spricht, ist das so nicht gemeint, wie im antiken Rom und dann in der Rechtsgeschichte des ganzen Abendlandes. Im neuen Testament ist griechisch *dikaiosýne* oder hebräisch *zedaqah* ein rechtes Leben nach der Gottesordnung. Das hat mit der römischen Auffassung von Gerechtigkeit, von *justitia* nach der Grundregel: jedem das Seine, an sich nichts zu tun.

5. Gerechtigkeit im Sinne Jesu

Die Gerechtigkeit erfährt man woanders.

Der Satz Jesu in der Einleitung der Bergpredigt ist sehr nachdenkenswert. »Wenn eure Gerechtigkeit«, sagt er da, »nicht größer ist als die der Schriftgelehrten und der Pharisäer, kommt ihr nicht ins Himmelreich.« (Mt 5, 20). Wenn man diesen Ausspruch paraphrasiert, müsste man sagen: Wenn das, was ihr für Gerechtigkeit haltet, sich nicht diametral unterscheidet von dem, was euch die Gesetzeslehrer beibringen, begreift ihr Gott in keinem Punkte. Denn alle Gesetze fragen nur: Wie bekomme ich Gerechtigkeit? – Ich bin zum Beispiel angegriffen worden, was muss ich dann tun, um mich zu verteidigen und geschützt zu werden? So zu tun ist ja mein Recht. Gerechtigkeit in diesem Sinne ist die Summation der Rechtsansprüche aller Einzelner, und es ist im Ergebnis nichts weiter als der legalisierte Egoismus. Dann hat Immanuel Kant mal wieder recht: Gesetze sind nichts weiter als die Begrenzung der Eigensucht des einen an der Eigensucht des anderen; das ist dann, was man Recht nennt. Was dabei entsteht, ist, augustinisch geredet, ein Reich von dieser Welt, das mit Christus gar nichts zu tun hat. Diametral anders wäre es, sich zu fragen: Wie werde ich der Not des anderen gerecht? Was braucht der andere, um leben zu können? Das verschiebt die Frage vollkommen. Und so denkt Jesus, etwa erkennbar in dem Gleichnis vom barmherzigen Samariter (Lk 10,25–37). »Wer ist mein Nächster?« wird er dort gefragt und gibt zur Antwort: Derjenige, der in die Not des anderen hineingeht und das Leiden des anderen als Anspruch an sich heran lässt; ein solcher macht den Notleidenden sich nahe, er macht ihn zu seinem Nächsten. Die Frage dreht sich damit völlig um: Nicht wie wird mir Gerechtigkeit, sondern wie werde ich dem anderen in seiner Not gerecht? Das ist diametral verschieden von der »Gerechtigkeit« der Juristen (der Schriftgelehrten), und es ist nah bei Gott.

Und wenn wir uns jetzt die staatliche Gesetzgebung ansehen, von wo müsste sie ausgehen? Wir brauchen nicht erst Thomas Hobbes zu lesen, um zu wissen, dass der Staat nichts anderes ist als die Konzentration der Gewalt, die jeder gegen den anderen ausübt, lediglich in Monopolstellung, und dass seine Gesetze wesentlich erlassen werden, um die Rechte der Reichen zu schützen. So eine Behörde ist ein Staat, wie wir ihn allemal und allerorten kennen. Aber nun müssten wir von Martin Luthers Rechtfertigungslehre hören, wie man so lebt, dass man die Not der anderen zur Forderung nach dieser neuen jesuanischen Gerechtigkeit erhebt. Zu diesem Zwecke müssten wir von unten her denken, und dann hätten wir die Lösung: Wie wird man den meuternden Bauern, die nicht leben können, gerecht? Mit dieser Fragestellung fänden wir Müntzer und Luther im Einklang, so kämen sie zusammen, und wir brauchten keinen Aufstand und auch keinen Anti-Aufstandskrieg; wir könnten den Fürsten erklären, dass sie, was bisher Gerechtigkeit hieß, dringend ändern müssten, damit es irgendeine Annäherung an das erhält, was sie vorgeben zu glauben: an die Botschaft Jesu.

Martin Luther vertritt doch die Lehre, dass man das Diesseits stets auf das Jenseits beziehen muss. Ist das dann nicht letztlich Vertröstung?

Was Luther mit der Zwei-Reiche-Lehre am Ende erreicht, ist gewiss nicht ohne Gefahr. Es macht in der Spannung zwischen Glauben und politischer Wirklichkeit den Bezug zu Gott zu einem privaten Raum, in dem man sich den Glauben noch erhält, aber nicht in jener anderen Wirklichkeit, die Gott ist, wirksam macht. Mit einer fatalen Konsequenz: aus den kühnsten Hoffnungen Jesu, aus der Botschaft vom Reich Gottes, wird eine Vertröstung auf eine (andere) Welt, die aber nur kommt, wenn der Zusammenbruch des Bestehenden total wird. Am Ende der Apokalypse wird das Heil kommen. Dazwischen, zwischen der Zeit jetzt und dem Ende, sieht Luther keinen Weg, dem Gang der Dinge noch Einhalt zu gebieten oder kreativ etwas daran zu ändern.

6. Von Geld und Freigeld

Umso wichtiger ist, dass wir das ursprüngliche Anliegen Luthers begreifen und vertiefen. Was Luther mit seiner Philippika gegen den Zinswucher wollte, können wir heute ins Ökonomische übersetzen: Es ist nicht nötig, dass wir das Kapital mit Zinsprämien auf den Markt locken. Wir könnten das Geld flott machen durch das, was merkwürdigerweise Herr Draghi bei der EZB gerade versucht: Er fängt an, durch seine Null-Zins-Politik diejenigen zu bestrafen, die Geld zurückhalten. Sie bekommen nicht nur keine Zinsen bei der Bank, sie erhalten sogar Minuszinsen aufgebrummt, und dann lohnt sich die Geldzurückhaltung, das Horten von Geld, überhaupt nicht mehr. Das läuft fast schon hinaus auf die Gedanken des Freigeldtheoretikers Silvio Gesell, den Zins prinzipiell abzuschaf-

fen und durch einen natürlichen Geldverfall zu ersetzen. So-
lange der Geldbesitzer, weil Geld wertbeständig ist, einen
Jokervorteil gegenüber dem Warenverkäufer besitzt, dessen
Ware natürlicherweise verdirbt, wir die Neigung bestehen,
Geld zu horten und als Machtmittel zu gebrauchen. Statt mit
Zinsprämien das Geld auf den Markt zu locken, ließe es sich
durch Geldverfall wie von selbst dahin treiben, seiner Funktion als universales Tauschmittel nachzukommen. Eine solche
Veränderung würde die gesamte Volkswirtschaft in der mone-
tären Sphäre des Finanzkapitals nachhaltig aus ihren ausbeu-
terischen Zwängen und Ungerechtigkeiten befreien.

*Genau. Zu Luther möchte ich zurück. Der protestantische Theologe
Johannes Heckel nennt die Zwei-Reiche-Lehre Luthers einen Irrgarten. Ist es für Sie auch ein Irrgarten?*

7. Der Dualismus von Gesinnung und
   Verantwortung

Es ist eine Schizophrenie, die bis ans Psychiatrische geht,
wenn man sie ernst nimmt. Doch das ist tatsächlich unsere
Realität. Man muss die private Persönlichkeit abspalten, wenn
man in die Firma geht, wenn man in den Staatsdienst geht,
wenn man in die Öffentlichkeit geht. Es reißt den Menschen
auseinander zwischen innen und außen. – Die furchtbarste und
gefährlichste Formulierung dieser Zerrissenheit hat Max Weber gefunden, indem er die Polarisierung von Person und Amt
in seinem Aufsatz »Vom Zeug, Politiker zu werden« so ausgesprochen hat, dass zum Beispiel Helmut Schmidt sich daran
stets orientieren mochte. »Es ist politisch ein Kind«, schreibt
Max Weber, »wer glaubt, dass aus guten Taten immer nur gute
Folgen entstehen und aus bösen Folgen immer nur böse Folgen.« Damit spaltete er die Ethik der Gesinnung, die, ihrem

Gewissen treu, das Gute zu tun versucht, von der Ethik der Verantwortung für die Folgen des Tuns ab. Eine Gesinnungsethik mag der Privatmann sich leisten. Er kann sich die Bergpredigt zum Vorbild nehmen. Es ist sogar christlich gedacht, so zu tun. Aber daneben gibt es den Politiker, der der Verantwortung unterliegt, und der muss prüfen, was aus den sogenannten guten Werken wird. Wenn sich abzeichnet, dass aus seinem Verhalten böse Folgen für ein ganzes Volk entstehen, steht er möglicherweise in der Verantwortungspflicht, selber Böses zu tun, um das Schlimmere zu verhindern. Dann muss er zum Beispiel aufrüsten, um Krieg zu führen, dann muss er manchmal fünf gerade sein lassen, dann muss er die Wahrheit so biegen, dass sie dem Volke verständlich wird bei etwas, das es gar nicht verstehen würde, wenn es nur begriffe, was mit ihm gemacht wird, dann muss er als Politiker, wie der liebe Gott, auf krummen Wegen gerade schreiben, – aus Verantwortung. Mit anderen Worten: Man kann sich die Reinheit des Gewissens überhaupt nicht leisten. Das lernen wir gerade in unseren Tagen. Wir haben eine Verantwortung, und das bedeutet, wir müssen internationale Militäreinsätze starten. Das tun wir gerade, indem wir die Bundeswehr in Libyen einsetzen, indem wir die Nato zum Auffangen von Schlauchbooten der Flüchtlinge im Mittelmeer einsetzen, indem wir gegen den IS zu bomben helfen und Waffen an Saudi Arabien liefern.

Ich möchte wieder auf Luther zurückkommen und fragen: Nach Luther besteht für den Christen weder ein Widerstandsrecht noch eine Widerstandspflicht. Prägt das das protestantische Gedächtnis bis heute?

Ganz sicher! Sie müssen nur die Kaiser-Wilhelm-Gedächtniskirche in Berlin besuchen und dort am Ku-Damm die Tafeln lesen, die sich der Zerstörung durch die Bombenangriffe entzogen haben. Da sehen Sie Kaiser Wilhelm und Kanzler

Bismarck 1871 bei dem mutwillig vom Zaun gebrochenen Krieg zur Einheit Deutschlands, der viele Franzosen das Leben kostete. Kaiser Wilhelm wollte sich zum Triumph in Versailles zum Kaiser krönen lassen. Da also finden Sie den werdenden deutschen Kaiser in der Position des leidenden Christus am Ölberg. Wenn eine solche Darstellung möglich ist im protestantischen Deutschland, im Kaiserreich, um dem gläubigen Volk darzutun, dass der Kaiser mit seinem Sieg über Frankreich ein notleidender Christus am Ölberg ist, dann ist eine derartige Ideologisierung des Christlichen kaum noch zu widerlegen. Dann befinden wir uns geistig in einer Gummizelle, in der wir uns im Kreise drehen. Da kann man nicht einmal mehr vor die Wand laufen, um zu merken, in welch einer Irrsinnskabine man sich bewegt. Ein solcher Zustand kann nur Widerspruch herausfordern. Dabei man mag sich durchaus auf Luther beziehen. Nur wieder: Man muss dann Luther beim Wort nehmen und ihn so interpretieren, dass es in der Gegenwart ankommt. Dann freilich gelangen wir zu eben den Ansätzen, die wir gerade zu entwickeln versuchten: Wenn wir dem Kapitalismus mit seiner Zinsnahme bei Kreditvergabe das Handwerk legten, hätten wir eine gänzlich andere Ökonomie. Wir hätten eine vollkommen andere Staatsphilosophie. Wir hätten nicht mehr eine Politik als Sklavin des Geldkapitals. Wir hätten nicht mehr den Monopolkapitalismus als Staatsraison. Wir hätten nicht mehr den Wachstumsdruck im globalen Konkurrenzkampf. Wir hätten Hunderte von Möglichkeiten, die wir mit dem Ansatz Luthers belegen könnten. Doch eben: wir dürfen nicht bei dem stehen bleiben, was da geschrieben steht, vielmehr müssen wir das, was er gemeint hat, weiterentwickeln.

Von dem historischen Luther weg zu einer Gegenwartsinterpretation?

In der er sich so ausspricht, wie er heute reden könnte. Es ist doch ein historischer Fehlansatz, zu meinen, man versteht eine Persönlichkeit, indem man nachredet, was sie einmal gesagt hat. Keinen Menschen versteht man, wenn man nur hört, was er sagt. Wir müssen zu begreifen versuchen, was er sagen möchte, was sich mit ihm verbindet, was er sagen will, und dem müssen wir Inhalt, Sprache und Ausdruck verleihen. Und das ist im Abstand von 500 Jahren bei Luther eigentlich relativ leicht möglich. Luther ist so modern, dass er uns immer noch berührt, selbst wenn wir uns wortgetreu und fälschlich zugleich auf ihn berufen. Was er wirklich mit der Gnadenlehre gemeint hat, müssten wir so ernst nehmen, dass es den Protestantismus im politischen Raum vor allem in seinem Kampf gegen Krieg zugunsten des Pazifismus bestärkt.

Das war im Jahr 1991 einmal beispielgebend. Da konnten am 6. Januar, unmittelbar vor dem längst beschlossenen Krieg der USA gegen den Irak, die katholischen Bischöfe in deutschen Landen in einem Hirtenbrief verkünden: »Lasst uns beten um den Frieden.« Und jeder wusste, dass eine Woche später Bush der Ältere gemeinsam mit über fünfzig Ländern den Krieg gegen den Irak beginnen würde, Hunderttausende von Toten dabei in Kauf nehmend. Das sollte so sein, jeder wusste das. Aber da gab es auch die lippische Landeskirche, die sagte: »Gott will keinen Krieg.« Und ich konnte nur sagen: »Dieses Gebet um den Frieden erhört Gott nicht. Wir sollten auf den Straßen gegen den Krieg protestieren. Kein Krieg in unserem Namen, kein Blut für Ölgeschäfte.«

Die Protestanten hatten einmal diese Kraft des Widerstandes gegen den Kapitalismus, gegen den Militarismus, gegen die Ungerechtigkeit der Dritten Welt. Der Protestantismus war einmal politisch sensibel und stark. Aber es war und blieb auch moralin-sauer. Der Protestantismus hat gerade in der besten Zeit seiner Protestaktionen die Psychologie ausgeblendet. Das war seinerzeit allerdings ein Kennzeichen der ganzen linken Bewegung. Wer damals von Psychologie redete, der privatisierte vermeitlich, der individualisierte, der entpolitisierte, der entnahm sich der realen Schwierigkeiten. Man war marxistisch in dem Sinne, dass das Individuum keine Rolle spielte, wenn man nur der richtigen Partei angehörte, sich der richtigen Bewegung revolutionär einfügte. Aber dann entstand sofort das Gegenproblem: Wie hält man es mit der Gewalt? Kann man revolutionäre Gewalt verurteilen? Das hat der Marxismus nie getan. Das hat Thomas Müntzer nie getan. Das hat auf der Gegenseite auch Martin Luther nicht getan. Luther hat die Gewalt nur den Bauern verboten, den Fürsten als Hütern gottgesetzter Ordnung nicht. Doch seit wann ist der Kapitalismus, der Feudalismus, der Kolonialismus eine gottgesetzte Ordnung? Jesuanisch verbietet sich jegliche Gewalt, die der »Bauern« genauso wie auch die der »Fürsten«. Erst dann hat man Jesus als Kronzeugen pazifistischer Staatsphilosophie vor Augen. Und das müsste man weitergeben. Man müsste im gleichen Atemzug auch lehren, wie man den vermeintlichen Feinden so zuhört, dass sie sich verstanden fühlen. Egon Bahr konnte das einmal sagen: »Diplomatie ist die Fähigkeit, dem anderen die Wahrheit, die er ganz bestimmt nicht hören will, so zu sagen, dass er sie versteht.«

Gerade im Sinne Martin Luthers sollte man von den uns Regierenden erwarten, dass sie miteinander reden und den Krieg hinter sich lassen, der nichts weiter ist als die Ersatzsprache ausgefallener Gespräche.

Herr Drewermann, ich will wieder auf Luther und seine Zeit zu sprechen kommen. Was wissen wir über andere Religionen? Was wissen wir über das andere Denken? Nun auf Martin Luther bezogen: Was konnte er zu seiner Zeit über das Judentum wissen?

8. Antijudaismus? Von Gesetz und Evangelium

Beginnen wir mit dem vermeintlichen Antisemitismus, richtiger: dem Antijudaismus Luthers. Gewiss, er hätte auch zu seiner Zeit sich anders äußern können, als er es getan hat. Es gibt beispielsweise bei Johannes Reuchlin zwischen 1511 und 1514 die Auseinandersetzung mit den »Dunkelmännern«, das sind Mönche, Dominikaner, in Köln. Reuchlins »Dunkelmännerbriefe« sind zugunsten der Juden geschrieben. Solche Ansätze spielen im humanistischen Erbe bei Luther leider keine Rolle. Das ist deutlich zu sehen. Das Problem, das dahinter steht, ergibt sich allerdings daraus, dass Luther die paulinische Dichotomie von Gesetz und Evangelium auf eine Weise wieder artikuliert, die den Juden seiner Tage unverständlich bleibt. Man muss wohl auch sagen: Luther hält sich selber beim Sprechen vom Evangelium nicht durch. Er hätte eine milde Sprache finden müssen, um die Rede von der Gnade Gottes in einer Weise zu vermitteln, dass sie dem anderen das Herz öffnet. Und das hat er nicht getan. Er hätte die seelische Not in der Starre des Gesetzes formulieren können, die Eingeengtheit in der Normierung aller möglichen Kleinigkeiten, was man isst, wie man sich reinigt, wie man das Passah hält, was man am Sabbat macht – er hätte ein Stück Freiheit in Güte vermitteln können. Er hätte Jesus gegenüber vielem, was auch im Talmud an zeitbedingter Polemik gegen ihn zu finden ist – er sei »ein Hurenkind, ein Bastard« –, konstruktiv verständlich machen können. Einen solchen Versuch hat er aber nicht unternommen. Er hat geglaubt, die Juden müssten wie in den Tagen Pauli die Gnadenbotschaft jetzt, wo sie ihnen ein zweites Mal angeboten wird, ein für allemal verstehen, und das tun sie offensichtlich nicht. Das macht er ihnen zum Vorwurf, und das ist sein persönliches Scheitern. Luther interpretierte die Zurückweisung seiner Rechtfertigungslehre als Herzenshärte des ganzen judäischen Glaubens und Volkes und polemisierte dann im Namen des Juden Jesus gegen die Juden.

Allerdings gilt es, einer inzwischen verbreiteten theologischen Tendenz zu wehren, die in ehrlichem und mehr als berechtigtem Entsetzen über die Schoah als Folge auch des jahrhundertealten Antijudaismus in der Kirchengeschichte die Spannungen zwischen Gesetz und Evangelium im lutherischen Sinne abzuschwächen oder ganz zu nivellieren sucht, indem man so tut, wie wenn Jesus überhaupt nichts Anderes gesagt hätte, als auch die Vertreter der Gesetzesreligion in seinen Tagen, als die Rabbinen, gesagt haben oder hätten sagen können. Jesus hat etwas entschiedenes und entscheidend Anderes gesagt, als es im Rahmen einer Gesetzesreligion möglich ist, und er hat das getan bis hin zur Herausforderung auf Leben und Tod, bis hin zur Kreuzigung, bis hin zu dem Vorwurf, dass er ein Anti-Moses, ein Falschlehrer, ein Lügenprophet, ein Satansdiener sei, ein Schwarzmagier. Er hat das Gesetz zugunsten der Menschlichkeit gebrochen, und er hat gemeint, man verstehe Moses erst richtig, wenn man ihn menschlich interpretiere, – situativ, dialogisch, kreativ.

Psychoanalytisch steht da etwas auf dem Spiel, das Erich Fromm einmal so ausgedrückt hat: »Alle Religion steht heute vor der Wahl, ob sie weiter autoritär bleiben oder humanitär werden will.« Autoritär – das heißt, dass die Wahrheit immer schon von Gott fertig vorgegeben ist und nur noch getan werden muss; diese Wahrheit wird im Überich in der Seele jedes Einzelnen etabliert und wehrt sich gegen jede Infragestellung durch das Ich; eine solche Frömmigkeit gleicht einer Zwangsneurose, sie lässt keine persönliche Freiheit und Entwicklung zu. Humanitär – das heißt, dass richtige Entscheidungen sich aus der Mitte der Person im Zusammenleben mit anderen Menschen ergeben und gefunden werden. Diese Auseinandersetzung ist im Protestantismus im 20. Jh. insoweit angekommen, als man mit existenzphilosophischen Mitteln versucht hat, die gesamte normative und kasuistische Ethik zugunsten der sogenannten Situationsethik umzuprägen. Es sollten nicht mehr die starren Normen, sondern die jeweilige Lage des Betreffenden im Raum seines Entscheidungsvermögens betrachtet und optimiert werden. Mit anderen Worten: Es gibt keine Wahrheit vorweg, man muss sie von Fall zu Fall finden.

Diese Auffassung hat sich im Katholischen bezeichnenderweise überhaupt nicht durchgesetzt. Sie ist schon in ihren Anfängen niedergedrückt worden. Situationsethik wurde als Irrlehre gebrandmarkt. Sie war aber zumindest ein Versuch, Gesetz und Evangelium aufeinander so zu beziehen, dass eine neue Gemeinsamkeit entstehen könnte. Und das wäre auch im Gespräch mit jüdischen Rabbinen jederzeit möglich. Man müsste lediglich die unglaubliche Kasuistik, die sich da im Verlauf von Jahrhunderten aufgebaut hat, kreativ weiterentwickeln und sagen: Die Entscheidung von Rabbi Meir oder von wem auch immer wurde unter bestimmten Voraussetzungen getroffen, die selber nicht überliefert sind, doch die wir uns jetzt denken können. Und nun vergleichen wir die Situation damals einmal mit der Lage heute. Von jüdischen Rabbinen, die kasuistisch denken, ist alle mögliche Fantasie und kreative Lösungskompetenz zu erwarten.

Freilich bleibt es wahr: das »Du sollst« göttlicher, staatlicher oder elterlicher Gebote und Gesetze kann niemals die Grundlage eines menschlichen Lebens bilden; das kann nur die Liebe (die Gnade). Diese (Wieder-) Entdeckung Luthers entlang den Paulusbriefen und entlang den Evangelien ist absolut wahr, und es nutzt niemandem, an dieser Stelle den Grundkonflikt des menschlichen Daseins ins Bürgerlich-Ethisch-Allgemeine abzumildern oder aufzulösen. Es ist ganz sicher keine Lösung, das Leben mit rabbinischer Kunst immer weiter zu verrechtlichen, zu verklausulieren und noch enger zusammenzuzurren. Im Grunde braucht es ein großes Aufatmen in Freiheit, und dann sind wir bei dem Problem des Martin Luther, wie wir es eben charakterisiert haben. Wenn jemand erst leben darf durch moralisch korrektes Verhalten, kann er überhaupt nicht leben, und er wird am Ende genau die Dinge tun, die ihm verboten wurden. Es wird die Neurotisierung seiner eigenen Psyche eine Gegenfinalität schaffen, die er nicht mehr beherrschen kann. Die Moral kommt allemal am Anfang zu früh und am Ende zu spät. Sie löst nicht das Problem, sie schafft es überhaupt erst. Und dann brauchen wir eine Zusage, die den Menschen als erstes leben lässt.

Und jetzt: Ist das nicht geradezu jüdisch, zu glauben, dass Gott jeden Menschen schafft und jeden Menschen auch in seiner Schuld akzeptiert und ihm vergibt? Ist etwa das Gebet Jesu im Vaterunser mit seiner Bitte um Vergebung kein jüdisches Gebet? Da wäre der gemeinsame Punkt zur Versöhnung zwischen Christen und Juden, zwischen Gesetz und Evangelium gelegen. Ich zitiere noch einmal Jesus: »Lieber himmlischer Vater, alles musst du uns vergeben, weil wir sonst nicht leben können. Und darum versprechen wir dir hiermit, allen alles zu vergeben.« (Mt 6,12) Dostojewski konnte in dem Roman »Schuld und Sühne« einmal sagen: »Wenn das Reich Gottes kommt, dann werden alle alles verstehen, dann werden alle alle verstehen.« Das ist christlich, das ist jüdisch, das ist menschlich. Es wäre die Synthese, in der all die scheinbaren Streitigkeiten gegeneinander enden. Die Bedingung dabei ist: Wir sehen die menschliche Wirklichkeit, wir hören auf, selbst die Gnade in dogmatische Formeln zu gießen und die Freiheit oder die Unfreiheit des Menschen zum Zankapfel zu machen. Wir kämpfen nicht mehr gegen die jüdische Gesetzesauffassung als ein starres Dogma. Wir fragen simpel: Was ist in den verschiedenen Religionen gemeint, und wie hilft es den Menschen heute, miteinander zu leben? Das hat Moses gewollt, das hat Jesus gewollt – ich behaupte, das hat auch Luther gewollt.

9. War Jesus der Messias?

Hat denn Martin Luther erkannt, dass Jesus Jude war, Jude blieb und als Jude starb, oder hat er vor allen Dingen nur den Messias in ihm gesehen?

Jesus war für Martin Luther als Jude der Messias. In diesem Punkt ist er nicht wirklich originär. Er treibt an dieser Stelle allerdings weiter, was sich im christlichen Erbe über Jahrhunderte verfestigt hat: Die Juden haben Christus gekreuzigt, die Juden haben ihren Messias ermordet. Der Grund: Die Juden glaubten und glauben an einen politischen Messias, der den christlichen Kaiser einst genauso vom Throne jagen wird, wie man gehofft hat, dass durch die Ankunft des Messias der römische Kaiser aus Israel verschwinden werde. Schon diese Ansicht stimmt so nicht. Aber erschwerend kommt hinzu, dass man den Juden alles Mögliche andichtet. Selbst die Pest im 14. Jahrhundert soll durch Juden, die Säuglinge ermordet und in den Brunnen geworfen haben, entstanden sein. Man hat einfach Angst. In jede Seuche, in jeden Schicksalsschlag, in jede politische Auseinandersetzung hinein hat man jetzt in den Juden in ihrem elitären Minderheitenstatus den Prügelknaben. Dass Luther dem nicht widerstanden hat, kann man im Rückblick sehr bedauern, doch ob man es ihm gerechterweise historisch vorwerfen kann, wage ich zu bezweifeln. Er war da nicht »schlechter« oder »schlimmer« als seine theologischen Zeitgenossen in allen Lagern. Er hat die Polemik gegen die Juden sprachmächtiger und deshalb schädlicher ausgedrückt als die allermeisten, aber im Ansatz nicht inhaltlich verschieden. Wenn er in die Marienkirche, also in die Stadtkirche, ging, wo er täglich predigte, hatte er, heute zum Denkmal erklärt, die Judensau vor Augen, das Tier, das gerade die Juden für unrein halten. Eben dieses Tier wird ihnen als Ziehmutter vorgesetzt; an deren Zitzen saugen sie und nähren sich im Gesetzesgehorsam. Solche Bilder sind für jeden Juden skandalös, aber sie zieren just die Kirche, in der Luther predigte. Das hat er nicht gemacht, das hat er vorgefunden. Am Eingang gotischer Kathedralen, zum Beispiel in Straßburg, finden Sie eine Darstellung der törichten Jungfrauen und der klugen Jungfrauen; gegenübergestellt finden Sie vor allem den Stolz der Synagoge, der Jungfrau Israel, mit gebrochenem Speer, die Augen mit einer Binde umwickelt. Und daneben die Gestalt der Kirche: Maria, die das Christentum begründet. Das sind Genrebilder beim Betreten einer christlichen Kathedrale – seit Jahrhunderten. Eine solche Entgegenstellung wird dem Judentum nicht gerecht, gar keine Frage! Es lädt auch nicht dazu ein, vor dem Hintergrund der Botschaft Jesu miteinander gemeinsam zu werden. Vor allem: es begreift den Kern der Auseinandersetzung nicht.

Die Herausforderung des Gesetzes ist ja nicht eine historische Schuld der Juden, es ist eine Frage in jeder Religion, an jeden Menschen: Wie lässt er in sein Leben Gnade ein? Diese Frage ist in der Religionspsychologie jeder überlieferten verfestigten Religionsgemeinde akut. Das Judentum hat als erstes in aller Klarheit auf Leben und Tod diese Fragestellung artikuliert und ausgetragen. Dafür muss man ihm dankbar sein. Da ist Jesus so urjüdisch, wie es nur sein kann, so gesetzestreu wie nur möglich an der Seite Johannes des Täufers, doch dann im Zugang zu den notleidenden Menschen so christlich, wie es nur sein kann. Beides gehört in Spruch und Widerspruch zueinander. In diesem Punkt ist Luther mit dem, was er sagen wollte, gegen manchen tatsächlichen Wortlaut in seinen Schriften kein Antijudaist, sondern ein Kämpfer für die Gnade im Rahmen der ganz und gar jüdischen Botschaft Jesu. Aber freilich, man müsste diese Botschaft gehörig anders sagen, um das, was Luther sagen wollte, für jüdische Ohren zu Gehör zu bringen.

Erst von daher gelangt man auch zu dem Messiasglauben. Jeder Jude wird sagen: »Wenn der Messias kommt, ändert sich die Welt; schon deshalb kann euer Jesus nicht der Messias sein, weil ihr, die Christen, sie allenfalls zum Schlimmeren verändert habt.« Das christliche Dogma hat darauf nicht mit dem Leben, sondern mit der Lehre von der göttlichen Natur des Gottmenschen Jesus Christus geantwortet und unter dem Einfluß des Hellenismus und der Mysterienreligion den Mann aus Nazareth zu einer Kultgottheit erhoben, eine Entwicklung, die für jeden Juden, auch für Jesus selber, als eine Gotteslästerung erscheinen musste. Schalom Ben-Chorin hat einmal sehr schön gesagt: »Mit Jesus beten vereint Juden und Christen, zu Jesus beten trennt Juden von Christen.« Wollten wir Jesus als unseren »König«, als unseren »Messias« bekennen, so müssten wir zeigen, dass er in unserem Leben die zentrale, die alles verändernde Gestalt ist. Gott ist er, wie Paul Tillich es ausdrückte, als derjenige, »der uns unbedingt angeht.« Alles, was wir zur Interpretation des Glaubensbegriffs bei Luther als einer Existenzveränderung von Angst in Vertrauen gesagt haben, müsste sich an dieser Stelle in die Christologie einfügen; dann entstünde eine Form des Christusbekenntnisses, die erneut niemanden ausschließt, sondern alle einlädt, wie der Jude Jesus selbst es wollte.

10. Die Juden und der Zins

Wir haben sehr viel über Geld und Zinsen gesprochen. Spielte das Verhältnis der Juden zum Geld eine Rolle bei Luther?

Ganz sicher. Im Schreiben über die »Juden und ihre Lügen« (1543) kommt noch einmal, wenn auch nur auf zwei Seiten, aber mit enormer Wucht, auch der Zinswucher zum Tragen. Das ist noch einmal wie in Shakespeares »Kaufmann von Venedig«: Man hat, weil die Christen keine Zinsen nehmen dürfen, den Sündenbock, die Juden, dazu bestimmt, dass sie sogar in Übereinstimmung mit dem mosaischen Gesetz Zins nehmen dürfen. Denn das mosaische Gesetz verbietet nur die Zinsnahme von Juden bei Juden, nicht bei Nichtjuden (Dtn 23,20–21). Also können die Juden Zins nehmen von Christen und können die Bankgeschäfte machen, die die Christen brauchen, um ihre Flotten zu finanzieren, um ihren Handel vorzufinanzieren, um in ganz großem Stil in den Finanzkapitalismus des Frühmittelalters einzusteigen. Dafür werden die Juden gebraucht. Außerdem stehen sie als Geldgeber unter dem Schutz des Kaisers. Der benötigt sie allemal, denn die Staaten sind immer Kreditnehmer. Sie müssen immer mal wieder Krieg führen, sie haben für alles mögliche Sonderausgaben, und auch dafür hat man seine Hofjuden. Das alles ist in christlichen Landen üblich. Aber am Ende empfindet die Bevölkerung es so, dass die Ausbeutung gar nicht vom Feudalismus, von den Kaisern ausgeht, sondern von den Juden, denn die halten das Geld im Säckel. Also sind sie unbeliebt und tragen die Wut, die man eigentlich auf ganz andere richten müsste, ersatzweise an sich ab.

Wenn Luther gerade diesen Eindruck aufgreift und in das Vorurteil so vieler einstimmt, geht er an der Wahrheit, die er hätte sehen können, vorbei. Das ist keine Frage. Er geht vorbei an einer Wahrheit, die er hätte auch zu seiner Zeit schon sehen können, sehen müssen. Aber er hat gedacht, wie sie durch die Bank als christliche Theologen allesamt dachten. In diesem Punkte hat er sich leider von ihnen nicht unterschieden.

Wie sind denn seine Nachfolger, Luther und die Protestanten, mit dem Antijudaismus umgegangen? Hat man sie eher ruhen lassen, nicht daran gerührt?

Nein. Es gab eine Grenze. Wir kommen bei dieser Frage natürlich nicht umhin, die zwölf Jahre nationalsozialistischen Missbrauchs nicht nur von Schiller oder Nietzsche, sondern auch von Luther zu erwähnen. Die Nationalsozialisten haben gemeint, sich in gerader Linie auf Luthers Schrift von 1543 beziehen zu können. Darin geht es wirklich um Judenpogrome, um das Austreiben der Juden mit Dreschflegel und Sense. Und die Nazis haben gefunden: Da sind wir doch im besten Erbe! Protestant sein sollte bedeuten, genau das zu machen, was da stand. Aber die Nazis hatten damit ihr eigenes Problem: Luther dachte nicht rassistisch, sondern theologisch. Er hat aus Gründen des Glaubens den Juden den Verrat an ihrem Messias zur Last gelegt, und er hat wenig getan, ihnen mit seiner eigenen Gnadenlehre Christus als jüdischen Messias nahe zu bringen. Da entsteht ein riesiges Defizit der Plausibilität in der lutherischen Argumentation, und da steht ein alter, aber falscher Satz im Raum, der die Juden schuldig spricht für einen Konflikt, der sich in der Seele eines jeden abspielt, wenn er die Botschaft Jesu von der Güte Gottes an sich heranlässt und begreift, wie der warme Atem Jesu gleich dem Föhn die Eisblöcke der Gletscher ins Rutschen bringt. »Die Juden« in den Evangelien stehen als Bild für etwas, das wir selber sind: als Widerständler gegen die Revolution der Gnade.

Also hätte Luther theologisch mehr leisten können.

Er hätte von seinem Ansatz eigentlich nur konsequent weiter machen müssen und können, wenn er nicht vom Papst, von der Kirche, vom Kaiser auch militärisch bis zum Schmalkaldischen Bund herausgefordert worden wäre. Der springende Punkt, an dem kein Christ im sog. Dritten Reich der Nazipropaganda auch nur den Deut hätte nachgeben können, war die Arisierung Jesu. Aber: Wenn er schon ein Bastard war, wie der Talmud sagt, dann war wahrscheinlich ein römischer Hauptmann sein Vater. Tatsächlich gibt es die Legende, dass ein römischer Legionär mit Namen Panthera Maria geschwängert und Jesus gezeugt habe. Das ist eine Paraphrase oder eine Verballhornung des griechischen Worts für Jungfrau, für »Parthenos«. Daraus hat man abgeleitet, dass Maria eine Soldatenhure war, – und wie auch nicht, so etwas kommt ja vor! Für Luther war eine solche Darstellung natürlich eine Schändung des Christlichen im Prinzip; und wenn es so im Talmud steht, schien ihm bewiesen, wie die Juden denken.

11. Juden und Christen um 70 n. Chr.

Wahr bleibt, dass sich unter großem Leid in den ersten zwei Jahrhunderten die Jesusbewegung aus dem Judentum entfernt hat, und sie rieb sich vornehmlich an der Frage des Gesetzes, vor allem der Ritual- und Reinheitsgesetze. Das ist tragisch zu nennen. Nach dem Jahre 70, nach dem Untergang Jerusalems unter Titus, gab es keinen Tempel, keine religiöse Zentralstelle mehr. Man hatte als Diasporajude nur noch das Gesetz, und das bildete und bildet seither die Identität des Jüdischen, daran klammerte man sich. In der Synode zu Jabne wurden zudem die Pharisäer, genau die Gruppe, mit der Jesus enorme Schwierigkeiten hatte, gegenüber den obsolet gewordenen Sadduzäern, die mit dem Tempel untergingen, zu der richtungsgebundenen Erneuerungsgruppe für alles, was durch treue Gesetzesauslegung das Judentum seither maßgebend prägt. Der Talmud ist ein Werk der Pharisäer. Unter ihrer Leitung wird das Judentum nach außen immer enger, wohingegen das Christentum sich weitet zu den Heiden hin; das Christentum wird zu einem Judentum für die Heiden. Das sind zwei völlig diametral verschiedene Bewegungen vom gleichen Ausgangspunkt her. So war das historisch, und in dieser Zeit gab es wohl unvermeidbar auf christlicher Seite eine Menge Missverständnisse, ebenso wie auf jüdischer Seite. Es finden im 2. Jh. noch Gespräche mit den Juden bei Irenäus, bei Justin, bei Minucius Felix, bei den frühchristlichen Apologeten statt, die im Dialog beides zusammenzubringen suchen. Aber sie tun das entsprechend dem erwähnten Schema von Verheißung und Erfüllung: Es steht doch, sagen sie den Juden, in eurer eigenen Bibel; jetzt lesen wir die einmal richtig, und dann kommen wir unzweifelhaft dahin, dass Jesus von Nazareth die Erfüllung eurer eigenen Hoffnungen war.

An dieser Stelle war das Angebot Luthers an die Juden mit der Gnadenlehre, mit dem Rückgriff auf Paulus, viel elementarer. Aber gerade dieser Grundgedanke spielt in der Vätertheologie paradoxerweise keine Rolle. Man bezieht sich nicht, wenn man so will, auf den historischen Paulus, sondern auf den Paulus der Areopag-Rede in der Apostelgeschichte (Apg 17). Das ist griechische Philosophie, die sich mit dem Eingottglauben und mit einer klaren Ethik vermengt. Das Problem der Erfüllbarkeit jeder gesetzlichen Ordnung stellt sich merkwürdigerweise nicht mehr.

Insofern hat Luther den Urkonflikt der Auseinandersetzung Jesu mit den Gesetzeslehrern seiner Tage notwendigerweise reaktualisieren müssen. Das ist nicht Antijudaismus, das ist ein Versuch über 1500 Jahre hinweg, das Gespräch mit dem Judentum noch einmal aufzunehmen. Das alles scheiterte und musste scheitern; denn: man hätte die Gesprächsführung ändern müssen, indem man sie aus dem dogmatisch-polemischen Teil in ein wirkliches Gespräch des wechselseitigen Verstehens überführt hätte. Das hat Luther historisch am Ende auch wohl wirklich nicht mehr gewollt. Eben deshalb kann man in keiner Weise an dieser Stelle stehen bleiben, das muss man bedauern, das muss man weiterentwickeln. Aber man sollte historisch ungerechte Vorwürfe gegenüber Luther vermeiden und vor allem das Grundproblem nicht wegstreichen, als wäre Gesetzlichkeit nicht in jeder Religion zu jeder Zeit in allen zwangsneurotischen Strukturen der Gesellschaft ein Fehler und eine Gefahr, gemessen zumindest an dem, was nötig wäre, Menschen so zu umfangen, dass sie ihr eigenes Leben zurückgewinnen.

Gab es denn zur Zeit Luthers an den Universitäten, an den theolo-
gischen Fakultäten, zum Beispiel in Wittenberg, auch eine akademi-
sche Auseinandersetzung mit dem Judentum damals?

Eigentlich nicht. Melanchthon hat in den Loci communes, den biblischen Belegstellen für bestimmte theologische Fragen, 1521 Luther bereits vorgearbeitet, indem er mit Hilfe von Schriftzitaten die Unfreiheit des freien Willens beweist. Das ist die übliche Argumentationsbasis der Zeit, mit all den entsprechenden Folgen, doch anders ging es damals nicht. Die Bibel ist die unbestreitbare Grundlage für jegliches Nachdenken; die Philosophie erscheint demgegenüber als die Hure Vernunft, mit der sowieso nicht viel anzufangen ist. Berufen kann man sich dabei erneut auf Paulus, der im Kreuze Christi die »Weisheit der Welt als Torheit entlarvt« sah (1 Kor 1,20). Also: als Gotteswort steht da …, das zitieren wir; dann folgt daraus, … So läuft die Argumentation der Theologen jener Zeit, unter anderem auch in Wittenberg.

12. Die Kirchen im Nationalsozialismus und im Kaiserreich

Wie konnte in der Zeit des Nationalsozialismus Martin Luther mit
seinen antijüdischen Aussagen so instrumentalisiert werden?

Es gab damals ja nicht einmal einen Widerstand gegen den Militarismus Hitlers. Es gab die protestantische Treue zum deutschen Kaiser im Ersten Weltkrieg. Es gab die unglaublichen Gebete, auch bei den Katholiken, mit denen man die Soldaten an die Front hetzte. Es gab Predigten in München, in der Marienkirche von Kardinal Michael Faulhaber 1914–1918 in den »Waffen des Lichtes«, dass es ein Gottesdienst sei, sich vorschicken zu lassen als Drahtscherer in die Stacheldraht-Verhaue der Franzosen, weil Christus am Kreuz für uns gelitten habe. Solche Blasphemien gingen durchs ganze 20. Jahrhundert. Sie wurden beispielsweise in den Predigten von Bischof Franz Justus Rarkowski, dem katholischen Militärgeistlichen der Großdeutschen Wehrmacht, in vollem Umfang wieder aufgelegt. Es ist unglaublich. Es gab keinen Widerstand in höchsten Kreisen, wo diese Lästerungen der Botschaft Jesu als solche bezeichnet worden wären. Es war üblich. Und es ist so geblieben. Kirche und Staat, von Konstantin bis in die Mitte des 20. Jahrhunderts bis hin zu George W. Bush um 2003, als er den Irak überfällt, bilden immer eine Einheit. Immer ist Gott auf unserer Seite. So sah das zum Beispiel der US-Prediger der US-Air Force als man Hiroshima bombardierte; er sprach von Gott, der unserer Streitkraft die Macht gegeben hat, sich in den Himmel zu erheben … Es war in Deutschland einzig Helmut Gollwitzer, der sehr viel später sagte, das sei kein Gebet. Aber wer ist Gollwitzer? Für die Politiker war er ein spinnerter Pazifist an der Seite von verdrehten Linken. Er war nie maßgebend für die protestantische Kirche. Der Mainstream war ein anderer und blieb es vor wie nach 1945, und eigentlich bis heute. Bei der Wiederbewaffnung Deutschlands 1935, – da mindestens hätte der Protest einsetzen müssen. Aber er kam nicht. Er kam auch nicht bei der Rassengesetzgebung; – man hat nicht gehört, dass damals kirchlicherseits irgendein entschiedener Widerstand sich geregt hätte, die Juden von der genetischen Vermischung mit Ariern auszuschließen. Jeder in Deutschland kannte diese Gesetze, und dennoch gab es kirchlicherseits keinen Widerstand.

Wie erklären Sie sich das?

1935 erfolgte die Einführung der allgemeinen Wehrpflicht. Mit ihr wurde im Fahneneid der unbedingte Gehorsam zum deutschen Führer Adolf Hitler gefordert. Kein Kirchenführer hat damals gesagt: »Es steht in Apostelgeschichte, Kapitel 5, 29, man soll Gott mehr gehorchen als den Menschen. Hitler ist kein Gott. Hitler ist ein Mensch. Und das verlangt das Christentum, dass wir Gott mehr gehorchen als einem Macht-gierigen.« Es gab keinen Widerstand. Selbst die Apotheose Hitlers zu einer Gottersatzfigur im absoluten Gehorsam ging bei der Kirche anstandslos durch, sie zog in den Zweiten Welt-krieg mit der Aufschrift auf den Wehrmachtskoppeln: Gott mit uns, in einer Anspielung auf den heiligen Krieg in Jes 7,14.

Haben Sie eine Erklärung dafür? Es kann doch nicht sein, dass man sich dann mit der passiven Haltung auf der Seite Luthers befand?

Nein, diese Staatsservilität hat Luther nicht verschuldet. Er ist lediglich daran mitbeteiligt durch die Fortsetzung des Ver-hältnisses von Staat und Kirche, wie wir es seit den Tagen Konstantins haben – von Augustinus theologisiert, im ganzen Mittelalter grundgelegt und von Luther nicht gerade über-wunden, sondern nur noch einmal neu formuliert. Wie gesagt, an all den Stellen ist Luther ein Baum, dessen Zweige weit über die Zäune ragen, aber verwurzelt ist er an der Stelle, wo er stand. Da stehen wir im Jahre 1525, nicht im Jahre 2016. Dass er uns mit seinen Früchten erreicht, geschieht überhaupt nur, wenn wir den Wind so weit wehen lassen, dass die Samen, die von dem Baum verstreut werden, sich auf unserer Erd-scholle verwurzeln und gut begossen werden. Von alleine geht es nicht.

Aber man begann doch dann sogar, das Alte und Neue Testament umzuschreiben.

Ja klar. Sie müssen das schon um 1914 hören. Der gerade erwähnte Kardinal Faulhaber, nach dem heute noch Markt-plätze und Straßen in Bayern benannt werden, konnte erklä-

ren, dass, wenn unser Herr und Heiland sagt: Lass dich auf die
andere Wange schlagen (Mt 5,39), das für den Einzelnen gelte,
aber der deutsche Kaiser habe kein Recht, auf Elsass-Lothrin-
gen zu verzichten. So ist das zu verstehen. Also muss er Krieg
führen, im Namen Gottes, des Gerechten. Denn was in der
Bergpredigt steht, ist nur die private Moral. Das haben wir gerade erörtert, wie man sich dabei auf Max Weber berufen kann,
der dieses Denken wenig später sogar philosophisch zu rechtfertigen versucht hat. Das Christentum ist demnach eine
fromme Meinung der Gesinnung, aber die politische Verantwortung, die Realität, der wir uns beugen müssen, ist eine völlig andere. Da ist ein Massenmord eventuell ein Zeichen für
den Gerechtigkeitswillen Gottes. So etwas konnte sogar Papst
Pius XII. noch Weihnachten 1955 schreiben: ein Atomkrieg
sei, allen Ernstes, ein mögliches Zeichen der Demonstration
des Gerechtigkeitswillens Gottes; wenn es gegen die Bolsche-
wiki geht, ist so etwas möglich. Der Spuk hat niemals aufgehört.

Statt jetzt also über Luther zu polemisieren, sollten wir das,
was er hätte sagen können, was er nach unserer Schätzung sogar hätte sagen müssen, nun endlich selber zu Gehör bringen.
Von mir aus im Namen Luthers, aber jedenfalls im Namen
Christi. Dann hätten wir den Protestantismus mit Bezug auf
die Bibel als die Sola scriptura in reiner Klarheit vor uns. Und
dass diese Chance, so weit ich sehe, wieder einmal vertan zu
werden droht, bekümmert mich sehr. Von Gerechtigkeit, ohne
Zweifel, davon ist in den Sozialdebatten viel die Rede heute, –
bei der Flüchtlingsbewegung sogar auch von Barmherzigkeit,
das ist zuzugeben und hoch zu rühmen, und sicher, das wäre
nicht so, ohne dass es dieses ernste christliche Bemühen all die
Zeit über gäbe und gegeben hätte. Aber in den Grundfragen:
was machen wir mit der Ausbeutung über den Zinsfuß, was
machen wir mit der Militarisierung der Außenpolitik, was machen wir mit der Vergeudung von gigantischen Geldmitteln,

die dann den Armen immer wieder fehlen, was machen mit der Dressur von heranwachsenden Siebzehnjährigen als Drohnenpiloten und als Massenmörder mit dem heutigen technischen Gerät? In all dem sehe ich die bestehenden Kirchen untätig und vollkommen angepasst. Sie vermeiden die Schwierigkeiten einer Auseinandersetzung um die prinzipiellen Fragen unterhalb der Oberfläche. Dazu müssten wir Luther durchaus noch einmal als Interpreten Jesu zu Wort kommen lassen: Alles, was ohne Gnade ist, kann nicht die Sache Jesu treiben, und hinzufügen müssten wir in diesem Zusammenhang: weil es darauf hinaus läuft, Menschen mit gutem Gewissen töten zu sollen. Das müssen wir dann auch umgekehrt Luther selber sagen und ihn an das erinnern, was er im Sprechen von der Gnade eigentlich hat sagen wollen. Das ist eine zeitgeschichtliche Auseinandersetzung in zwei Richtungen, die es zu bestehen gilt.

Aber noch einmal: man sollte nicht die Herausforderung, die Luther im Ringen um die Gnade aufgenommen hat, dahin vertun, dass Jesus überhaupt nichts Anderes zu sagen gehabt hätte als die Rabbinen seiner Zeit oder dass das Besondere gar nicht in seinen Worten läge, sondern in seinem Sein, das sich metaphysisch als von göttlicher Natur erklären lässt, weil er ja Gottes Sohn war. Das verstehen Juden nicht, das ist, noch einmal gesagt, ein Eintrag des Heidnischen in die Botschaft Jesu. Das hätte auch der Jude aus Nazareth so, wie wir es dogmatisiert haben, nicht verstanden. Da muss und kann man mit Juden anders reden. Man könnte ihnen durchaus zugeben, das Christentum sei in genannter Weise ein Judentum für die Heiden. Das stimmt religionsgeschichtlich aufs Wort, weil die meisten christlichen Dogmen aus dem Kulturraum des Hellenismus in die Jesusbewegung eingedrungen sind. Das wäre ein großartiges Integrationsangebot: All die Träume, die im Menschen liegen, verbinden sich mit Christus und formen im Vertrauen einen Weg zur Selbstfindung. An dieser Stelle hatte die

Gnosis recht, an dieser Stelle hat das Judentum recht. So verstünden wir auch Paulus, und so könnten wir auch Luther interpretieren; die ganze dogmatisierte Polemik aber könnten wir uns sparen.

13. Die Quintessenz

Das führt mich noch einmal zu der Frage: Am 31. Oktober 2017 – was sollen wir da überhaupt feiern? Was sollte man in den Mittelpunkt stellen? Was würden Sie in den Mittelpunkt stellen?

Eben dies, was Luther meinte: Gott darf nicht länger eine Quelle der Angst und der Ausbeutung der Menschen mit ihren Seelenqualen in Veräußerlichung sein. Gott ist ein Grund zum Vertrauen gegen jede Staats- und Kirchenmacht, er ist die Ermutigung, man selber zu sein und dafür geradezustehen. Das ist nicht zu feiern, aber endlich zu leben.

Und endlich einmal zu sagen und zu demonstrieren?

Von mir aus auch, wenn es hilft, ja.

Also müsste es mehr sein als ein nur Gedenken.

Diese gesamte Gedächtniskultur hat das Peinliche an sich, dass wir nach rückwärts blicken und uns im Grunde beweisen, um wie viel besser wir doch sind, als jene vor uns. – Man versammelt sich zum Beispiel soeben in Verdun und demonstriert Einigkeit – Deutsche führen keinen Krieg mehr gegen Frankreich, Franzosen nicht mehr gegen Deutschland. Gewiss, das ist geschichtlich ein Fortschritt der Vernunft. Aber man erklärt nicht, was für ein Wahnsinn Verdun war und was für ein Wahnsinn jeder Krieg ist. Und dass Krieg überhaupt nicht sein darf, nicht bloß zwischen Franzosen und Deutschen nicht, sondern überhaupt auf Erden nicht. Das hätte Kraft. Stattdessen vereinigen wir uns so, dass wir schon wieder dabei sind, gemeinsam die nächsten Kriege zu führen. Und so soll das nur gehen. Solch eine Art von Gedächtnis bedauert etwas in dem Wahn, besser zu sein, indem wir die alten Fehler wiederholen. Das ist ein Satz, den Jesus in Matthäus 23,29–31 spricht: »Ihr baut den Propheten Grabstätten und sagt: wären wir gewesen in den Tagen unserer Väter, wir wären nicht zu den Mördern der Propheten geworden. Damit beweist ihr doch nur, dass ihr die Söhne der Prophetenmörder seid.« Das soll heißen: »Ihr steht in demselben Erbe, ihr bedauert die Fehler der Vorzeit, um sie genau so selber zu machen. Das gesamte Bedauern des Früheren ist eine Manifestation der Scheinheiligkeit. Ihr macht überhaupt nichts besser. Ihr seid die Mörder der Propheten, jetzt und hier. Genauso haben die Väter die Prophetenmörder vor ihnen bedauert. Ihr tut beim Gedenken an das Vergangene immer so, wie wenn ihr aus den Fehlern von früher gelernt hättet. Das sagt ihr auch, und ihr steht wirklich da, indem ihr die Fehler von früher verurteilt, aber ihr kommt nie dahin zu begreifen, dass die Themen von damals die Themen von heute sind und dass in der Beantwortung der heutigen Themen dieselben Fehler von euch wieder begangen werden.«

14. Das Toleranzprinzip

Herr Drewermann, gab es zur Zeit Luthers schon den Begriff Toleranz?

Nein, den gab es überhaupt nicht. Im dogmatisch verfestigten, tradierten Christentum konnte und kann der Begriff der Toleranz eigentlich nur begriffen werden als Verrat an der Wahrheit. Man muss zugute halten, dass man für das, was man für wahr glaubte, wirklich eintreten wollte und alles dafür in die Schanze warf. Aber dass die Wahrheit auch beim anderen liegen könnte, nur in ganz anderer Form, unter anderen kulturellen Bedingungen, war im 16. Jahrhundert eigentlich keine Denkmöglichkeit. Wir sagten bereits: Wenn Erasmus vom Krieg spricht, ist er dicht dabei zu sagen: Wer nicht versteht, dass der andere auch glaubt, im Recht zu sein, wird den Krieg nicht vermeiden können. Das ist so ein Ansatz, der Toleranz und Friedensfähigkeit identisch setzt: Man respektiert sich in unterschiedlichen Auffassungen von dem, was Recht sein könnte, um des Friedens und Zusammenlebens willen. Schon philosophisch aber war das nicht einfach verständlich zu machen. Theologisch war das wohl noch weit weniger denkbar als rein humanistisch, denn religiös hat man eine absolute von Gott geoffenbarte Wahrheit, darüber kann man gar nicht diskutieren. Eine solche Wahrheit lässt sich auch nicht durch Kulturbedingtheiten relativieren. Das mag unter Politikern statt haben. Unter Theologen geht das überhaupt nicht. Das führt am Ende zu dem Paradox, dass es im Jahre 1648 wirklich die Fürsten sind, die den Theologen erklären, dass nach dreißig Jahren Krieg und Verwüstung jetzt Schluss sein muss. Es ist die Beanspruchung des absolut Wahren im Namen der bestimmten Konfession nicht mehr lebbar; ja, vielleicht kann man auch merken, dass sie in ihrer Menschenverachtung niemals göttlich gewesen ist. Aber auf jeden Fall geht es so nicht mehr weiter. Es ist die Staatsmacht, die fortan autoritär bestimmt, was bei den Untertanen zu glauben ist, doch gleichzeitig wird damit auch so etwas wie Toleranz eingeführt. Denn jenseits der Nachbargrenze leben die anderen anders. Und das müssen sie dürfen, denn sonst haben wir wieder Krieg. Es wird die Toleranz nicht tatsächlich so durchdacht, dass man den Standpunkt des anderen verstehen könnte, aber es gibt ein Stillhaltegebot an der Grenze. So weit sind wir 1648. Das ist hundert Jahre nach Luther.

In seinen Tagen war derlei wirklich nicht vorstellbar. Der Verrat des Westfälischen Friedens an dem theologischen Wahrheitsbegriff liegt schon darin, dass man nicht mehr an Gott glaubt, sondern nur noch an die Zuständigkeit des Landesfürsten, zu diktieren, wie man an Gott zu glauben hat. In Wahrheit glaubt man damit an die Absolutheit des Fürsten, nicht an die Absolutheit Gottes, denn der ist nunmehr in jeder Religion relativ, wie sich zeigt. Absolut ist nur die Fürstenmacht an jedem Ort. Das sieht aus wie eine üble Perversion auf dem Weg zur Toleranz. Theologen müssen da ihre Schwierigkeiten haben. Sie kommen zum Toleranzdenken eigentlich nur, wenn ein Stückchen von dem realisiert wird, wovon wir eben sprachen: Keine Sprache ist imstande, Gott zu verkünden, die nicht dichterisch, symbolisch, einladend, gütig vermittelnd ist. Sobald sie sich dogmatisch verfestigt, ist die Intoleranz die notwendige Folge in jeder Religion. Und alle Theologen neigen dazu, rein durch ihr Denken, begrifflich klar das, was sie für wahr glauben, auszuformulieren. Bei Dichtern genau umgekehrt; sie schildern Erfahrungen, die etwas als menschliche Erfahrungsmöglichkeit plausibel machen. Theologen hingegen wollen begrifflich genau nuanciert, differenziert ausformulieren, was wahr ist, und je besser ihnen das gelingt, desto größer werden die Unterschiede zwischen den verschiedenen Theoriebildungen.

Ein hervorragendes Beispiel ist die Ringparabel von Lessing, ein literarisches Werk.

Ja! Das ist eine schöne Frage, die sich in »Nathan der Weise« stellt. »Ein Mann wie du bleibt da nicht stehen, wohin der Zufall der Geburt ihn stellt. Warum ein Jude, Nathan?« – »Ich höre, Nathan, dass ihr wisst, wie Tempelritter denken sollten.« – »Wie«, sagt Nathan dann bei Lessing, »Tempelritter nur? Ich weiß, wie gute Menschen denken, und weiß dass überall die

Erde gute Menschen trägt.« – »Und kennst du nicht das Volk das sich als erstes als das auserwählte hat bezeichnet und mit der Menschenmäkelei begonnen?« – » Da bist du ganz mein Freund«, sagt Nathan. »Was ist denn Volk? Bist du, bin ich ein Volk? Sind Menschen erst Juden, Christen und Muslime und dann Menschen? Wohl mir, dass ich in dir noch einen anderen gefunden, dem es genügt, ein Mensch zu sein.«

Das ist Toleranz in bester deutscher Sprache, eine Pflichtlektüre in allen Schulen. Natürlich hat Lessing recht, natürlich hat sein Nathan recht. Aber natürlich hat er wieder laut Luther unrecht in der Auseinandersetzung mit dem Humanismus. Um so tolerant zu werden, darf man keine Angst mehr haben. Und zwar nicht aus Vergleichgültigung der Glaubensinhalte, sondern in deren Ernstnahme, wie wir gezeigt haben. Dann gewinnt man den Respekt, in symbolischer Vermittlung sich aufeinander zuzubewegen.

Herr Drewermann, Martin Luther ist eine Symbolfigur für die Kirchenspaltung. Er gilt im Volksbewusstsein, vor allen Dingen in der katholischen Kirche, als der Kirchenspalter, der die Trennung herbeigeführt hat. Ist das eine Tragödie? Ist Martin Luther eine tragische Gestalt?

Ganz sicher in dem Sinne, dass es anders kam, als er beabsichtigte und wollte. Luther wollte keine andere Kirche gründen. Er wollte die Änderung der bestehenden Kirche. Daran gibt es nicht den geringsten Zweifel. Was er in der Kirche vor sich sah als änderungsbedürftig, besteht freilich mehr oder minder immer noch. Wäre Luther mit der Reichsacht in Worms in den Tod gegangen, hätte man ihn verehren können wie Jan Hus. Aber er hat weitergelebt, weiterleben müssen, wenn man so will, er hatte sich Auseinandersetzungen zu stellen, die er nicht hat kommen sehen können, und er hat auf seine Weise darauf reagieren müssen, erkennbar hilflos oft, gebrochen und widersprüchlich. Auch das ist ein Stück Tragik: die Reinheit des eigenen Ansatzes überleben zu müssen und die Verfälschung, die Verwässerung, die Missverständnisse nicht mehr abtragen zu können. Man wirft einen Stein in einen Fluss oder in einen See und sieht, wie sich die Wellen um die Einschlagsstelle formen und an den Uferwänden zurückbrechen. Man kann aber nicht voraussehen, wie die Wellenbrechungen sein werden. Man kann nur verantwortlich sein für den Stein, den man geworfen hat.

So ähnlich ging das Luther. Dass er den Stein geworfen hat, ist groß an ihm, und ihm darin gleich zu werden, ist sein bleibender Auftrag. Hinter die Wahrheit, die ein Christenmensch fühlt, nicht zurückzutreten, um keinen Preis, egal wem gegenüber, das ist groß an Luther. Sein Glaube an Erlösung und Vergebung in Gnade ist essentiell, um überhaupt ein Mensch zu sein.

Dann aber bleibt die Alternative, mit der Luther immer wieder auch spielt: Es könnte richtig sein, das Böse auszurotten, es sei sogar in der Verantwortung der Regierenden, genau das zu tun, Kriege zu führen gegen die Heiden, gegen die Türken, gegen die Papisten.

Es gibt ein kleines Buch der Bibel, das diesen Widerspruch in Luther auf seine Weise löst: das Büchlein Jona. Da ist ein Prophet, der im gottlosen Ninive das göttliche Gericht verkünden soll, und er hat Angst davor, er flieht, und er wird eingeholt im Sturm auf See, man wirft ihn über Bord, bis dass ein Walfisch ihn verschlingt. Ein Mensch, der vor sich selbst und seiner Bestimmung davonläuft, gerät erst recht in Angst und in Verzweiflung. Doch Gott erhört das Gebet aus dem Bauche des Walfischs und schickt seinen Propheten erneut nach Ninive, um dort zu sagen, was Gott ihm sagen wird. Also geht er in die Stadt hinein und verkündet ihren Untergang. So muss es sein, so wird es sein, denn Gott ist gerecht, und er wird das Unrecht der Blutstadt Ninives strafen, glaubt Jona. Zwar tun die

Bewohner der Stadt, ihr König, ihr Vieh, allesamt Buße, doch Jona setzt sich im Osten der Stadt auf einen Berg nieder und wartet ab, dass Gottes Zorngericht dareinfährt. Doch nichts geschieht. Jona ist darüber aufs äußerste empört, er sieht sich betrogen, und er will am liebsten sterben. Doch in dieser Situation erklärt Gott seinem Propheten, er könne Ninive überhaupt nicht vernichten. Denn da leben hunderttausend Menschen, die zwischen links und rechts nicht unterscheiden können. Sie mögen böse sein, aber wollen sie das wirklich? Und dann sind da die Tiere, die völlig unschuldig sind am Wahn der Menschen. Die Hilflosigkeit der Menschen und die Unschuld der Kreaturen – nicht die Buße der Bewohner – sind Grund genug für Gott, das verfluchte Ninive nicht zu zerstören. Das Böse zwingt man nicht nieder durch immer neue vernichtende Strafaktionen, sondern nur durch eine kreatürliche Barmherzigkeit, die alle umgreift. Der Prophet Gottes selber muss sich läutern, um von der Botschaft der Vergeltung eines zürnenden Gottes frei zu werden zu einem Vertrauen in einen Gott, der sich sorgt um ein jedes seiner Geschöpfe und will, dass es lebt. Das Büchlein Jona ist im übrigen die einzige Erzählung der Bibel, die endet mit einer offenen Frage – an Jona, an den Leser, an jeden: Wie sieht er Gott angesichts der Bosheit in der Welt? Wie zeigt sich ihm Gott, wenn er selber zerbricht? Es ist das zentral lutherische Thema: wie man von dem Bild des strafenden Gottes sich löst und hinüberfindet in das reine Glück der Gnade, sein zu dürfen bedingungslos. Es ist allein dieses Vertrauen, das vor Verbitterung und Verzweiflung bewahrt.

Nur: wie schwer ist es, diese Wandlung des Jona zurückzutragen von »Ninive« nach »Jerusalem«!

Luther hat nicht nur erlebt, wie seine besten Ansätze konterkariert wurden in Rechthaberei. Er hat den Widerspruch verinnerlicht und sich selber in den Widerspruch gebracht. All das ist schon tragisch genug. Was er nicht mehr hat erleben können, ist die Tragik in der Rezeptionsgeschichte. Man hat aus dem Luthertum eine Ideologie der politischen Herrschaft gemacht, mit enormer Tragweite, wie wir im 20. Jahrhundert lernen mussten. Man hat aus dem Luthertum eine neue Art dogmatischer Rechthaberei gemacht, – man hatte halt den gnädigen Gott, den die Katholiken nicht haben; man hatte nicht die Werkegerechtigkeit, woran die Katholiken glauben. Dafür hatte man nicht die Muttergottes, die die Katholiken haben, nur weil sie abergläubisch sind und die große Göttin in Ephesus verehren unter dem Mantel der Muttergottes. Man hat es protestantischerseits also besser, man hat auch nicht die papistische Außenlenkung.

Das alles kann man mit Luther machen, aber man darf es mit ihm nur machen, wenn man es verinnerlicht und zurückbringt auf den Kern der Widersprüche, die zu formulieren ihm aufgegeben waren. Es darf keine Außenlenkung geben in Fragen der Religion, also gibt es keinen unfehlbaren Papst – richtig! Jesus verkündet eine Barmherzigkeit Gottes, die nicht vermittelt werden muss, schon gar nicht durch Priester oder durch seine eigene Mutter – auch richtig! Wenn aber zum Beispiel das Bild der Mutter einem Kind womöglich näher steht als das eines Vatergottes und es der Frau, die seine eigene Mutter ist, die Barmherzigkeit leichter glaubt als dem Vater, mag dieses Bild vielleicht doch auch denen aus den »Heiden« helfen, auf dem Weg zum Vertrauen in Gott; dann ist es nicht ganz falsch, wenn vor allem im Mittelmeerraum die Madonna weiter verehrt wird.

Allerdings sollten die Katholiken ihrerseits nicht vergessen, dass die Madonna nur Madonna ist, weil sie Christus zeigt und ermöglicht hat. Selber hat sie nicht dazu beigetragen, es war ein Geschenk Gottes. Wenn man das richtig interpretiert, können die Katholiken gemeinsam mit Martin Luther auch die Muttergottes verehren. Und wenn die Katholiken meinen, wir müssten dafür auch etwas tun in Gnade und aus Gnade, so muss das kein Widerspruch sein zur Gnadenlehre Luthers. Die Gnade treibt selber an, gütig zu sein und in Güte zu wirken. Nur wenn die Katholiken glauben, sie schafften das selber, ohne Gnade, machen sie vieles falsch und dann brauchen sie die lutherischen Protestanten, dass sie ihnen zeigen, wie man es besser und gütiger und richtiger macht.

Allerdings: die dogmatische Streiterei können und müssen wir begraben. Lessing hat recht: Gott hat den Anhängern aller Religionen Ringe gegeben, die zeigen: sie sind die Brautleute Gottes selber. Aber die Wahrheit der Ringe erzeigt sich nicht an ihrer Form, diese gleicht einander bis zur Ununterscheidbarkeit. Lediglich der Gebrauch der Ringe verrät, wo die Wahrheit liegt: in der Wahrhaftigkeit der Existenz. Das hätte auch Luther unterschreiben können, obwohl er auf dem Weg zu Lessings Toleranzbegriff seine Schwierigkeiten gehabt hätte. Er hätte, wie gegenüber dem Humanisten Erasmus, auch dem Humanisten Lessing entgegengehalten und entgegenhalten müssen, dass die Menschlichkeit, die in Güte besteht, nur möglich ist in der Erfahrung der absoluten Güte Gottes jenseits aller menschlichen Unsicherheiten und Ambivalenzen. Es ist der Glaube, der den Tod überwindet, wie Christus ihn gab, als er abschiedlich zu seinen Jüngern sprach: »Euer Herz lasse sich nicht verwirren. Glaubt an Gott und glaubt an mich. Im Hause meines Vaters gibt es viele Wohnungen … Ich gehe, um einen Platz für euch vorzubereiten … ich komme wieder und werde euch zu mir holen, damit auch ihr seid, wo ich bin.« (Joh 14,1–3) Oder wie Paulus an die Römer schrieb: »Leben wir, so leben wir dem Herrn, sterben wir, so sterben wir dem Herrn. Ob wir leben oder ob wir sterben, gehören wir dem Herrn.« (Röm 14,8)

Zum Weiterlesen

Wolfgang Beutin: Der radikale Doktor Martin Luther. Ein Streit- und Lesebuch (Bremer Beiträge zur Literatur- und Ideengeschichte, Bd. 68), 3. überarbeitete und erweiterte Auflage, Frankfurt 2016.

Peter Blickle: Der Bauernkrieg. Die Revolution des gemeinen Mannes (bsr 2103), 4., aktualisierte und überarbeite Auflage, München 2012.

Gerhard Brendler: Thomas Müntzer. Geist und Faust, Berlin 1989.

Eugen Drewermann im Gespräch mit Jürgen Hoeren: Jan Hus im Feuer Gottes. Impulse eines unbeugsamen Reformators, Ostfildern 2015.

Heinrich Fausel: D. Martin Luther. Leben und Werk. 1522 bis 1546 (Calwer Luther-Ausgabe Bd. 12), (Siebensterntaschenbuch 69/70), München – Hamburg 1966.

Richard Friedenthal: Luther. Sein Leben und seine Zeit, München 1967.

Franz Herre: Die Fugger in ihrer Zeit, 12., neu illustrierte Auflage, Augsburg 2005.

Hans-Christian Huf (Hrsg.): Mit Gottes Segen in die Hölle. Der Dreißigjährige Krieg, München 2003.

Reinhard Jonscher: Der Bauernkrieg in Thüringen. Ausstellungsbegleiter, Mühlhäuser Museen, Bauernkriegsmuseum, Mühlhausen/Thüringen 2003.

Heinz Zahrnt: Martin Luther in seiner Zeit – für unsere Zeit. Bildredaktion von Hans Dollinger, München 1983.